U0694265

"十四五"时期国家重点出版物出版专项规划项目

"翻译中国"研究丛书
Translating China

总主编　许　钧　王克非　任　文

中华武术文化
译介与传播研究

Translating and Introducing
Chinese Martial Arts Culture

焦 丹　著

外语教学与研究出版社
FOREIGN LANGUAGE TEACHING AND RESEARCH PRESS
北京 BEIJING

图书在版编目（CIP）数据

中华武术文化译介与传播研究 / 焦丹著. -- 北京：外语教学与研究出版社，2024.10（2025.10重印）. --（"翻译中国"研究丛书 / 许钧，王克非，任文总主编）. -- ISBN 978-7-5213-5837-7

Ⅰ. G852

中国国家版本馆 CIP 数据核字第 20243VT258 号

中华武术文化译介与传播研究

ZHONGHUA WUSHU WENHUA YIJIE YU CHUANBO YANJIU

出 版 人	王 芳
选题策划	步 忱　王丛琪　段长城
项目负责	王丛琪
责任编辑	王丛琪
责任校对	都帮森
封面设计	高 蕾
版式设计	付玉梅
出版发行	外语教学与研究出版社
社　　址	北京市西三环北路 19 号（100089）
网　　址	https://www.fltrp.com
印　　刷	北京九州迅驰传媒文化有限公司
开　　本	880×1230　1/32
印　　张	9
字　　数	230 千字
版　　次	2024 年 10 月第 1 版
印　　次	2025 年 10 月第 5 次印刷
书　　号	ISBN 978-7-5213-5837-7
定　　价	49.90 元

如有图书采购需求，图书内容或印刷装订等问题，侵权、盗版书籍等线索，请拨打以下电话或关注官方服务号：

客服电话：400 898 7008

官方服务号：微信搜索并关注公众号"外研社官方服务号"

外研社购书网址：https://fltrp.tmall.com

物料号：358370001

记载人类文明
沟通世界文化
www.fltrp.com

"翻译中国"研究丛书编委会

主　任：许　钧

副主任：王克非　任　文

委　员：（按姓氏拼音为）

傅敬民　高岸明　胡开宝　黄立波　黄友义　蓝红军

刘云虹　任东升　王东风　吴　赟　辛红娟　许　多

杨明星　杨　平　查明建　张　威　仲伟合　祝朝伟

总主编的话

众所周知，中国历史上先后出现了多次翻译高潮：从东汉到宋代的佛经翻译、明末清初的科技翻译、鸦片战争至五四运动时期的西学翻译、新中国成立初期到 20 世纪 70 年代中后期的东西方文学翻译，可以说这一次次翻译高潮构筑了中国翻译史上的一座座高峰，承载了把世界介绍给中国的使命。两千年"翻译世界"的活动不仅引发了相互交织、绵延至今的中外文化交流实践，更是给中国带来了《共产党宣言》等马克思主义著作。这些著作的翻译对当时中国先进知识分子的觉醒和中国共产党的诞生起到了积极推动作用。

同时，自古迄今，"翻译中国"的实践也并非付之阙如，很长时间以来，虽不及"翻译世界"主旋律般的华彩乐章，却也华音袅袅，弦歌不辍，并随着中国与世界关系的变化而不断演变。从唐代高僧玄奘将《道德经》译成梵文，传递东方智慧，到 16 世纪来华耶稣会士将儒家经典译至拉丁文，架起东西文化交流的桥梁；从清末民初译界逆行者辜鸿铭通过译写将中国文化精髓传扬至西方，至新中国成立后中国共产党重要文献的有组织多语外译 [1]，"翻译中国"华音渐

1　孙宁，2022，中国共产党重要文献对外译介的百年历程，《百年潮》（3）：62-68。

强，且内涵不断丰富。1978 年的改革开放，开启了中国翻译的新时代，随着国家层面规划的"熊猫丛书""大中华文库"等对外翻译出版工程的启动，特别是"中国文化走出去"和"一带一路"倡议的出台，在"翻译世界"依旧充满活力的同时，"翻译中国"已成大势，肩负起让世界理解中国的重任。

进入新时代，伴随着中国综合国力的显著提升和世界格局的日益变化，以及加强国际传播能力建设等国家战略的实施，"翻译中国"迎来新的契机。中国的文学文化、学术思想、发展经验和治理理念在国际社会引起广泛关注，大量对外译介作品如雨后春笋般涌现，向世界展示中国的独特魅力与智慧。这一发展不仅标志着中国正从"翻译世界"走向"翻译中国"的新纪元，更意味着中国在国际舞台上的地位和作用发生着历史性的转变。

"翻译中国"极大促进了中国故事、中国思想和中国文化的世界性传播与接受，成为国家文化软实力建设的重要组成部分，也必将对全球文明发展产生深远影响。然而"翻译中国"绝非易事，中国故事和中国思想蕴含着悠久的历史和独特的文化，需要通过恰当的话语内容、方式和渠道走向世界。正如 2021 年 5 月 31 日习近平总书记在主持中共中央政治局第三十次集体学习时所强调的，"讲好中国故事，传播好中国声音，展示真实、立体、全面的中国，是加强我国国际传播能力建设的重要任务"。翻译界的任务不仅是通过"翻译中国"向世界介绍中国，更要致力于塑造一个客观、清晰、丰满、积极的中国形象。这就亟需外语和翻译界下大力气，在"翻译中国"的同时，对中华文化的外译历史、外译类别、译介规律、经验模式、受众心理、传播效能等情况展开调研，打造融通中外的话语方式，并对其中伏脉千里并延展至今的翻译思想进行凝练、发展与创新。

在此背景下，外语教学与研究出版社特别策划了"'翻译中国'

研究<u>丛书</u>"（以下简称<u>丛书</u>），旨在深入探讨"翻译中国"的理论与实践问题，作为对新时代"翻译中国"事业和国际传播战略的积极回应。丛书分为文学翻译、文化翻译、话语翻译和译学探索四个子系列，每个子系列由数量不等的单册专著组成。总体而言，我们认为这套丛书具有以下特征。

其一，多元且前沿的研究选题。 每个子系列均紧扣"翻译中国"主题展开，通过收录该系列的代表性研究成果，对每一系列开展脉络梳理、经验总结、问题分析与前景展望。具体来说，文学翻译子系列既涉及宏观或中观层面中国儿童文学、经典戏剧、网络文学、武侠文学、科幻文学、诗词、文论的译介与传播研究，也包含《沧浪诗话》等微观个案作品在特定国家的阐释、传播与接受，旨在分析中国优秀文学作品的海外译介模式与国际传播路径，为中国文学的国际传播提供新的视角和策略。文化翻译子系列广泛覆盖中国民俗文化、少数民族典籍、影视作品、中医药文化、武术文化、饮食文化、美术文化、历史文化等多个领域的译介与传播研究，致力于探索将中国文化的精髓传播至世界不同角落的有效途径。话语翻译子系列包括中国时政话语、哲学话语、外交话语和中央文献的译介与传播研究，力图探索中国特色对外话语体系建构与话语传播的有效方式，提高国际社会对中国政策路径和发展理念的理解与认同。译学探索子系列则意图展示我国翻译理论研究的最新进展和丰硕成果。从译者行为批评研究到应用翻译学探索，从知识翻译学的构建到中国翻译话语的系统建设，这些创新性成果不仅为当代中国翻译学科的发展注入新的活力，也是中国学者对国际译学话语的原创性贡献。

其二，连贯而严密的逻辑架构。 我们精心策划的文学翻译、文化翻译、话语翻译以及译学探索四个子系列，在"翻译中国"的实践中各具要义，它们既可独立成册，又相互关联，内容上互补，实践上互促，理论上互涉，共同构成一个有机整体，从不同角度回应新时代"翻译中国"实践与研究的迫切需求。具体而言，文学翻译子系列旨在以翻译为媒介，探讨如何将中国气韵生动、丰富多彩的文学作品推向世界，以润物无声、绵长悠远的方式让国际受众感知中国的人、事、思；文化翻译子系列进一步探讨如何将文学或其他类型作品中蕴含的我国独特历史文化元素译介给异域民众，从而增进国际社会对中国文化不同方面的体验与欣赏；话语翻译子系列聚焦中国各领域核心思想和价值观念的传达，探讨如何通过精准的话语翻译和有效的国际传播，引导国际社会理解中国之制与中国之治；译学探索子系列则基于对文学、文化、话语等领域长期译介实践和传播规律的深入总结，升华构建具有中国特色的翻译话语体系，为中译外实践提供前瞻性理论指导和智力支持，也为国际译学界带来中国学者守正创新的译学新论。四个子系列力求巧妙结合，共同构建一个全方位、多领域、深层次的"翻译中国"研究体系。

其三，深耕翻译与跨越学科的学术视野。 丛书的专家学者既立足翻译学科，潜心梳理我国优秀文学文化以及各领域重要话语的译介全貌，打造具有中国特色、中国风格、中国气派的原创性译学理论话语，展现我国翻译学者的理论自信，又保持开阔的学术视野，跳出传统翻译研究聚焦语言转换和产品质量评价的局囿，借鉴传播学、社会学等相关理论与方法，考察对外翻译产品的译介效果和传播效能，认真研究国际受众的反馈评价，从中获取宝贵的建议与启示。在特色译学理论探索过程中，既扎根"翻译中国"的丰富实践，亦关注全球翻译理论的最新动态，并加以合理引进、吸收与融合，不仅为"翻译中国"事业的高质量发展注入新动能，更能推动中国特色译学理论话语与国际前沿理念接轨，提升中国翻译研究在国际学术舞台上的话语权和影响力。

其四，学术价值与实践意义的统筹兼顾。 我们在本套丛书的编撰与出版过程中，力求学理探讨和实践探索并重。学理层面，丛书通过全面收录"翻译中国"代表性实践与理论话语建构论著，意图呈现"翻译中国"研究的主要脉络和理论演进，为国内外译学界搭建一个全面展示和交流"翻译中国"研究成果的高端平台，推动"翻译中国"研究纵深发展。实践层面，丛书所凝练的各类对外翻译产品译介与传播规律，可为未来"翻译中国"实践与理论话语深入探索提供宝贵经验和启示，为"翻译中国"政策规划及实施提供翔实的案例参考与数据支持。

在丛书策划阶段，我们荣幸地邀请到来自国内不同高校数十位专家学者参与其中。他们不仅在"翻译中国"的实践中积累了丰富经验，且勤于探索、善于沉思，共同组成了本套丛书的权威撰稿团队。他们或道术结合，发掘"翻译中国"成功案例背后的译介规律，或交叉跨越，将翻译学与传播学等学科结合，探究我国文学文化作品及话语在海外的传播效能，或融合出新，在中国传统译学话语和国际既有翻译理论基础上提出原创性译思，共同搭建具有中国特色的译学话语体系，研究范式和成果具有创新性和引领性。相信他们的成果不仅会为译学界提供宝贵的"翻译中国"研究文献，也会给广大读者带来深刻的思想启迪和学术收获。

在"翻译世界"仍方兴未艾、"翻译中国"已如日方升的历史性时刻，有机会担任这套丛书的总主编，我们既深感荣幸，又自觉责任重大。尽管我们为丛书编撰付出了诸多努力，希望其不仅是"翻译中国"研究的知识宝库，更是中华璀璨文化与当代中国对外话语及译学理论成果的荟萃，但不可否认，这套丛书只是相关研究的冰山一角，还有许多领域和话题留待后续探索。我们的愿景是凝聚"翻译中国"学术共同体，建立一个全面而系统的"翻译中国"研究体系，推动相关实践和学思不断开疆拓土，纵深发展。基于此，我们希望丛书能够成为一个充满活力，始终保有前沿性和引领性的学术阵地，不断吸纳"翻译中国"研究领域内的最新实践与理论成果，持续发挥其学术影响和实践价值，激发更多中外学者和青年学子对"翻译中国"的实践热情与研究兴趣，携手共促中国故事国际传播和人类文明交流互鉴。

在丛书的编撰过程中，我们得到了众多同行专家的鼎力相助。在此，我们谨代表丛书编委会向各位专家学者和外语教学与研究出版社表示衷心的感谢。让我们共同努力，遵循立足中国、关注国际，挖掘历史、把握当代，面向未来的实践和研究思路，以丛书为媒，以学思为介，传递中国声音，展现中国智慧，以"翻译中国"的微观阐述助力人类命运共同体构建的宏大叙事。

许钧　王克非　任文
2024 年 1 月 22 日

前言

　　许钧曾在《翻译论》（2014：156）中提到："翻译作为一种跨文化的交流活动，具有很强的目的性，这里必然涉及到'为什么翻译'的根本问题。对具有历史使命感的翻译家来说，只有明确了'为什么翻译'这一根本问题，才能解决'翻译什么'的选择，而这前两个问题一旦找到明确的答案，如何翻译的问题便能在原则上得到解决。在这个意义上说，翻译家的翻译动机对他们选择什么文本来译，采取怎样的策略来进行翻译，具有直接的决定作用。"

　　从"翻译的文化转向"到"翻译世界"转向"翻译中国"，翻译在新的历史背景下、在社会文化发展过程中，正经历着一种由内而外的重大变化，"文化翻译"与"翻译文化"成为学界关注的焦点。中国翻译的领军前辈们开始思考"翻译中国"应该"翻译什么""为什么翻译"和"怎样翻译"的问题，而年轻译者们紧随开拓者引领的步伐，从中华特色文化的各个领域探索新的发现、生发新的思考、产出新的果实，以"星星之火"之势融入"燎原"之梦想。本书正是在此背景下，将中华特色文化中的一支——中华武术文化——的翻译实践研究进行整合与梳理，期待能够在"翻译中国"的感召下为"星星之火"点燃光芒，照亮世界。

　　中华武术文化是中华传统文化的瑰宝，是中华民族智慧的结晶。

中华武术文化从原始社会的防御雏形到民间大众武艺的传承，从以武卫国、技击御敌到现代生活的强身健体，贯穿于人类社会的各个历史阶段，在不同的历史阶段具有独特的历史价值和时代意义。

关于武术的学术研究由来已久，中外武术研究者在相异的社会和历史文化语境下对武术的研究纵横交织、百家争鸣。纵观国内学界，以中华武术文化为主题的研究成果林林总总，立足翻译学的武术相关研究目前主要是以译介学为视角的某一主题研究，如中华武术国际传播现状、困境与策略研究，武术术语和外宣文本的翻译方法与策略研究等，将译介学与传播学相结合的主题研究尚属首创。

本书基于笔者在武术翻译领域十余年的深耕细作，在大量搜集整合文献、分析现实实践的基础上，融合语言学、翻译学、译介学、传播学、文化学、体育学等多学科理据，于 2022 年 10 月起笔书写，历经两年几易其稿，最终凝结成题为《中华武术文化译介与传播研究》的专著，既富有学术性又兼具工具性，既可作为专著供学术研究者参鉴，亦可作为教学材料供教师学生研读，供翻译学界、体育学界等领域的学者或学生探讨，旨在助力弘扬中华武术文化的哲学思想、文化内涵和民族价值观，提升中华优秀传统文化的国际传播力和影响力。

全书总分为五章，以概念、综述、个案、对策为探究脉络。第一章"绪论"综合体育学和文化学等多重学科理论视角，从语义认知层面梳理和界定中华武术文化的概念，从中国新时代翻译与国际传播层面阐述中华武术文化的当代意义与实践价值。第二章的研究综述以"从武术竞技走向武侠文学的研究历程"和"从民族武术迈向世界舞台的研究动态"为两个分支；通过文献梳理，首创提出中华武术文化译介内涵、共性与特性相关概念，全面系统梳理了中华武术文化译介的现况与动态；围绕译介主体、译介内容、译介途径、译介受众和译介效果五个要素阐释概念界定、内容和现存问题等，提出相应提升对策。

从国内外研究现状到以传统纸媒与新媒介为主体的文化传播形态的发展变化，再到以亚洲、欧美、拉美和非洲为例的中华武术文化的跨域传播特点，第三章基于全球、国家、地区的视野，将研究主体拓展至国家、民族、种族、地域、领域、媒介等众多方面。本章认为，中华武术在全球异域传播的研究既要关涉主体间性、文化间性思维的探索，也要从受众认知视角对传播效果进行针对性、精准性的调查研究，从中华武术的特点和发展规律出发，根据不同受众国的特点，依托现代信息技术和网络传媒手段，进行文化层面和受众认知方面的深度反思。

第四章主要从武侠文学、武侠影视、少林武术、太极文化四类在海内外最具代表性和影响力的传播形态为个案，研究它们的译介与传播效果及接受现状，逐一展望其发展动态与传播策略。以金庸武侠小说为引领的武侠文学在中国文学历史上影响了几代人的"武侠情结"；以李小龙、《少林寺》等影视明星和影视作品为名片的"功夫"塑造了中华武术富有魅力的国际形象；以少林派为代表的少林武术海内外展演、少林功夫中心域外设馆等搭建了中外民间外交和公共外交的舞台；以太极文化为媒介的阴阳哲学、天人合一思想彰显了中华传统文化的精髓与内蕴。

第五章从学科融合视角反思中华武术文化译介与传播，展望译介学、传播学、翻译学的跨学科发展走向，主张构建跨学科融合的研究新格局和融通中外的译介与传播特色话语体系，通过多元化、多维度、多模态的方式提升中华武术文化国际传播影响力和竞争力；与此同时，加强中国译学理论建构与翻译实践策略的探索，加大复合型武术专业翻译人才的培养力度，以期为中华武术文化的译介和传播培养大量专业化、复合型翻译人才。

笔者于 2014 年初涉武术术语翻译研究，历经十年主持完成多项国家级、省部级相关课题，主持或参与英译《中华源·河南故事·少林功夫》、《中国武术通史》、河南嵩山武术研究院线上视频教材等。研究脉络逐渐从幼稚走向成熟、从地方走向全国、从国内走向国外，形成以武术为核心的研究体系，辐射武术文化、国际传播、话语体系、语料库建设、武侠文学、译者风格、译者行为、外译策略、武术谚语、武术兵器、少林功夫、国家翻译实践、翻译实践地方化等主题，涉及翻译学、译介学、文化学、传播学、体育学、认知翻译学、语料库翻译学、批评话语分析等领域。若以"武术"为一个圆心，不断探索和延展，那么可以画出无数个半径和无限大的圆周，深挖出源源不断的井水，为中华武术的学术研究以及中国译学研究提供丰富的养料。

此书的付梓是集体智慧的结晶，在此要感谢外研社"翻译中国"研究丛书的设计与约稿，总主编许钧教授、王克非教授和任文教授对此书倾注了大量心血；感谢编辑从读者阅读视角提供了非常符合时代需求的宝贵意见和建议；也感谢我的研究生们在文献爬梳、语料搜集等工作中付出的辛勤努力……在本书写作过程中，国际传播发展日新月异、现代信息技术迭代更新，使笔者始终不断生发新的发现和新的思考，因此，每每重新审读，总觉意犹未尽、言不尽意，且难以尽善尽美、包罗万象。不过，这也正体现了本书研究的意义所在，更给予了笔者及其他研究者继续深入思考和探究的空间。

期待本书能对读者有益，笔墨不足之处，当请谅解并指正。

焦丹

2024 年 7 月 16 日

目录

第三章　中华武术文化传播研究　　　　　　　　　　97

第一章　绪论

"功夫必须顺其自然，要像花朵一样，摆脱感情与欲望的羁绊，从思想中解放出来。"

"功夫就像水。当你将水倒入杯子，水就变成杯子；当你倒水入茶壶，水就变成茶壶。"

"功夫之所以如此特别，正是因为它没有任何特别之处，它仅仅只是靠最少的招式和力量来直接表达一个人的情感。每个动作都是它自身的，不掺杂任何使其复杂化的人工修饰。越接近功夫的真谛，冗余的表达就越少。"

这些朴素无华而又溢满哲思的话语出自堪称"中国功夫第一位全球推广者""武术哲学家"的李小龙。他用"花朵""水"这些大自然的意象生动地诠释了中华武术文化的哲学韵味，揭开了中华武术文化的奥妙与神秘面纱，令人感受到一种源于自然之美。至此，"功夫"成为中华武术文化向世界传播的靓丽名片，代表着中华民族独树一帜的文化特色，甚至作为中华传统武术的代名词在世界上备受瞩目。从李小龙的功夫馆、功夫电影到金庸等人的武侠文学，中华武术文化的对外译介与传播一直以最为亲民、朴素的方式延绵不断，赓续创新，以民间交流"自下而上"的模式贡献于中国的世界形象构建。

国家之魂，文以化之，文以铸之。党的二十大报告指出："坚守中华文化立场，提炼展示中华文明的精神标识和文化精髓，加快构建中国话语和中国叙事体系，讲好中国故事、传播好中国声音，展现可信、可爱、可敬的中国形象。"作为中国四大国粹之一，中华武术是中华优秀传统文化无可替代的重要组成部分，是中华文明显著的精神标识和文化精髓，是中华文化与文明的传承基因。讲好中华武术文化故事，使中华武术文化真正走向世界舞台，需要语言发挥桥梁和纽带作用。中华武术文化外译是向国际译介与传播中华武术文化的主要表现形式和首要路径，是构建中国武术文化外译话语和中国文化特色叙事体系的核心内容与架构元素。以中华武术文化为媒介，以对外翻译为桥梁，讲述和传播中华武术文化故事，是中国文化"走出去"不可或缺的内容。

论及翻译行为，刘宓庆（2019）提出，翻译文化研究必须把握民族文化的精髓。中华武术文化外译本质上是一种以文化为翻译对象的翻译行为。相关研究首先要深谙中华传统武术文化的内涵，精确地理解和把握其基因和精髓，这是一切文化翻译产品生成的必要前提。本章以中华武术文化外译的生成母体——中华武术文化为研究起点，首先从体育学和文化学等理论视角概述中华武术文化的概念与当代价值，继而以文化翻译和译介学等理论框架阐述中华武术文化外译的定义与概况。

1.1　中华武术文化概念

如今，武术文化研究已逐步拓展到语言学、翻译学、传播学、译介学、文学等学科领域。根据《中国武术百科全书》（1998：5）的定义，"武术是以技击动作为主要内容，以套路、搏斗包括功法练习为活动形式，注重内外兼修的中国传统体育项目。"这一定义是目前国内对于武术的普遍认识。

关于文化，中外学者对其界定的方式多种多样。余秋雨（2020：23）对文化的最短定义是，"文化，是一种成为习惯的精神价值和生活方式。它的最终成果是集体人格。"这一定义包含三个关键词：精神价值、生活方式、集体人格。该定义与刘宓庆基于文化翻译视角的文化定义有共通之处。刘宓庆（2019：4）以价值观为重心，提出文化的"金字塔结构"（pyramidic structure），其基础是广阔而庞杂的物质文化层；价值观处于精神文化层，处于统摄认知、操控行为的金字塔顶端，结构图如图 1.1 所示：

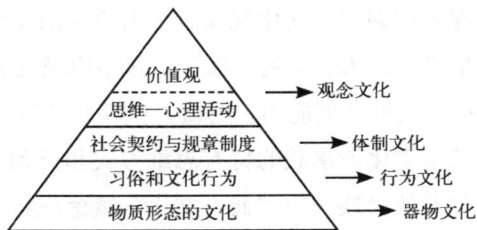

图 1.1　文化的金字塔结构图（刘宓庆 2019）

自 20 世纪 90 年代初开始，国内学者逐步关注武术文化研究，渐次对武术文化产生新的认知、萌发出新的观点，但迄今尚未形成通行的规范定义。基于对文化概念的理解，我们来看国内学者对中国武术文化概念的解读与界定。旷文楠等在著述《中国武术文化概论》（1990）中，系统、全面、科学地阐述了中国武术文化的概念、形成与发展。他认为，中国武术是一个立体的文化系统，由三层次文化结构形成。最外层为武术的行为，也称器物层次，主要包括武术的符号化技术和器械等，是文化系统的显型式样；中层包括与武术行为直接相关的诸如规律、规则、礼仪、组织形式、传播方式、文化构造和成分、理论架构等，是武术的相对隐型层次；最内层或最深层则包括价值观念、思维方式、审美情趣、道德规范、宗教情感及民族性格特征等，显现为中国武术所折射出来的深层文化心理结构。在他提出武术文化概念后的 30 多年来，中华武术的发展一直以其丰富的文化阐释获得人们的认可与推崇。在中国经济飞速发展、文化愈发自信的时代背景下，武术正以一种崭新的姿态走向世界，成为中华民族鲜明的形象符号。

旷文楠等（1990：4）认为，从本质上看，"武术文化"可同时被看作研究对象和研究方法，从研究对象上并非局限于具体的武术动作、招式和套路，甚至超越关乎武术史或其他武术理论的一般性探究和考证。深入挖掘武术文化现象背后所隐含的文化，这些文化通过"知识、信仰、艺术、道德、法律、风俗以及包括作为社会成员的人类所掌握的其他任何能力、习惯"（泰勒 1988：1）等形式为载体，呈现出武术文化所承载的特有思维方式和行动方式，使这个民族区别于任何其他民族……"武术文化"概念应将中华武术视为一个整体性的文化系统，而不单单是一类技术技能体系。从现代武术发展的现状来看，武术文化已深入民间生活，它不仅是国家层面的文化战略，更是人民生活中随处可见的大众文化。"太极拳""八段锦""五禽戏"已成为百姓修身养性、强身健体的日常练习，"阴阳中和""行云流水""吐纳气韵"被人们用来在生活中调适节奏、调节性情，中华武术文化的广度和深度在不断拓展与深化。

21 世纪以来，在中国文化"走出去"的背景下，中华武术文化的国际交流日趋频繁，中华武术文化研究进入新时代。栗胜夫（2003）认为，武术文化与中华民族传统文化不可分割，它以研究技击为核心，以精神和物质为主要内容，是一种动态的综合系统。李印东（2006）在其著作《武术释义：武术本质及功能价值体系阐释》中提出：武术文化由武技与武理技术、武术行为和武术心态三个文化层次构成。由富有技击内涵的身体动作及其基本原理构成武术技理文化层；武术行为文化层主要包括武术实践过程中通过人际交往形成的约定俗成的习惯定势，以武德为具体体现；武术心态文化层是武术文化的核心，是中华民族在武术社会实践和意识活动中，长期孕育而生的价值观念、审美情趣、思维方式等。这一定义与旷文楠的武术文化三层次结构说异曲同工。王岗、郭海洲（2006）认为，武术文化作为中国文化的产物，是中华民族几千年来所创造的物质和精神文明在武术方面的综合反映。武术文化是以武术为载体的独立完整的文化体系，具有哲理性、艺术性内容与科学性方法。温力（2009）在著作《武术与武术文化》中也提出，技击技术是武术文化的核心，中国传统哲学思想是武术文化的基础；武术文化包括与武技密切相关的器物、传承形式和民俗及其蕴含的民族精神，它们共同作为中国传统文化的组成部分。此定义虽未叙述层次体系，但相对简练，且包含了武术文化与中国传统哲学和传统文化的关系。郭玉成（2009）提出，从广义上讲，"武术文化"是指与武术相关的各类文化领域的总和，包括文化遗产、体育领域、影视、文学、学校教育等；狭义的"武术文化"专指源流有序、拳理明晰、风格独特、自成体系的传统武术拳种流派，以及其中蕴含的中国传统文化内涵、武德规范和传承制度等。这些广义和狭义的武术文化定义形成横向视角下不同领域和纵向视域下武术自身脉络的武术文化网络。程大力（2011）与旷文楠和李印东对武术文化的认知视域趋同，认为武术文化从形态结构上可分为"器物技术""制度习俗"和"心理价值"三个层次，分别对应物质文化层面、相对隐型的中间层和最内或最深层的武术文化形态结构层。综合这些概念的分层，可将武术文化定义整理归纳为图1.2：

器物层	○ 显型式样 ○ 武术符号化技术和器械等
隐型层	○ 隐型式样，与武术行为相关 ○ 规律、规则、礼仪、组织形式、传播方式、文化构造和成分、理论架构等
文化层	○ 最深层或最内层 ○ 价值观念、思维方式、审美情趣、道德规范、宗教情感及民族性格特征等

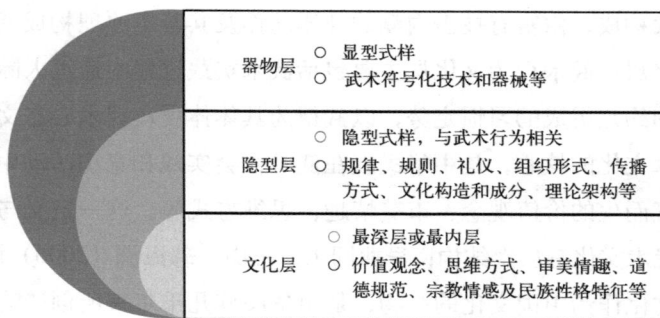

图 1.2　武术文化定义的三层结构

上述不同观点百家争鸣，从逻辑学、文化学、体育学、社会学、人类学等不同学科角度阐发，虽有共鸣之处，但始终未得以规范化。究其原因，一方面是因为武术文化体系较为纷繁庞大，难以科学界定；另一方面在于学者审视武术文化的初始点和研究趋向不同，难以用一种或两种描述统括概念。总体来看，根据体育文化概念的产生以及武术隶属于体育的学科属性，武术文化可被视为体育文化的组成部分。目前，国内学者对于体育文化和武术文化的认知、理解与探索，普遍思维模式是由一般到特殊、由整体到个体的路径，即以文化范畴的概念和范式认知、解读和界定体育文化与武术文化。中国传统文化在逻辑上始终被视为武术文化的上位概念，大多数研究者在认识武术文化时习惯于采用其上位属的解释方法（刘文武等 2015）。"武术文化"概念生发于体育学界或武术专业领域的深刻探究，是研究者通过文化概念、文化学等视角认知武术的知识产物。"武术"不能简单地等同于"武术文化"，武术是宏观概念，包含武术技术与武术文化，武术文化通过"非技术"成分的思想、价值等精神内容反映武术本质。基于武术界对"武术文化"和"武术技术"的概念界定，在中华武术对外译介与传播过程中，应将武术翻译划分为"武术技术"和"武术文化"两个层面的翻译方向，武术术语翻译也应从"武术技术"和"武术文化"两个层面进行分类，即武术技术的术语翻译和武术文化的术语翻译。

以上是将武术文化置于中华传统文化语境下，根据武术的技术性和文化的精神性对"武术文化"进行的概念界定。从语言与文化视角而言，武术文化是一种具有特殊文化内涵和特定文化意义的文化标识，彰显中国传统文化的精神意蕴，且具有异质文化难以理解的抽象性和相较于同质文化更为丰厚神秘的文化内涵。它是一种具有鲜明特征和独特魅力的话语符号，不同语言的使用主体之间通过这一符号交流沟通，巧妙消解语言沟壑和文化藩篱。同时它是一种能够使不同文化参与者实现认知"共情"的"软性"手段和"软性"实力，如"太极推手"般"以柔克刚""借力打力"，潜移默化地通过强身健体的生活"共鸣"和武艺展演的艺术"共享"，促成民间文化交流和国际文化外交。

2023 年 7 月 1 日，《中华人民共和国对外关系法》正式施行，其中第四十四条明确指出："国家推进国际传播能力建设，推动世界更好了解和认识中国，促进人类文明交流互鉴。"这是我国首次将国际传播能力建设写入国家法律。在中国文化"走出去"和国际传播力提升的宏观背景下，武术文化较之以往更具划时代的文化意义。中华武术文化要想"走出去"，实现国际传播，首先需要深入了解武术概念、文化概念、武术文化概念、武术与武术文化之间的辩证关系、武术文化与中华传统文化之间的逻辑关系等基础文化信息，以便有的放矢地开展对外翻译工作。所谓"知己知彼，百战不殆""万丈高楼平地起"，缺乏对翻译对象的深入文化解读、文化理解以及文化信息的系统建构，则无异于搭建"空中楼阁"，难以创造出既有深度又为大众喜闻乐见的文化翻译产品。唯有立足文化本体，我们才能更好地实现武术文化的国际传播，展现可信、可爱、可敬的中国形象，构建兼具广度与深度的文化对外话语体系。

1.2 中华武术文化的当代意义

中华民族所创造的中华文化源远流长，具有独特的文化传统、价值体系、民族色彩和历史进程。弘扬中华文化是保持文化发展的民族性、延续民族精神血脉的根本途径，只有牢牢站稳中华民族永续发展的立场，才能从根本上认识中华文化的价值与意义（陈来2017），进而理解中华武术文化的当代意义。

1）中华武术文化传承中华传统文化基因。经过对数千年中国传统文化精髓的汲取，中华武术融会了儒、释、道等学派的传统文化思想和易学、哲学、中医学、伦理学、兵学、美学等学理的传统文化观念，逐步形成具有独特民族风格、民族精神、民族智慧和民族特色的中华武术文化体系，成为中华传统文化中具有极高辨识度和极深文化烙印的显著文化符号。武术从最初防身御兽演进至为国家军事服务，再到现代从强身健体延展至修身养性，始终传递着中华传统文化的发展脉络和传承基因，形成了中华民族不朽的文化记忆和深邃的文化符号。

2）中华武术文化助推中国体育近现代化转型。西方体育自鸦片战争后传入中国，东方体育的代表——武术——被纳入西方体育范畴。本质上，东方武术与西方体育生发于截然不同的文化土壤。伴随着国家的近现代化转型，中华武术逐步走上体育化发展道路，其风格迥异、包罗万象的技术体系，及其文化底蕴深厚的理论体系得到良性继承与健康发展。《体育强国建设纲要》（国务院办公厅关于印发体育强国建设纲要的通知 国办发〔2019〕40号，以下简称《纲要》）明确提出"提升中国体育国际影响力。实施中华武术'走出去'战略，对标奥运会要求，完善规则、标准，力争武术项目早日进入奥运会。"2020年1月，在瑞士洛桑举行的国际奥委会执委会会议通过将武术列入2022年在塞内加尔首都达喀尔举行的"第四届青年奥林匹克运动会"正式比赛项目，中华武术首次成为奥林匹克系列运动会正式比赛项目。此举为实现《纲要》所提出的战略任务迈出了坚实步伐，在中华武术发展史上具有重要的历史意义。2021年7月，国务院发布的《全民健身计划（2021—2025年）》中提出，要加强全民健身国际交流，与"一带一路"共建国家共同举办全民健身赛事活动，推动武术、龙舟、健身气功等中华传统体育项目"走出去"，鼓励支持全国各地与国外友好城市进行全民健身交流。中华武术逐渐以一种体育形式步入到正规体育赛事和大众日常健身生活中。

3）中华武术文化深化中国特色社会主义表达。党的十八大以来，习近平同志系列重要讲话明确肯定了中华文化是中国特色社会主义的沃土，中国特色社会主义要植根在中华文化之中，中华文化是中国特色社会主义的历史渊源。论述以"土与根""源与流"的深刻关系隐喻中华文化对于当代中国特色社会主义的基础意义，将中国特色社会主义视为中华传统文化发展长河中的内在延伸，是弘扬中华文化的直接现实意义（陈来2017）。中华武术文化植根于中华传统文化沃土，是中华优秀传统文化的符号性表达，在海内外具有越来越广泛的影响力与感召力，其深邃价值和哲理精神代表着中国特色社会主义的价值体系，强调修身齐家治国平天下的思想观念。中华武术文化倡导"天人合一"，关注人与自然、人与动物以及人与外部世界的和谐共生，有利于化解人与自然的紧张和抗衡关系。此外，"止戈为武"思想秉承以和为贵的和平共处精神，有利于有效处理人际矛盾和冲突，在国际社会构建人类命运共同体。中华武术文化中的思想理念和价值导向为解决当代人类世界所面临的冲突与纷争提供了有益启示，以自身的代表性与先进性助力中国特色社会主义文化的独特性表达，致力于推动构建人类命运共同体。

4）中华武术文化提升中华文明传播力和影响力。中华武术文化被公认为中华优秀传统文化的杰出代表，彰显中华文明的精神标识和民族文化精髓。中华武术文化的传承、创新与弘扬，有助于加快构建中国话语和中国叙事体系，讲好中国故事、传播好中国声音，向世界展现真实、立体、全面的中国。在中华文明与世界各国文明的交流互鉴中，中华武术文化能够以其鲜明的历史底蕴和丰厚的文化内涵推动中华文化更好地走向世界，提升中华文明传播力和影响力。2010 年，登封"天地之中"历史建筑群（包括少林寺常住院、初祖庵、塔林）被联合国教科文组织列为世界文化遗产。2020年，"太极拳"被列入联合国教科文组织人类非物质文化遗产代表作名录。具有代表性的少林武术文化也已在国外设立了大量分院和相关传播机构，在多个国家和地区建有专门学习少林功夫的学校和团体，全世界各地的少林功夫弟子通过民间武术文化交流大力推动中华文明的国际传播。

5）中华武术文化促进全民科学健康养生。中华武术将其体育健身属性与中华传统医学理论、养生术以及传统哲学思想等巧妙融合于一体，形成独具特色的民族健身法宝，极大丰富了人类的健康理念和养生手段，为全世界人民带来宝贵的健康财富。中华武术注重形神合一，动作外在的形与内向的气息相调，如民间广为流传的"内练一口气，外练筋骨皮"，帮助人们实现人体中枢神经系统和内脏器官的锻炼。与西方体育强调竞技性结果不同，中华武术追求武术技击功能和技艺修炼的过程，在寓教于乐的长期习练中强身健体，达到物我两忘、内外兼修的境界。例如，官方组织的"国际少林武术节"、全国太极拳公开赛事等活动营造了充满运动活力的社会生活氛围；在公园、广场、小区等日常生活环境中，人们也经常看到民众在自发习练太极拳、八段锦等养生体育活动。

6）中华武术文化培育青少年新时代民族精神。《礼记·学记》有言："善歌者，使人继其声；善教者，使人继其志。"思想是传递给下一代的精神力量。早在 1913 年，清华大学（时名为"清华学校"）就开设了"国术"课程。1916 年，武术正式成为全国性的教学要求。新中国成立后，武术进校园、进课堂成为全国大中小学课程体系全面革新的重要内容之一。1949 年 10 月，时任中央人民政府副主席的朱德在中华全国体育总会的筹备会议上提出，体育运动还要广泛地采用民间原有的许多形式。1960 年，武术课程被正式纳入教育部《体育教学大纲》，从教学内容、课时安排等具体方面采取新规。《义务教育体育与健康课程标准（2022 年版）》要求将社会主义先进文化、革命文化、中华优秀传统文化、国家安全、生命安全和健康等重大主题教育有机融入课程中，增强课程思想性。现代中国的武术教育已然成为具有中华民族风格和中国特色的传统体育项目和全面提升青少年素质教育的体育、文化和艺术项目，能够在健身强体的训练中塑造青少年的精神气质和社会主义核心价值观。

1.3　小结

在中华武术漫长的历史发展长河中，武术研究者对中华武术进行了丰富的论述。总体而言，中华武术从结构层次上分为器物层、隐型层和文化层三层次，从内容层次上包含武术技术层与武术文化层，通过"非技术"成分的思想、价值等精神内容文化层反映武术技术层。中华武术以其平实的姿态进入中国百姓生活，成为家喻户晓的中华优秀传统文化代表，以外国人眼中"中国功夫"的独特形象在国际舞台上绽放异彩，以其"水善利万物而不争"的包容姿态构筑中国国际形象和国际话语。在中国大力提倡中华文明交流互鉴的历史进程中，中华武术文化始终是中华文明的重要组成部分，时时彰显着中华文明的魅力。中华武术具有专业性、文化性等特征，中华武术文化的对外译介传播具有其他类型文化的共性，也有区别于其他文化的独特性。在国际形势风云变幻的当今世界，中华武术文化既有划时代的当代意义和历史价值，同时又面临前所未有的机遇与挑战。每一个中国人都应成为中华文明历史文化的传承人和传播者。

第二章 中华武术文化译介研究

中华武术文化的国际传播其路漫漫，译介是实现国际传播的必然路径，国际传播是译介手段的最终指向。中华武术文化的对外译介传播由来已久，随着18世纪的东学西渐，逐步开花结果。直至今日，中华武术文化以多种多样的译介传播模式向世界讲述着中华文明的独特故事，从李小龙到成龙、从金庸到古龙、从功夫熊猫到花木兰、从少林寺到武当山、从太极拳到五禽戏、从内家拳到外家拳、从登封少林寺音乐大典到纽约百老汇展演，以功夫人物、武侠文人、好莱坞影视、名胜古迹、武术流派等为故事主线，千姿百态地镂绘出中华武术国际传播的锦绣图景，掀起一次又一次的海外中华武术热潮。中华武术文化译介在无数次实践中得到检验和印证，武术文化译介的理论根基也在一枚枚实践果实中得以夯实和升华。

译介学的提出源于法国比较文学学者梵·第根（Paul Van Tieghem），他于1931年出版《比较文学论》（*La Littérature Comparée*），提出"媒介"概念，隶属于早期比较文学中的媒介学范畴。译介学作为比较文学研究领域中的一个正式分支，肇始于20世纪30年代，相对于比较文学领域的其他理论，其生发时间较晚。20世纪50年代以后，译介学在比较文学中的地位愈加显赫。在中国，"译介学"是由谢天振在其比较文学学科知识的基础上提出的原创性翻译理论，最早的系统论述见于1999年出版的《译介学》著述。"译介学"在英文中可表述为 medio-translatology，采用了英文构词法中的"混合法"（blending），即以 medio（媒介或媒体，medium 或 media）加 translatology（翻译学）组构为"媒体翻译学"，被认为是研究比较文学中文化交流和传播的载体与方法的学问。与传统的翻译研究有所不同，译介学是一种跨文化交流的实践活动，它不拘泥于语言层次的研究，更加关注异质文化之间的交流、译作的接受程度、传播途径及其所产生的影响等非语言问题。译介学更关注文化交流，具有较广阔的国际化视野（那彩霞 2022）。目前，从译介学视角对中华武术文化的研究较少且不够深入。新时代背景下，中华优秀传统文化的对外译介与传播尤为迫切，中华武术文化国际传播的显著效果和对外话语体系的良性构建将不断完善中华武术文化对外译介的多元化维度。

2.1　中华武术文化译介研究综述

溯源中华武术的历史发端，在最初的原始社会，中华武术承担了狩猎与捕杀、自卫与保护、作战与防御、同伴之间的社交协作以及精神信仰等多重功能。战国时代以后，中华武术开始主要应用于军事防御与战争对抗。现代社会对中华武术的研究历经军事、体育、文化、语言等领域，逐渐向跨学科领域发展，当今愈来愈多地呈现在译介学和国际传播学领域。其间，国内与国外对中华武术译介均进行了不同视角的研究，但囿于中华武术的本土属性，国外对中华武术译介的研究成果相对偏少，主要聚焦于中华武术本体的技击属性和哲学思想的研究。

2.1.1 以欧洲传教士为起点的国外研究

国外对中华武术从接触到研究，可划分为五个阶段。第一阶段是以欧洲传教士为媒介的中华武术对外交流。国内学界普遍认为，乾隆皇帝在位年间，欧洲传教士将包括中华武术在内的中国文化带回欧洲（张莺凡 2014）。钱德明（Joseph-Marie Amiot）[1] 是首位论及功夫的西方人（卢梦雅 2014；李平平等 2021），他来自法国，精通法语和汉语，但关于他是以何种语言译介中华武术的，目前尚无考证。而且，当时的武术外译主要是以沟通为目的的口头交流，与现代对武术外译的学术定义迥然不同。到了 19 世纪，英国人威妥玛（Thomas Francis Wade）发明了用拉丁字母标注汉语发音系统，西方自此对武术术语开启了语言层面的实践研究。因此，第一阶段的中华武术译介研究主要限于中外沟通交流的语言应用探索，并未上升到理论意义上的学术探讨。

第二阶段是中华武术从军事领域到体育领域的转向。1936 年柏林奥运会上，中华武术首次亮相于奥运世界舞台。虽然当时的中国体育代表团在当届奥运会中并未进入复赛，但由 11 人组成的中华武术表演团队先后在柏林、汉堡、法兰克福、慕尼黑举行了多场精彩的武术表演。富含中华特色文化的中国功夫让西方观众欣赏到中华武术的魅力，领略到中华武术文化的深厚底蕴。德国主流媒体报道总结和颂扬了中华武术所独具的三重价值：体育价值、攻防价值和艺术价值，反映了中华民族悠久的历史文化及尚武精神 [2]。在中华武术发展的漫长历史进程中，国外对中华武术的研究偏向于武术技击

1 　法国耶稣会士，清代来华，受乾隆信任，居北京 42 年。

2 　《中国武术走向世界的开篇——国术表演队在 1936 年奥运会获满堂彩》，https://www.hntv.tv/zhuanlan/article/1/1300211136376999936（2024 年 6 月 30 日读取）。

功能的研究，且当时多以口译形式出现，以文本形式留存的史料罕见。此阶段国外仍未出现对中华武术译介的专题研究。

第三阶段是中华武术的专业技术在国外的译介和流传。自 20 世纪下半叶，渐有武术代表人物在海外译介中华武术。1963 年，李小龙所著的描述武术基本步型、介绍武术流派与哲理的武学英文版著作《基本中国拳法》(*Chinese Gung Fu, The Philosophical Art of Self-Defense*) 在美国出版发行，开启了武术译介的国际传播。梁栋材 (T. T. Liang) 是美籍华人中杰出的武术名家，他于 1974 年撰写出版了《健身防身太极拳》(*T'ai Chi Ch'uan for Health and Self-Defence: Philosophy and Practice*)，该著作英译了太极拳的经典文献，对太极拳的健身和防御功能作以详细阐释，向世界弘扬了中华武术的太极拳文化。1979 年，英文版《太极拳经论要诀》(*The Essence of T'ai Chi Ch'uan: The Literary Tradition*) 出版，该书阐释了太极拳口诀、精要与心得等内容（高亮等 2020），其中选取了具代表性和广泛流传的武术典籍，如《太极拳经》《太极拳论》《五字诀》《太极拳十要》等，这些太极拳典籍也曾被《健身防身太极拳》(1974)、《太极拳：力量之道》(*Tai Chi Ch'uan: The Technique of Power*)（1976）等在国际上享有盛名的太极拳著作收录。改革开放以来，中华武术的英文书籍出版量已超过 2,000 种，如美国当代汉学家道格拉斯·怀尔 (Douglas Wile) 的《杨家太极拳秘诀》(*Tai-Chi Touchstones: Yang Family Secret Transmissions*)（1983）、《遗失的晚清太极拳经典》(*Lost TaiChi Classics from the Late Ch'ing Dynasty*)（1996）、美籍华人杨俊敏的《太极拳先哲秘要》(*Tai Chi Secrets of the Ancient Masters: Selected Readings with Commentary*)（1999）、芭芭拉·戴维斯 (Barbara Davis) 所作注释性翻译的《太极拳经典》(*The Taijiquan Classics: An Annotated Translation*)（2004）、亚历克斯·戈尔斯坦（Alex Golstein）所著的《陈氏太极拳图说》（*The Illustrated Canon of Chen Family Taijiquan*）（2007）、特洛伊·威廉姆斯（Troy Williams）的《关注太极拳：太极拳经典研究》（*Focus Taijiquan: A Study of the Taijiquan Classics*）（2011）以及皮特·洛奇（Peter A. Lorge，中文名龙沛）的《中国武术：从古代到 21 世纪》（*Chinese Martial Arts: from Antiquity to the Twenty-first Century*）（2012）等等，这些与武术相关的专业性著作展示了中华武术，尤其是太极拳的发展史，对太极拳的经典要义进行了翔实介绍与阐释。但这些译介内容多为太极拳技击功能的技术性阐释，对武术文化哲学思想的译介与传播等方面的研究阙如。在中华武术国外译介发展的第三阶段，虽然译介数量和质量都在不断提升，但国外学者对这些译介本身的译介主体、途径、模式、效果等学术研究仍然比较匮乏。

第四阶段是中国武侠文学在海外的译介传播。武侠文学是中国武术发展史上重要的组成内容。武侠文学既是文学的产物，也是时代的产物，更是武术文化发展到一定时期对武术精神文化的必然彰显；武术技术和武术哲学思想借助武侠文学这一载体同步进入大众视野。金庸堪称当代武侠小说泰斗，是中国武侠文学在海外的开创者，他的武侠小说译介在海外颇受青睐。20 世纪 50 年代末至 60 年代初，金庸武侠小说《碧血剑》《飞狐外传》《倚天屠龙记》《射雕英雄传》等被译成印尼文出版。到了 80 年代，金庸武侠小说的新译本仍然层出不穷，大大推动了印尼本土武侠作品的产出。1957 年，泰国翻译家查隆·比萨纳克（Chamlong Phit-na-ka）把金庸武侠小说《射雕英雄传》译为泰文版《玉龙》系列图书，在泰国呈现了生龙活虎的中国"武林世界"。1985 年，中国香港翻译研究学者莫锦屏（Olivia Mok）翻译了金庸首次修订后的小说《雪山飞狐》，译名为 *Fox Volant of the Snowy Mountain*。1993 年，该英文全译本由香港中文大学出版社首次出版，并于 1996 年再版。英国汉学家罗伯特·恰德（Robert Chard）誉之为"鼓励更多金庸作品翻译到英语世界的发轫之作"（Chard 1996：607）。相比于其他国家和地区，日本虽对金庸小说的翻译研究起步晚，但对金庸小说的研究却相对更为全面。1994 年，日本株式会社德间书店购买了金庸小说的版权，将金庸的 15 部小说译为日文出版，而后收录于德间文库，提升了日本读者对金庸武侠小说的认知度。2006 年起，金庸武侠小说被选入新加坡中学教材，《雪山飞狐》成为特定文学教材的作品之一。

迄今为止，金庸作品《鹿鼎记》《雪山飞狐》《书剑恩仇录》《射雕英雄传》等已被译成英文、法文、日文、韩文等多种语言在国外出版和传播。1972 年，美籍华人吴罗宾（Robin Wu）根据《雪山飞狐》的旧本进行节译，将译本命名为 *Flying Fox of Snow Mountain*，在美国华人双月刊杂志《桥》（*Bridge*）上连载发行。闵福德（John Minford）与中国学者赖慈芸曾合译《射雕英雄传》（*Eagles and Heroes*）第一章，发表于 1997 年《翻译季刊》（*Translation Quarterly*）第 5、6 合期（梁林歆、孙迎宾 2022）。此外，海外一些知名武术杂志比如《功夫内幕》（*Inside Kungfu*）、《八卦掌》（*Pa Kua Chang*）、《太极拳》（*T'AI CHI*）等，也在很大程度上对中华武术的对外译介起到重要推动作用（罗永洲 2008）。这一阶段的武侠文学译介本质上是一种文化译介，通过中国武侠文学中武术的神秘色彩增进国外读者对中国特色文化的兴趣和关注。

第五阶段是中华武术的健身功能演进。健身功能是中华武术的突出特性，人们通过武术练习满足强身健体、延年益寿的基本健康需求。2008 年至今，国内外借助跨学科知识与方法对武术的健身价值进行了大量实证研究。例如，作为少林医学重要组成部分的"德建身心疗法"被视为少林医学的重大突破，它是由河南省嵩山禅武医研究院院长、少林寺禅武医法脉传人释德建法师联手香港中文大学教授、心理学科学家陈瑞燕经过三年多的研究，融合现代科学方法与少林寺永化堂传承的禅武医学，将禅理、通窍、化气、饮食、内养功揉为一体，纾解人们心理及身体问题的一种独特疗法。研究成果受到国际医学界重视，在美国权威学术期刊、美国国家医学图书馆网站及医学权威网站等平台公开发表。虽然这些研究并非是从语言角度对武术译介展开研究，但可以看出，以中华武术为桥梁的健身医学研究同样意义不凡，也充分体现了武术译介的重要社会功能和社会价值。

2.1.2 以武术技术为中心的国内研究

中华武术文化的属性决定了中华武术文化译介在国内的研究成果远高于国外研究成果的数量和质量。国内对中华武术译介的研究也经历了与国外研究相类似的五个发展阶段，明末清初的东学西渐、军事领域向体育领域的转向、武术技术的译介流传、文学译介传播到健身功能的演进，国内外研究在总体上呈现出同频共向的发展脉络。

2.1.2.1 译介成果

本部分主要梳理中华武术在国内研究进程中颇具影响力的重要著作，译介成果分为三部分内容。第一部分是中华武术经典技术著作的首创译介。国内对武术文化译介的专门研究可追溯至 1947 年，《太极拳》英文版（*T'ai-Chi Ch'uan: Its Effects and Practical Applications*）是截至目前发现的系统英译太极拳拳理与拳技的首创之作，是译介太极拳文化的经典文献（金艳 2019），可谓中华武术经典技术的首创对外译介著作。该书至今已由海外多家出版社连续再版，重印 17 次，流传近 80 年。《太极拳》一书在国内外影响深远，据金艳 2019 年发表论文的统计，世界上收藏该书或者其再版版本的图书馆有 78 家。除了国内香港浸会大学图书馆和上海图书馆收藏外，其余收藏该书或其再版版本的国外图书馆共 76 家，其中美国 54 家，英国 14 家，此外还有比利时、瑞典、瑞士、德国、新西兰、新加坡、澳大利亚等国的图书馆（金艳 2019）。金艳（2019）对《太极拳》译介著作的发现、挖掘和研究为中华武术译介与传播史溯源作出了突破性学术贡献。

第二部分是中华武术培训教材的编译。随着中华武术国际推广的发展和对外武术技术交流的现实需要，武术教材的多语种译介逐渐受到重视。1986 年，中华武术研究院为提高武术的海外知名度，扩大海外影响力，开始组织专家编写国内首部英文版教材《武术》（*Wu Shu Standard Course*）。1987 年，由中华武术协会负责编写的《国际武术裁判员训练班教材》出版。1988 年 7 月，北京体育学院解守德、李文英合作编写的《英汉汉英武术常用词汇》出版（罗永洲 2008）。20 世纪 90 年代，国际武术联合会（International Wushu Federation）成立，并组织武术专家与学者编写了一系列英文版武术书籍，如《国际武术联合会章程》（*Constitution of International Wushu Federation*）、《国际武术竞赛规则》（*International Wushu Competition Routine*）等（谢应喜 2007）。1990 年，朱天曙与美国的多兰（S. Dolan）、英国的罗宾逊（P. Robinson）合著《中华武术》（*Chinese Martial Arts*），书中阐释了中华武术的历史、文化以及少林功夫。与此同时，双语版《中国功夫》系列丛书（*Chinese Kung-fu Series*）也在我国香港出版发行。中华武术培训教材是中外武术交流培训中的重要介质，外国学员通过双语或多语武术培训教材学习中华武术的专业技能，传播中华武术的专业技术和文化精神。教材编译者在武术术语制定、技术指导和文化传播等方面承担着重要的译介职责。在教材的编译过程中，他们根据外国学员的学习需求、武术培训的规律和特点，运用图文并茂的语言符号精心编译教材，经久流传。

　　第三部分是中华武术的国内外合作译介。20 世纪末到 21 世纪初，国内出版社与国外出版公司以合作模式陆续译介出版武术系列丛书 20 余部，如李天骥与杜希廉合著的《中华武术指南》（*A Guide to Chinese Martial Arts*）（1991），周之华所著的《十分钟学会少林拳》（*10-Minute Primer Shaolin Quan*）（2009）和周庆杰编写的《十分钟学会中国武术》（*10-Minute Primer Chinese Wushu*）（2009）等。2008 年，北京举办奥运会前后，中华武术英文译介出版物及其相应研究的数量与日俱增，这在一定程度上对推动中华武术的国际传播产生了积极影响。时任国际武术联合会主席兼中国国家体委主任的伍绍祖（1939—2012）为《中国武术春秋》英文版（*The Spring and Autumn of Chinese Martial Arts*）一书题写书名并在美国出版。2010 年，五洲传播出版社出版了《中国功夫》英文版（*Chinese Kung-Fu*），从属于涵盖 30 个分册的"人文中国书系"，书系旨在通过介绍中国传统文化中的代表性领域或典型专题，彰显中国文化的总体面貌。2021 年，北京体育大学出版社出版的《中华武术通史》（英文版）入选 2022 年度"经典中国国际出版工程"，开创中国武术史学研究的对外译介。2022 年，五洲传播出版社出版《功夫：武术与家国理想》英文版（*Kung Fu*），以中国功夫的史学脉络，介绍中华武术历史上的武术人物，向世界讲述中国功夫中所蕴含的武者对家国理想的追求以及中国哲学内在的价值观。合作模式不仅在译者间广泛适用，出版业的合作译介模式也取得了显著成效。"中西合璧"出版合作模式的优势在于，国外出版公司能够帮助国内出版社，从传播受众国家的"视域融合"角度洞察目标国受众的接受度和市场包容度,最大限度地提升译介产品的市场价值,实现中西文明互鉴的宗旨。

2.1.2.2 研究现状与发展走向

对于中华武术文化的译介研究,目前国内学术界仅从武术译介主题和内容上进行了文献梳理,对武术译介中的语言转换等鲜有翻译理论和实践层面的分析,从译介学和传播学视角的跨学科研究尚处于起步阶段。哈罗德·拉斯韦尔(Harold Lasswell)(2013)基于传播学要素提出"传播主体(communicator)""传播内容(message)""传播途径(medium)""传播受众(receiver)"和"传播效果(effect)"五要素;谢天振(2014)、鲍晓英(2015)等结合拉斯韦尔传播五要素,立足文化译介学视角,认为中华文化外译应包括"译介主体""译介内容""译介途径""译介受众"和"译介效果"五个译介要素。汪升、朱奇志(2018)通过对中华武术文化对外译介的历史、问题与战略机遇等方面的梳理,从武术文化对外译介的内容、原则及方略等方面论述,认为国内出版的大量武术双语书籍仍未真正走向国际,提出中华武术文化对外译介应遵循以下原则:武术术语应形成标准,形成音译统一;武术谚语应首选异化,保留文化真实语境;武术典籍应重在阐释,坚持文化本位。但这些原则仅是从语言转换层面的翻译策略与方法技巧,并未结合传播学和译介学所提出的五要素进行全面分析。如何从超越语言层面的外部译介影响因素构建符合中华武术文化外译特征的模式与路径,真正使中华武术文化走向世界、深入国际受众内心、获得普遍认可与接受,不仅需要传播学、译介学、语言学、翻译学等跨学科学者共同努力,也需要权威部门、专业体育院校、出版集团等多方协同合作,形成理论与实践的有机融合。

2.1.3　中华武术何以从民族走向世界？

中华武术文化是中华传统文化的重要载体与具体表现形式，相关译介研究是中国传统文化外译系统中的重要环节，对于中国传统文化整体性外译的贡献不容忽视。上文的研究综述显示，目前国内外关于中华武术文化译介研究的内容主要集中在武术套路、招式等武术技术译介层面，对武术文化的哲学性、思想性相关作品的译介相对较少。此外，对武术文化译介与传播的主观方法、客观影响因素以及第三方评价与接受等方面的研究有待进一步深入。武术相关研究仍主要集中在较孤立的学科范畴，文化输出多是以主观角度唱"独角戏"方式，鲜有对武术文化哲学思想的译介与传播，未能将武术文化的核心要义成功传播出去（焦丹 2021）。

首先，中华武术文化外译具有特殊的意义和学术价值。"越是民族的，越是世界的"，对于武术文化而言，只有诉诸"译介"这一载体，才能促使其从"民族的"转化为"世界的"。中华武术文化译介研究不能仅局限于自娱自乐、孤芳自赏，更需要聚集更多专业的国际学者共同参与，从而形成中国武术文化外译研究的国际话语体系和学术影响力。新时代以来，我们致力于构建具有"中国特色、中国风格、中国气派"，努力提升文化软实力和国际话语权。2014年 10 月 15 日，习近平在文艺工作座谈会上的讲话中指出，"古往今来，中华民族之所以在世界有地位、有影响，不是靠穷兵黩武，不是靠对外扩张，而是靠中华文化的强大感召力和吸引力。我们的先人早就认识到'远人不服，则修文德以来之'的道理。阐释中华民族禀赋、中华民族特点、中华民族精神，以德服人、以文化人是其中很重要的一个方面。"因此，在向世界讲好中国故事，传播好中国声音的国际传播过程中，中华武术文化是不可或缺的重要因子。武术译介活动是一种重要的跨文化体育交流活动，对体育学、武术学、翻译学及其他相关联学科都有一定的学术推动价值。具体而言，中华武术文化译介研究有助于丰富翻译学与跨文化交际理论与实践的研究成果，借由武术文化意义的跨语际表述，以完整的"解构—建构"和"解码—编码"过程还原武术的话语表述与文化意义，从系统的"理论—实践"和"实践—理论"过程对外译行为进行不断深化、丰盈和扩容。此外，从译介学、传播学、翻译学等学科交叉领域入手展开译介研究，有助于全面突破理论与实践研究的局面，打破学科与语言的壁垒，弥合中外文化的隔阂，是构建中华武术对外话语体系的重要途径。

其次，从武术文化外译的应用价值来看，译介行为本身具有翻译实践价值，又对其赖以生存的文化环境产生辐射作用。武术的广泛传播更重要的是"文"质，而非"武"质（郭玉成2008），点明了武术文化传播的关键。武术文化的语言表述具有独特性和唯一性，因此，武术文化译介并非简单的语码转换，而是深层的文化移植过程（卢安、陈威2013）。武术文化译介的本质就是解读文化、翻译文化、对比文化和传播文化。中华武术文化外译对外部环境产生的应用价值主要体现在三个方面：（1）武术文化作为中国文化软实力的重要组成部分，其外译有利于为中国文化"走出去"营造良好的外部环境，如新闻舆论环境和文化产业营商环境。以武术为载体，向世界译介和传播中华武术文化深厚的哲学思想，是"战略引领、解除疑虑、破除偏见"的文化途径（焦丹、赵志男2021），有助于"一带一路"合作伙伴以及西方世界正确认识中国的文化价值观。（2）武术文化外译通过武术文化的相互理解和交流融合，帮助实现与国际受众的"民心相通"。武术文化译介在国际传播中不仅产生纵横交织的文化影响，还能在国际政治外交、经济合作、历史文化交流、教育科技创新等方面推动建立良好的国际互动关系。（3）武术文化外译可以为中华文化的其他内容如中华典籍文化、中医药文化、中华饮食文化等提供译介传播方面的有益参考。以中华武术文化译介为基点，有助于构建全方位的文化国际传播矩阵，助力中国优秀传统文化"扬帆出海"，让世界更好地认识和理解中国优秀传统文化的内涵与意蕴。

2.2 中华武术文化译介的内涵、概况与特点

2.2.1 中华武术文化译介的内涵

译介是跨文化交流的必要手段，即借由翻译或解释将一种语言的文化信息转化为另一种语言的文化信息的行为，在语言层面之上还包括对历史文化背景、风俗习惯和民族价值观的传递和表达，帮助不同文化背景的人们更充分地认知、理解和欣赏不同的语言和文化之间的差异与彼此的独特魅力。译介分布于多领域、多学科，如政治、经济、文化、科技、教育领域，以及文学、翻译学、传播学、文化学学科等。具体到中华武术文化译介，主要是指中华武术文化面向另外一种语言或文化背景下的国家或地区受众的翻译和介绍，内容包括武术本体及武术文化的概念与内涵、武术本体及武术文化的特征，以及其他与武术文化相关的方方面面。中华武术文化译介的目的是将中华武术文化的内涵与精髓传递给其他文明，提升中华武术文化的国际认知度和接受度，丰富中华文化国际传播的整体性，进而提升中华传统文化的国际影响力。

中华武术文化的译介可以说是"一体两翼"，"体"是指"中华武术文化"，"翼"即是"翻译"和"介绍"。"两翼"围绕"一体"，形成一个动态的、发展的文化翻译与传播行为。由于"翻译"和"介

绍"的核心内容是"文化"，因此，要充分厘清翻译与文化之间的逻辑关系。翻译是一种借助语言转换的文化传播手段，犹如一座桥梁。双向传播涉及双向选择，涉及选择标准和选择价值，此过程称为"文化理解"（刘宓庆 2019）。只有借助对文化、中华武术、武术文化的"文化理解"，才能进阶武术文化的对外翻译阶段。关于翻译的定义，国内外学者已有诸多描述。20 世纪 50 年代，罗曼·雅各布森（Roman Jakobson）在《论翻译的语言学问题》（"On linguistic aspects of translation"）中提出翻译的"三分法"，即语内、语际和符际翻译，明确了翻译过程中"译入"与"译出"的双向主体，突破了局限于语言内部的翻译定义。中国学者也早已感触到社会进程中翻译的发展与变化，《中国翻译词典》（1997）在 20 世纪末提出翻译的新定义："翻译是语言活动的一个重要组成部分，是指把一种语言或语言变体的内容变为另一种语言或语言变体的过程或结果，或者说把一种语言材料构成的文本用另一种语言准确而完整地再现出来。"谢天振（2015）曾对翻译的作用作以通俗的解读，也就是使不懂原文的译文读者了解原文的思想内容，让使用不同语言的社会集团和民族通过交际互相了解。大数据时代下信息技术的飞速发展使"翻译"概念不断丰富扩展，光电编码信号的转换、人机互译、智能机器翻译以及以 ChatGPT 和 Sora 为代表的人工智能技术在不断更新着"翻译"的内涵与外延，赋能翻译行为与翻译教育。

"文化翻译研究"或"文化翻译学"是翻译研究或翻译学的分支，同时也是翻译研究或翻译学研究的一种视角，总的来说，是指从文化的角度研究翻译。而所谓"文化翻译观"是指人们对文化翻译的认识或看法，或有关文化翻译的理论观点，将翻译置于文化交流的视角来研究，获得对翻译的理论认识（蔡平 2008）。狭义的文化译介活动是指将本国的文化形态和产品通过目标语媒介，有效地翻译介绍给目标语国家。广义上，文化译介活动的实质是一种社会文化的交流活动，正如仲伟合、冯曼（2014）所言，一切外译活动均可视作文化外译活动。

基于文化翻译观对"翻译"的界定和诠释，结合对"武术""翻译"和"文化翻译"的概念理解，"中华武术译介"的定义应基于"中华武术外译"的概念产生，并包含"中华武术外译"的内涵。笔者曾在 2020 年提出"中华武术外译"的定义，认为"中华武术外译"是指中华武术各种形态下的不同文本类型的对外翻译，意指从汉语到外语的翻译过程。纵观中华武术外译历史与范畴，中华武术外译主要包括场域、语料和思想三种形态：场域涉及文化、历史、文学、体育、旅游、军事、宗教、戏曲、影视等，所指宏观概念层面的外译语境；语料涉及史料、神话、古籍、碑刻、偈语、歌诀、套路、招式、术语等，所指微观概念层面的外译话语；思想涵盖中华武术的阴阳辩证观、五行观及禅武合一、仁义爱国等思想，所指哲学层面的外译思想，意指将武术文化思想翻译输出目标语对象国的文化符号转化过程（焦丹 2020）。该定义首次提出并发表于《中国翻译》（2020），是基于武术外译实践对中国武术外译经验的总结、提炼和升华，同时全面梳理了中国武术译介过程中的外译策略与方法。

对于"中华武术文化译介"而言，可以从理论和实践两个维度理解和界定，一是从文化角度考察译介，将武术文化译介置于武术文化交流的视角来研究，从而获得对武术译介理论层面的认知；二是从译介角度考察文化，将武术文化置于译介视角即对外翻译与传播视角来研究，从而获得对武术文化译介实践层面的认知。总体而言，中华武术文化译介是指中华武术文化的对外翻译和介绍，其译介内容是中华武术文化，译介目标是中国以外的世界其他国家，译介过程是从汉语到目标语。译介内容涵盖中华文化的核心思想和哲学精髓，也兼具武术文化的特性，这种特性从属于中华文化，又独立于中华总体文化中的其他分支文化。比如，武功秘籍、禅武医、武术套路与招式、武术古籍等包含的武术文化特性，既独立于中华文化中的其他分支文化，又从属于中华文化。中华武术文化译介的本质包含中华武术文化翻译与介绍的双重内涵，既具有翻译学的本质特征和普遍性难点，又具有传播学的独特特征和特殊难点；既突出了翻译过程的方向性，又拓展了翻译行为之外的对外传播功能。中华武术文化译介既然是被赋予翻译与对外传播的双重职能，那么对原作品、原作者和译者便提出了高于一般翻译行为的多重要求。

2.2.2　中华武术文化译介概况

刘宓庆（2019）认为，目前中外文化翻译研究大都流于表面、流于直观。很多研究大抵在语言概念或物质文化层面、生活习俗层面、社会文化活动层面进行现象学的阐述，对外语文化和本土文化都欠缺文化价值观方面的深度理解。中华武术文化译介的主体、对象、受众、目的、媒介等既有文化翻译与介绍的共性，又具有其独特性。虽然中华武术一直以其高超的竞技、舞美的演绎形象活跃在国际交流的舞台上，使国外受众在感官上获得享受、思想上激发碰撞、精神上鸣响共情，实现了一定的国际传播效果，但中华武术文化译介的学术研究起步较晚，并未在国际学术话语体系中获得显著关注和关键地位，尚未形成独特完整的武术文化翻译传播话语体系，武术文化译介的内容形式、策略方法等仍需深入全面的学术挖掘。

中华武术文化译介概况可从理论和实践两个层面梳理。理论研究主要借助武术文化相关学术论文、著作和项目的翻译研究表述学术观点，助力在国际武术研究领域争取学术话语权，建构体育学、武术学的学术话语体系，同时丰富中国特色对外翻译话语体系建设内容。实践研究主要通过文学著作外译、教学培训教材、国际术语标准建构、武术文化和术语语料库建设等形式传播武术对外话语，讲述中华武术文化故事，建构中华武术文化对外翻译传播话语体系。

2.2.2.1 武术文化译介理论研究

武术文化译介的理论研究基于实践研究产生，是实践研究的升华。目前国内外以武术文化译介为中心的理论研究虽然在一定程度上引起学界关注，但仍未在学科之间形成深入的交融互动，体育界、翻译界、传播界等领域的跨界学术交流和成果仍显不足。以下从学术论文类、著作类和项目类成果浅析。

1）学术论文类成果

由于"武术译介"在武术文化研究领域是一个新概念，在国内研究中尚属首创，相关研究主要以"武术""翻译""外译"等关键词出现。在中国知网以"武术外译""武术文化外译""武术翻译"为主题词进行高级检索，得到244条结果，其中期刊129篇，学位论文65篇，会议论文32篇，其他18篇（数据统计截至2024年9月28日）。武术外译相关学术论文发表总体趋势可视化分析图如下：

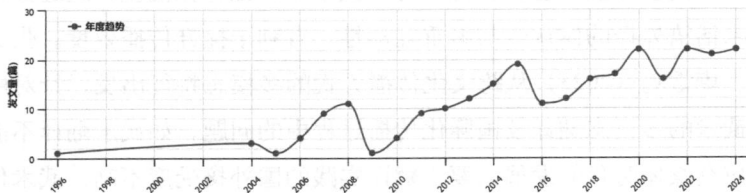

图 2.1　武术外译相关学术论文发表总体趋势可视化分析图（数据来源于知网）

经过数据整理和分析发现，有关武术翻译的研究起始于 1996 年杨贤玉发表于《武当学刊》的《武当武术词语英语翻译方法初探》，这是首篇国内学者研究武术翻译的学术论文。从图 2.1 可以看出，以"武术外译""武术文化外译""武术翻译"为主题词的发文量总体呈上升趋势，2016—2020 年尤为突出，此后两年发文量有所下滑，2022 年有所回升。从具体研究内容和方向来看，研究者分别从文化翻译、跨文化传播、译介学等多维度视角，聚焦武术文化外译现状及困境、外译策略与方法、译介内容与价值、发展战略及人才培养等主题。

关于武术文化外译现状及困境，窦广峻（2022）认为，正是由于中华武术文化的复杂性与兼容性、民族性与本土性等特性，中华武术文化外译还有较大提升空间。其中，语言、认知与文化是对外翻译和传播过程中的三大壁垒，并引发四大困境，即政策困境、译文困境、译者困境与读者困境。李信厚（2022）从跨文化传播视角剖析中华武术跨文化传播过程中的"文化折扣"现象，认为武术文化信息的碎片化、传统媒体的霸权化、武术文化话语的缺失是其发生的根源。郑惠丹（2022）利用体认翻译学构建提升武术外译话语传播效度的有效路径，提出中国武术在异质文化环境中缺乏与之对应的概念原型，且译者自身对于武术的认知存在偏差，通过分析武术话语外译的体认性与多重互动性，有利于提升传播效度。张文慧、康雷鸣（2023）从跨文化传播方式的多模态特征出发，针对中国武术的多模态翻译及国际化传播过程中的问题，如武术翻译不能适应全媒体时代的发展需要、翻译实践的国外接受度不高、武术传播模态和媒介不够多元等，挖掘构建中国武术翻译传播的多模态路径，实现武术文本翻译的多模态协同、武术多模态视听翻译以及武术的多媒体立体传播。

关于武术文化外译策略与方法，袁一平等（2017）认为武术术语文化内涵丰富且信息量大，在英语中缺乏直接对应的表达，提出对部分武术术语的英译应采用"拼音音译＋英文解释"的译法。焦丹（2020）以中国武术外译的场域、语料和思想三个基本形态特征为视角，从武术英译"归化＋异化的释译求'合'""直译＋意译的全译求'化'""形意＋神意的变译求'似'"三个维度进行翻译策略与方法的归纳剖析，基于武术翻译实践经验，结合钱钟书的"化境论"、黄忠廉的"变译论"等翻译理论探索武术英译"合而不同""整体化境""形神变通"的实践路径和实现效果。曹双飞（2023）从跨文化传播与杂合理论的内在契合性视角，探讨中华武术跨文化传播中"自我"与"他者"的辩证关系，提出"归化＋异化的释译求'合'"的武术外译策略。苗菊、徐鑫涛（2023）探讨了武术术语翻译及其传播策略，以武术术语的分类特征和命名原则为依据，提出三项翻译原则——阐释武术术语的核心内涵，依据武术术语所处具体语境选取不同译文，音译、意译和图画注释相结合，进而制定有效的武术术语传播策略，包括开发武术术语传播要素的功用，利用武术术语的多模态传播途径，构建武术术语的知识图谱等。

有关武术文化对外译介内容与价值，汪升、朱奇志（2018）通过梳理武术文化对外译介的历史、问题以及战略机遇，认为其内容应立足于中国文化身份，选取反映武术技理的术语、武术民间经验的谚语、武术技法及武术思想的典籍。魏莱、刘韬光（2022）从人类命运共同体角度分析中华武术外译的价值意蕴，包括为建设持久和平的世界译介"和合共生"的中国思想，为建设共同繁荣的世界译介"美美与共"的中国见解，为建设开放包容的世界译介"和而不同"的中国胸怀，为建设清洁美丽的世界译介"万物一体"的中国智慧等。这一视角高度呈现时代价值，顺应历史潮流，体现了翻译服务国家大局的高度和格局，为构建中国特色社会主义话语体系贡献了理论支持。叶颖、米雄辉（2023）采用文献资料法挖掘"一带一路"倡议背景下武术术语翻译推广的局限性、优化策略与文化认知差异，提出的建议包括：发展文化多样性，减少文化冲突；加大武术人才培养力度，完善武术术语外译体系；提高国际关注度，促进武术术语翻译多元化研究。

从武术文化外译发展战略及人才培养视角出发，申丹丹、王洪潇（2021）基于文化强国目标，论述了武术外译发展战略；提出应凝聚武术外译发展力量，构筑武术外译准则，讲好中国武术故事，使中华优秀传统体育文化走向继承性、创新性发展和创造性转化的道路。外译人才是中华民族传统体育国际化发展不可或缺的前提条件。因此，我们需加强对高校传统体育外译人才培养的重视，进一步完善和创新传统体育与外语复合型外译人才的教学模式，逐步构建传统体育外译人才自主学习模式等，尤其要培养跨专业、跨行业、跨领域的武术文化外译人才，锚定高层次外译人才的发展走向。吴建杰、张银萍（2023）探讨人类命运共同体视野下的中华武术翻译，认为其使命包括：为"持久和平"扬"天人合一"的中国思想；为"普遍安全"扬"弘义融利"的中国品格；为"共同繁荣"扬"和而不同"的中国理念；为"开放包容"扬"海纳百川"的中国胸怀。当前武术外译主要困境集中于：(1)国际标准建设力不足，缺乏规范定名，尚无统一释义；(2)价值诠释力不足，偏重技术说明，缺乏内涵提炼；(3)人才支撑力不足，专业译者欠缺，原创成果匮乏；(4)话语表达力不足，资源利用低效，欠缺话语元素。最后提出武术翻译方略：以重塑规范为原则，加大标准建设力度，凸显武术术语功能作用；以价值认同为根本，加大文本诠释力度，整合资源引导价值理性；以普遍接受为目的，增强合作翻译力度，打造武术翻译研究智库；以宣传思想为前提，加大话语表达力度，建设武术对外话语体系。

以上论文观点分别从文化翻译、文化传播、文化译介等多维度视角，聚焦武术文化外译现状与困境、策略与方法、译介内容与价值、传播战略与人才培养等主题，从微观到中观到宏观，虽然成果数量有限，但可谓面面俱到。尽管已有一些研究从译介学和传播学结合的角度探讨中华武术文化的译介与传播，但在学理和实践视角上的研究深度和广度仍存拓展空间。

2）学术著作类成果

在当当网、亚马逊网和全国图书馆参考咨询联盟等图书信息网站中，以"武术文化外译""武术文化翻译""武术翻译"为关键词检索，发现国内尚无相关理论研究著作。国际上有关武术翻译研究的专门理论性著作仅有 2023 年 1 月由施普林格出版社出版的《理解与翻译中华武术》（*Understanding and Translating Chinese Martial Arts*）论文集（Jiao *et al*., 2023），由焦丹、李德凤等主编，黄友义作序，收录了七篇国内外学者的相关学术论文，是在国内外出版发行的首部以中华武术翻译为主题的国际学术著作。其他有关武术翻译的观点均未以专著形式独立出现，仅零星散见于一些著作章节，未形成专门的理论框架和理论话语体系。

3）学术项目类成果

在知网以"武术外译""武术文化外译""武术文化国际传播"为主题词进行基金项目成果检索，直接相关的检索内容有限；以"武术"为关键词检索，显示检索结果 30 余条。结合知网检索结果和国家社科基金等相关网站的共同检索结果，据不完全统计，中华武术文化外译学术项目类成果按时间顺序列表如下：

表 2.1　中华武术文化外译学术项目类成果

年份	项目类型	项目级别	项目名称
2010	河南省教育厅人文社科研究项目	市厅级	"目的论"观照下的中原武术文化外宣翻译问题与策略研究
2012	河北省高等学校人文社会科学研究计划项目	市厅级	武术英语翻译的现状及策略研究
2012	四川省教育厅人文社会科学重点研究基地体育社会科学研究中心项目	市厅级	中国武术英译历史研究
2013	河南省教育厅人文社科研究项目	市厅级	文化全球化语境下的少林武术外宣翻译研究
2013	安徽省武术研究中心基地重点项目	市厅级	对我国武术文化国际传播中归化与异化问题的研究
2014	国家体育总局武术研究院院管课题	省部级	武术英译标准化体系的构建研究
2014	河南省哲学社会科学规划项目	省部级	互文性模式下河南武术文化翻译研究
2015	沧州社会科学发展研究课题	市厅级	沧州武术文化的外宣翻译与跨文化传播研究
2015	河南省哲学社会科学规划项目	省部级	武术术语翻译及其跨文化传播路径研究
2015	国家社会科学基金项目中华学术外译项目	国家级	《中国武术史》（英文译著）
2016	国家社会科学基金项目	国家级	武术国际传播人才培养研究
2016	国家体育总局体育哲学社会科学研究青年项目	省部级	中华武术的英译、接受与传播研究
2016	安徽省哲学社会科学基金规划项目	省部级	"一带一路"倡议中武术国际化传播的文化选择和跨文化阐释研究

（待续）

年份	项目类型	项目级别	项目名称
2017	四川省外国语言文学研究中心课题	市厅级	文化"走出去"视域下的中国武术文化外译研究
2017	国家社会科学基金项目	国家级	"一带一路"视域下中华武术文库外译研究
2018	国家社会科学基金项目	国家级	中国武术国际传播能力建设研究
2018	河北省社科基金重点项目	省部级	中国武术国际传播深度研究：理论、方法与应用
2019	河南省哲学社会科学基金项目	省部级	少林功夫译介溯源与翻译传播问题研究
2019	甘肃省体育社会科学研究一般项目	市厅级	"一带一路"背景下中国武术跨文化传播研究
2020	国家社会科学基金项目	国家级	中国武术外译话语体系构建研究
2022	经典中国国际出版工程项目	国家级	《中华武术通史》（英文译著）

从以上检索结果来看，专注于武术文化外译的项目数量非常有限。地域上主要集中于国内中部、西南、西北地区，中原（尤其河南）地区数量相对较多，这与当地独特的少林文化与太极文化的地域资源和历史文化息息相关。从项目研究主题的方向来看，无论是宏观角度的武术话语体系构建、标准化体系构建、基于新时代战略背景和地域背景下的武术国际传播研究，抑或微观视角下武术国际传播的人才培养和武术翻译研究，均反映了中华武术文化在研究领域和内容等方面可挖掘的空间。但总体来看，翻译理论、翻译实

践、翻译史、翻译批评、翻译技术等研究领域仍缺乏武术文化外译的专门研究成果。这与武术和翻译作为两个领域和两个学科的显著差异性不无关联，尚不能完全实现二者跨学科的深度融合。

2.2.2.2 武术文化译介实践成果

武术文化译介实践成果主要体现为武术对外翻译传播的实践成果，可划分为两类：一是从文本内容和语言形式的内部因素上分类；二是从超越文本和翻译行为的外部因素上分类。将这两种类型的成果归类为实践研究，是相对于静态理论研究而言，武术文化译介实践成果是理论研究的根基。静态的理论与动态的实践相辅相成，动静结合且相宜，构筑完整的武术文化译介研究体系，共同推进武术文化译介的全面系统发展。

1）以文本内容和语言形式的内部因素分类

此分类下的武术文化译介实践成果，主要是指武术文学或学术著作的对外翻译、以外文书写的介绍武术文学或武术学术研究的著作、武术双语或多语教材、武术双语或多语词典、竞赛文件、武术纪录片和影视剧的双语或多语脚本及字幕编译等译介成果。

第一，武术文学或学术著作的对外译介。主要包括武术文学或学术著作的外译和以外文书写的介绍武术文学或武术学术研究的著作（译介概况详见表2.2）。金庸武侠小说是武术文学著作的经典代表，也是最早得以译介海外的武侠小说。20世纪70年代，金庸武侠小说以越南文、泰文、印尼文、柬埔寨文、马来文等多语言出版发行；韩文版金庸武侠小说在20世纪80年代末问世；日文版《书剑恩仇录》于1996年出版，其后几乎所有作品陆续出版并再版（罗永洲2011）。金庸武侠小说在西方世界的译介起步于20世纪70年代，截至2023年，金庸的15部小说中共有5部被译成英文：《雪山飞狐》（*Flying Fox of Snow Mountain*，1972[1]；*Fox Volant of the Snowy Mountain*，1993）、《鹿鼎记》（*The Deer and the Cauldron*，1997–2003）、《书剑恩仇录》（*The Book and the Sword*，2005）、《射雕英雄传》（*Legends of the Condor Heroes I-IV*，2018–2021）和《神雕侠侣》（*A Past Unearthed Legends of the Condor Heroes I*，2023）。金庸武侠小说在海外的热销进一步推动了中国文学海外译介的发展，为中国文学海外译介研究提供了可贵的参考，为文学翻译的学术研究者开拓了更广阔的研究视野和崭新的研究领域。北京体育大学编著的《中华武术通史》（2022）的英译本、《中国武术：从古代到 21 世纪》（2012）、《理解与翻译中华武术》（2023）等国内外出版的学术专著，既是武术翻译的实践成果，也是武术理论成果的译介。依循历时线索，中国武术文化相关外译著作类成果如下表所示：

表 2.2　中华武术文化外译译著和著作类成果

类型	书名	作者	译者/编者	出版时间	出版机构
译著	《太极拳》 *T'ai-Chi Ch'uan: Its Effects and Practical Applications*	陈炎林	Kuo-shui Chang、陈遂、葛传槼	1947	Kelly & Walsh Limited
	《雪山飞狐》 *Flying Fox of Snow Mountain*	金庸	Robin Wu	1972	*Bridge Magazine*

（待续）

1　1972 年由吴罗宾（Robin Wu）根据旧本节译本在美国杂志《桥》上连载发行。

类型	书名	作者	译者/编者	出版时间	出版机构
译著	《杨家太极拳秘诀》 *Tai Chi Touchstones:* *Yang Family Secret* *Transmissions*		Douglas Wile	1983	Sweet Chi Press
	《柳湖侠隐》 *Blades from the Willows*	还珠楼主	Robert Chard	1991	The Wellsweep Press
	《雪山飞狐》 *Fox Volant of the Snowy* *Mountain*	金庸	莫锦屏	1993	香港中文大学出版社
	《七侠五义》 *The Seven Heroes and* *Five Gallants*	石玉昆、俞樾	宋绶荃	1997	人民文学出版社
	《三侠五义》 *Tales of Magistrate* *Bao and His Valiant* *Lieutenants: Selections* *from Sanxia Wuyi*	石玉昆	Susan Blader	1998	香港中文大学出版社
	《鹿鼎记》 *The Deer and the* *Cauldron (I-III)*	金庸	John Minford	1997 1999 2003	Oxford University Press
	《陈氏太极拳养生功》 *The Chen-Style Taijiquan* *for Life Enhancement*	陈正雷	徐海亮	2002	中州古籍出版社
	《萧十一郎》 *The Eleventh Son: A* *Novel of Martial Arts and* *Tangled Love*	古龙	Rebecca S. Tai	2004	Homa & Sekey Books
	《书剑恩仇录》 *The Book and the Sword*	金庸	Graham Earnshaw	2005	Oxford University Press

（待续）

（续表）

类型	书名	作者	译者/编者	出版时间	出版机构
译著	《太极拳体用全书》 *The Essence and Application of Taijiquan*	杨澄甫	Louis Swaim	2005	North Atlantic Books
	《杨氏太极拳》 *Mastering Yang Style Taijiquan*	傅钟文	Louis Swaim	2006	North Atlantic Books
	《中国红：武术（汉英对照）》 *Chinese Martial Arts*	蒋剑民、黄一棉		2012	黄山书社
	《少林功夫》 *Shaolin Kungfu*	吕宏军、滕磊	杨平	2014	Homa & Sekey Books
	《射雕英雄传》 *Legends of the Condor Heroes (I-IV)*	金庸	Anna Holmwood、张菁	2018—2021	MacLehose Press
	《中华源·河南故事·少林功夫》 *Shaolin Kungfu*	万正峰	焦丹等	2019	河南大学出版社
著作	*Chinese Gung Fu: The Philosophical Art of Self-Defense*	Bruce Lee		1963	Black Belt Communications
	Fundamentals of T'ai Chi Ch'uan	Wen-Shan Huang		1973	South Sky Book Company
	Tai Chi's Ancestors—The Making of an Internal Martial Art	Douglas Wile		2000	Sweet Chi Press
	Chinese Martial Arts: From Antiquity to the Twenty-first Century	Peter A. Lorge		2012	Cambridge University Press

（待续）

（续表）

类型	书名	作者	译者/编者	出版时间	出版机构
著作	*Martial Arts Studies*	Paul Bowman		2015	Rowman & Littlefield Publishers
	Mythologies of Martial Arts	Paul Bowman		2016	
	The Martial Arts Studies Reader	Paul Bowman		2018	
	Chinese Martial Arts and Media Culture: Global Perspectives	Tim Trausch		2018	
	Inheritance, Education and Sustainable Development of Chinese Martial Arts Culture	Jian Wang, Xiaoyan Sun, Yongxin Chen		2019	吉林人民出版社
	Hong Kong Martial Artists: Sociocultural Change from World War II to 2020	Daniel Miles Amos		2021	Rowman & Littlefield Publishers

　　据不完全统计，表 2.2 显示了与武术文化外译相关的译著和著作类研究成果，主要以文本内容和语言形式的内部因素分类，包含武术文学或学术著作的对外译介。2019 年之前，很多学者认为中国武术英译最早可追溯到 1963 年李小龙的英文版《基本中国拳法》。但金艳（2019）经过大量考证得出，1947 年版的《太极拳》英文本是"第一本太极拳英语图书"，是中华武术英译出版的发端。她关注作者、译者、原作内容、出版机构等要素，通过文本"回译"及其他副文本信息，部分还原太极拳发展和外译传播史。此发现对武术文化外译的历史溯源起到了重要推动作用。

第二，武术双语或多语教材的编写与竞赛文件的发布。表 2.3 列举了国内正式出版的十余种武术中英双语或英语教材。武术外语教材作为中华武术文化对外译介的一种形式，在中华武术对外培训过程中起到重要作用。1986 年，中国武术研究院首度编写了英文版武术推广教材《武术》和《国际武术教练员培训班教材》，开启了武术在国际舞台上的推广之路。1987 年，中国武术协会再次组织编写了《国际武术裁判员训练班教材》，为国际武术比赛的规范化、标准化奠定了基础。北京体育大学出版社于 2010 年出版《武术运动英汉双语学与练》以及 2021 年出版《孔子学院武术师资培训理论教程》等孔子学院武术学习丛书。此后，为迎接全球国际化趋势的机遇与挑战，国内各武术类双语教材出版呈现一片繁荣景象，在内容上准确、形象、生动地传达武术的技击原理、动作寓意、技击内涵及中国传统哲学思想。从目标读者定位上看，既有适合武术爱好者作为技能学习入门的初级教程，也有便于武术专业学生从事理论和技术研究的教学教材。在发行方向上，既有针对国内学生学习的双语教材，也有具备国际视野，面向国外读者或学生编纂发行的读物（罗永洲 2008）。国内知名外语类出版社如外文出版社、外语教学与研究出版社等，体育类出版社如北京体育大学出版社、人民体育出版社等也相继出版符合武术专业学生需求的双语教材。但囿于武术的专业性、地域传播的局限性以及英语作为多数国家官方语言的现实性，多语种武术教材和小语种武术教材尚未大规模开发。随着国家区域与国别研究的深入和"一带一路"倡议的推广，武术多语种和小语种教材的开发势必应运而生。

表 2.3　中华武术中英双语或英语教材

书名	作者/译者/编者	出版时间	出版机构
《武术》	国家体育总局武术研究院	1986	人民体育出版社
《国际武术教练员培训班教材》	国家体育总局武术研究院	1986	人民体育出版社
《国际武术裁判员训练班教材》	中国武术协会	1987	人民体育出版社
《中国武术指南》	李天冀	1995	外文出版社
《太极拳》	李德印	2004	外文出版社
《武术双语教程》	王俊法	2005	中国海洋大学出版社
《武术运动英汉双语学与练》	孟涛	2010	北京体育大学出版社
《高校武术双语教程》	苏剑明、冼慧本	2012	云南大学出版社
《中国武术中英双语教程》	温博	2014	北京师范大学出版社
《太极拳中英双语初级教程》	温博	2014	北京师范大学出版社
《太极拳中英双语高级教程》	温博	2014	北京师范大学出版社
《太极剑中英双语教程》	温博、姚明霞	2015	北京师范大学出版社
《杨式太极拳英汉双语基础教程》	郭振兴	2015	北京理工大学出版社
《中国26式陈氏太极拳（英汉双语教程）》	成正凯、任天麟	2016	北京体育大学出版社
《中国武术英汉对照》	戴国斌、陈丽江	2018	同济大学出版社

第三，武术双语或多语词典的编纂。武术外语词典是中华武术文化对外译介和国际传播的语言交互平台。20世纪80年代起，国内陆续出版《汉英武术词汇》（1988）、《英汉汉英武术常用词汇》（1989）和《汉英英汉武术词典》（2007）等，为武术专业学习和学术研究提供国际交流的便利条件。2008年出版的《传统少林武术套路集成（套装上下卷）》（*A Compendium of Shaolin-style Traditional Martial Arts*）是我国首部全面系统记载少林武术套路招式的英文版专著，虽未以"词典"命名，但其内容翔实、专业夯实、体量庞大，实有词典之功效，为中外武术专业学习者、爱好者和研究者提供了可靠的外文参考，其术语研制对推动中国武术术语标准化意义重大。国内还有很多优秀的中文版武术词典尚未制作成双语或多语，比如，郭玉成的《武术谚语词典》于2020年出版，若能出版双语或多语的武术谚语词典，通过谚语形式将包罗万象的中国武术文化外译出去，势必对外国武术学习者更好地理解中国武术文化意义非凡。

表 2.4　中华武术双语或多语词典

类型	书　名	作者/译者/编者	出版时间	出版机构
词典	《汉英武术词汇》	吴必强	1988	科学技术文献出版社重庆分社
	《英汉汉英武术常用词汇》	解守德、李文英	1989	人民体育出版社
	《汉英英汉武术词典》	段平、郑守志	2007	人民体育出版社

第四，武术影视剧的双语或多语脚本及字幕编译。武术影视剧是中华武术文化对外译介的多模态和直观表现形式，是最容易被外国观众接受和感知的传播模式，其传播覆盖面广、传播影响力大。武术纪录片、电影和电视剧的双语或多语脚本及字幕在武术影

视剧对外译介中起到与国际受众沟通互动的桥梁作用。其中，武术纪录片以活动影像为媒介对武术文化进行系统"描述或重建"，直接为观众呈现出非虚构的武术内容，实现信息交流和审美享受的功能（张晶、曹雪莹 2013）。目前，中央电视台官方出品的武术纪录片有六部：《武术传奇》（2007）、《中华武功》（2008）、《问道武当》（2009）、《太极武当》（2010）、《功夫少林》（2016）、《藏着的武林》（2020），这些武术纪录片大多在国内传播，尚未译制成外语向国外译介。2020 年 12 月，中国网《彭瑞话中国》栏目制作了中西双语专题片《中华武术：千年的传承与变革》（*Artes Marciales Chinas: Cultura, Moral y Magia*），向海外观众介绍了中华武术及其历史渊源，覆盖用户总数逾 4,800 万。还有很多地方电视台和网络媒体也在陆续制作武术纪录片，并积极探索纪录片外译，如广州市文化广电旅游局出品的纪录片《打功夫》于 2021 年 11 月在中国国际电视台（CGTN）英语新闻频道全球首播。在影视作品方面，李小龙、成龙、李连杰的功夫电影可谓驰名中外，将中华武术带到世界舞台；《少林寺》电影也赋予了中华武术神秘的传奇色彩；越来越多的海外影视企业开始关注中华武术在海外的传播，《功夫熊猫》（*Kung Fu Panda*）、《卧虎藏龙》（*Crouching Tiger, Hidden Dragon*）、《花木兰》（*Mulan*）等功夫影片成功地将中华武术魅力展现在新一代海外观众面前。

2）超越文本和翻译行为的外部因素分类

以超越文本和翻译行为的外部因素分类，主要包括各种武术国际赛事的口笔译实践、武术国际标准化的建构、武术语料库建设等形式的译介实践活动。

第一，中国武术国际赛事翻译。武术国际赛事的翻译是超越武术外译文本和一般翻译行为的外部因素之一。中华武术在国际舞台的竞技赛事需要不同语言之间的转换与传递，竞赛文件的中外文翻译也是中华武术对外译介的表现形式之一，如表 2.5 所示，国际武术联合会制定了中英双语的《国际武术联合会章程》《国际武术竞赛套路》和《国际武术竞赛规则》等，外国参赛队员通过竞赛文件的外文版学习赛事规则。中国武术外译真正走向国际舞台始于 1936 年的柏林国际奥运会，武术作为表演项目在此届奥运会上首次亮相，当时派出武术表演队员 11 名，黄元恺、梅馥香担任团队翻译（何启君、胡晓风 1989）。这一历史事件标志着中国武术作为国粹开始向全世界展示风采。2020 年，中华武术成功申请为 2022 年达喀尔青奥会正式项目（后延期至 2026 年举办），届时，世界各地选手将参加男女长拳全能（长拳、棍术）和男女太极拳全能（太极拳、太极扇）四个武术项目。中华武术在青奥会小试牛刀，将为未来加入国际奥运会铺平道路。其他类型的国际武术赛事也很活跃，如郑州国际少林武术节、焦作国际太极拳交流大赛、世界青少年武术锦标赛、世界武林大会等，无论是官方还是民间的国际赛事，赛事中的外语翻译作为译介纽带传递着中华武术的声音，展示着中华武术的特色风采。

表 2.5　中华武术双语或多语竞赛文件

类型	名称	作者/译者/编者	出版时间	赞助机构
文件	《国际武术联合会章程》 *Constitution of International Wushu Federation*	国际武术联合会	20世纪90年代	国际武术联合会
	《国际武术竞赛套路》 *International Wushu Competition Routine*			
	《国际武术竞赛规则》 *Rules for International Wushu Competition*			

第二，中国武术国际标准建构。标准化是武术国际化的基础、武术规模化的关键和武术现代化的重要标志。中国武术的外译和国际传播与武术国际标准建设不无关联。中国武术标准化规范制度的建立既能够助推中国武术的国际化发展，还能在一定程度上拉动体育行业的经济增长，促进社会体育产业、文化产业、旅游产业等事业的发展。郭玉成（2015）认为武术标准化是一种为在国内外传播和推广武术而进行的有组织、有计划的活动，通过制定和实施武术相关标准提高武术标准化水平。他以标准化学科为视角，结合武术自身本质与特性、武术标准化的历史沿承、实践成果，构建中华武术标准化研究体系，包括武术术语、武术技术、武术器械、武术服装、武术礼仪、武术场地、武术管理、武术段位和武术翻译标准化九个方面。另外，地方政府也致力于武术国际标准化的探索，如2020年河南省首批出版《少林功夫》《太极拳》等中英文对照出版物，被列入国家级"中国思想文化术语多语种对外翻译标准化建设"项目；2022年郑州市少林武术标准化技术委员会正式成立。该委员会主要从事少林武术术语、套路、器械、服装、教学评价、竞赛规则、考评、外译等领域的地方标准制定和修订等相关工作，使武术教学、训练和竞赛从定性描述走向定量评定，从无序走向有序，从多元走向规范，并能逐步建立起统一的武术国际规范。通过对少林武术流派的正确技术进行标准化、规范化要求，做到技术、术语、考试标准的统一，不仅有利于大范围地保护和传承中华武术，还可以充分保留拳种流派的演练风格，从而保障其广泛传播，进行规模化发展和推广应用。武术术语的国际标准话语是中国武术外译话语体系构建的重要内容，目前国内各种武术术语词典、招式套路教材、各类武术赛事章程等已形成了中国武术特有的话语体系，为构建武术术语英汉平行语料库储备了大量翔实的语料。

第三，中国武术语料库建设。20 世纪 90 年代，以真实语料为基础发现和解释语言现象的语料库语言学相关研究兴起。1993 年，英国曼彻斯特大学教授蒙娜·贝克（Mona Baker）题为《语料库语言学与翻译研究：启示与应用》（"Corpus linguistics and translation studies: Implications and applications"）的语料库研究学术论文引起国际学者的广泛关注和强烈反响，被视为语料库翻译学的滥觞之作。自此，"语料库＋传统学科"的研究模式呈现快速发展的趋势，国内许多院校和研究机构相继创建了专业领域语料库，这些学科的语料库以其客观性、真实性以及高度的专业性，在学科教学、词典编纂、翻译研究等方面发挥着重要作用，如北京外国语大学的多语种语料库、解放军外国语学院的军事英汉汉英平行语料库、绍兴文理学院的中国法律法规汉英平行语料库、中国传媒大学的有声媒体文本语料库、国家语委的计算机专业双语语料库等（丁立、王永亮 2016）。语料库翻译学研究也涉及翻译文献研究、译作语言特征、译者风格、翻译规范、翻译实践、话语研究、口笔译教学和口译认知研究等领域。目前，国内武术语料库仍有待开发，笔者正率团队致力于武术平行双语语料库和多模态语料库的研制和开发，自建 100 万字的语料库已应用于翻译教学和学术研究，产出相关成果。该语料库的研发对于体育类专业高校的武术专业学术研究、中华武术文化外译及其国际传播具有重要意义。

2.2.3　中华武术文化译介的特点

2.2.3.1　中华武术文化对外译介的共性

目前，国内外已出版的中华武术文化对外译介呈现以下共性特征：第一，译介主体类型的多样性。译介主体包括政府官方机构、社会团体组织、武术专业人士、专业译者与外籍学者、外籍武术专家等。

第二，译介内容的丰富性。译著、专著、词典、教材、文件报告等构成了武术文化译介的主要载体形式，译介的内容、题材等多元而丰富（表2.2至表2.5已作部分展示）。然而，汪升、朱奇志（2018）曾提出武术译介相对单一的问题，认为面对巨大的海外市场资源以及博大精深的中华武术文化，有限的中华武术海外出版数量和"多以拳种技术为主"的译介内容仍不能完全满足武术文化市场日益增长的现实需求。此外，目前的中华武术文化海外传播也仍停留于技术描绘层面，对于武术文化的深度内涵往往涉及不深。时隔数年，这个问题仍然存在，而且在短时间内难以彻底消解。2018—2023年间，国内开始快速涌现出一些武术文化译介作品，包括金庸武侠小说《射雕英雄传》的英译本，一度引起国内武术翻译研究者和文学翻译研究者的关注，但武术文化的内涵是否真正被国际社会所认知、理解和接受？国际受众对中华武术是否仍存在各种各样的误解？原有的误解是否真正被消除？这些问题仍需学术界给予更多关注。

第三，译介途径的多元性。武术文化译介的途径包括国外出版机构、国内出版机构、政府部门、社会团体以及个人，通过纸质出版物（图书和杂志）、网络文学、政府或机构网站等现代数字化传播渠道展开对外译介。然而，研究发现，国外出版的中华武术文化著作在数量上明显多于国内出版物，主要由于国内出版发行的出版物大多应用于双语教学和国内武术学者的科研用途，这些中文著作的对外译介数量还远远不够，与政府重视程度、出版赞助商的偏好、武术专业译者的外语水平、海外发行量的规模等等都不无关系。武术译介作品的数量、质量及其经典化，均不能达到译介传播的预期效能和弘扬中华优秀传统文化的战略需求。在如今深化文明交流互鉴、推动中华文化更好走向世界的国际传播背景下，需要拓宽武术文化海外译介发行渠道，进一步优化武术文化国际传播路径。

2.2.3.2 中华武术文化对外译介的特性

上文对中华武术文化译介的定义、内涵与研究概况进行梳理，描述其对外译介的共性特征。而中华武术文化对外译介的特性也较为显著，如武术语言的特殊性、武术文化的不可译性、武术文化翻译策略与方法的独特性等。语言与文化是文化翻译研究中消解文化障碍的一对"孪生兄妹"，研究文化翻译离不开对语言与文化的深度解读；策略与方法则是文化翻译研究中解决翻译问题的一把双刃剑，研究文化翻译离不开策略与方法的精准灵活运用。语言是人类交流的工具，是文化的载体。文化是人类社会发展的产物，是人类活动的总和。翻译扮演着将一种语言和文化转化成另一种语言和文化的桥梁作用。翻译不仅仅是语言的转换，更是文化的传递和交流。以下探讨武术文化译介中的语言、文化、策略与方法三方面特性在译介过程中的理据。

1）武术语言的特殊性

语言与翻译密切相关，翻译是将一种语言的书面或口头信息转化为另一种语言，同时保留其含义、风格和语气的过程。因此，翻译是一种旨在跨越语言障碍的交流方式，人们虽然来自不同的语言与文化背景，但可以通过翻译交流思想、知识和文化观点。语言是一种特定社群使用的交流系统，由词汇、语法、句法和其他语言特征组成，讲话者能够借由语言表达思想、情感和经验。语言是人类文化的关键元素，塑造了人们思考、感知以及与周围世界互动的方式。在学术研究背景下，语言和翻译的研究涉及分析不同语言的结构、功能和含义，探究它们在交流中的应用方式。语言学家、翻译家和语言学习者运用各种工具和技术研究语言与翻译，包括比较分析、语料库语言学、语篇分析和翻译理论。了解语言和翻译之间的关系对于很多学科都尤为重要，可以帮助研究者更清晰地了解语言和文化之间复杂的内在相互作用，在译介过程中制定更有效的跨越语言和文化障碍的交流策略。

翻译通过语言的传递实现其目标，中华武术的专业理论知识和历史文化信息通过语言得以顺畅地传递和译介诠释。翻译将武术文化中的知识和信息转换成不同语言，帮助不同语言和文化背景的学习者习得武术知识，了解武术文化。谢应喜（2007）认为将中华武术文化推向世界，研究武术语言的文化内涵是首要任务。翻译能够帮助不同文化背景下的人们理解和阐释武术语言及其文化。在武术文化国际传播的进程中，语言是一把双刃剑。良好的语言沟通会促进武术文化国际传播，语言不通或不当的语言表达则会阻碍武术文化的国际化发展。无论是讲解武术技击精髓还是中国武术文化与其他文化间的交流碰撞，都需要语言作为沟通的工具（孟涛、蔡仲林 2013）。杨海庆（2008：12）认为"武术术语英译的无序与不规范对于武术国际传播产生了不良影响，武术翻译研究仍然缺乏宽度和广度"。另外，武术文化是一个高度技术性的领域，其中涉及大量专业术语和技术性语言。在翻译过程中，译者需要选择合适的词汇和术语准确传达原意，但由于不同语言的词汇差异和文化差异以及译者的文化认知差异，很可能导致读者的误解和混淆。温博、袁金宝（2010）认为，东西方的文化差异是武术翻译的最大障碍。不同国家和地区的文化底蕴不同，因此在翻译武术文化时需要将文化因素着重考虑在内。例如，中华武术文化强调内功修行，而西方武术文化则更注重外在表现。这种文化差异可能导致翻译的偏差和误解。而且，武术文化中有很多与动物相关的术语和技巧，主要通过意象表现，例如"蛇形拳""鹰爪功"等。这些技巧和术语在翻译过程中很难精准传达，因为它们的含义不仅仅是字面表层的动物名称，还包括动物的特性和特点，而不同国家对于动物有不同的喜好和寓意。因此，在中外语言转换过程中，译者需调研"言外之意"和"弦外之音"的文化差异，熟知这些武术术语的内涵和转换技巧。

在中国古代，武术各大流派之间可能存在一些门户之争。为了维护理论的独创性和保持某种神秘感，一些武术门派有意使用一些难以理解、含混晦涩的武术术语，以彰显其高深莫测。此外，武术的技法传授具有一定的保密性，武术教学主要依靠师徒之间的言传身教，仅凭书面文字的叙述难以清楚地表达武术的一招一式，口口相授始终是主要的传习方法。这些历史文化因素也进一步催生了中华武术语言的特殊性，因此要求译员具有专业的武术知识和丰富的习武经验，只有掌握武术语言特殊的本质和规律才能准确地传达口述信息。

2）中华武术文化的不可译性

中华武术不仅是一门武术技术和一项体育活动，其中更承载着丰厚的中国哲学、道德、美学等文化内涵。翻译是使世界人民得以了解中国武术文化、感知中华文化、促进异质文化间沟通与认可的途径。郭玉成（2009：2）将武术文化定义为"与武术相关的各种文化的总和"，包括在体育、影视、文学、学校教育等领域中的武术；狭义的武术文化专指拳理明晰、自成体系的传统武术拳种流派，其中蕴含的中国传统文化内涵，以及武德要求、传承制度等。武术作为一个文化实体的发展，不可避免地经历了内部和外部的文化交流与整合。在武术发展初期，中华武术吸收了许多文化元素，如中国的哲学、美学、医学等，并将其纳入自己的文化体系，构成中国整体文化中不可分割的一部分。伴随相关概念内涵和发展动态的变化，中华武术文化概念与内涵进一步深化。

在中华武术外译过程中，武术外译的本质即武术文化对外翻译的过程，文化的异质性带来翻译的不可译性。约翰·卡特福德（John Catford）认为，源语文本或多或少存在可译成分，而不是绝对可译或不可译……可译性限度有两种情况，一为语言的不可译性，二为文化的不可译性。另外，他还提出，在现实的翻译实践中严格区分是语言的"不可译"还是文化的"不可译"并无必要，这是因为语言和文化之间具有相互交融的特质（卡特福德1991）。语言是文化的重要组成部分，承担着表达和传承文化内涵和精神的责任。我们通过语言来学习、理解和思考文化，但文化本身的多样性和独特性也决定了其不可译性。不同语言使用者所经历的文化差异使得文化在翻译过程中难以原汁原味地传达。文化不可译性以纷繁复杂的多样化形式存在于各种语言的转换过程。文化层面上的不可译似乎成为不可逾越的鸿沟，至今任何知名的专业译者也难以确定一个最佳解决办法。大多数译者认为，如若尽量减少文化层面上的不可译，只有通过不同语言使用者之间更多的交往和交流，不同文化之间更深的包容和融合，但也不可能完全消除不可译性。孙艺风（2012）也曾提出，对于不可译性的一个简单化的处理方法就是翻译意义，其设想是：只要意义存在，就可以译出。可译性和不可译性是一对绝对矛盾，译者应承认不可译性的客观存在，同时也要努力寻求对源语言意义最大程度的翻译或解释，即"可译度"（贾影2002），不断在文化层面上调整翻译策略与方法，使目标语读者尽可能多地理解源语言的文化内涵，将源语文化尽可能真实地传向受众。

对于武术译介中的文化，如何处理其不可译性，需要译者专精覃思。金庸武侠文学的经典之作《射雕英雄传》中包含大量富有中国特色的武术文化信息，如武功招式、武侠门派、武术兵器等。2018 年，郝玉青（Anna Holmwood）翻译的英译本《射雕英雄传》（第一卷）（*Legends of the Condor Heroes I: A Hero Born*）在英国出版发行。在涉及大段历史背景信息时，译者运用了删译法。例如在第一回中"张十五道：'想当年徽宗道君皇帝一心只想长生不老……说着三人大笑。'"此段涉及中国古代宋金交战的历史背景信息，若全部译出则需要向读者交代大量内容，必须增加注释和解释性翻译方法。然而，在实际阅读体验中，本部分采取的删译法并未对读者的故事情节理解产生过多影响，反而降低了阅读难度。此外，对于富含武侠文化的武功招式等文化负载词，译者大多采取了异化的翻译策略，保留了源语文本的文化元素。例如"江湖""九泉"等词，译文直接采用了音译法；"毒龙出洞（deadly dragon flies the cave）""推窗送月（open the window and push back the moon）""九阴白骨爪（nine Yin skeleton claw）"等武功招式的翻译均采取了直译法，保留了源语文化特色。如果一味追求适应目标语读者的阅读需求而寻求英语中相关词汇来替代原文内容，那么很可能导致武术文化特色的流失，使外国读者降低对于中华武术文化的期待值，反而不利于武术文化在目标语国家的传播与接受。译者选择保留武侠文化特色，给予目标语读者充足的想象空间，形成读者期待视野，有利于有兴趣的读者通过武侠文化探求中华文化的内蕴，恰似一种留白的手法。处理好武术翻译与文化之间的关系，需要译者夯实双语语言功底、母语文学素养、跨文化翻译能力等基础能力，更需要译者在翻译中灵活的处理技巧和变通的智慧。

3）武术文化译介策略与方法的独特性

翻译的策略与方法林林总总，学者们始终在孜孜以求地探索着不同领域、不同文本类型的翻译策略与方法，以达到最佳的翻译效果。中华武术文化译介的策略与方法受到武术这一特定文化类型和文化语境的制约，应采取相应的独特译法。谢应喜（2008）曾提出，武术文本包括拳名、拳理、拳势三个层次。拳名即拳类的名称，如太极拳、长拳等；拳理即解释某一拳类的哲学、美学等论述，如《太极拳论》《五字诀》；拳势即某一门拳包含的基本动作、招式套路等。他认为拳名的翻译可以采取音译加注的翻译方法，拳势采取直译加描述译法，拳理可视情况采取直译、释义、加注等方法。罗永洲（2008）认为武术译本中一词多译、死译硬译、望文生义等现象较为普遍。译者在翻译中国武术文化时，应尽可能地在源语与目标语中寻求平衡，通过直译、释译、增译等手段在国际传播中彰显中华武术的民族特色。武术文本是体育文本的一个特殊类型，罗永洲（2012）提出，不同体育文本具有不同的功能倾向，译者在翻译时应先确认文本具体的功能倾向，区分原文与译文的功能，考虑英汉体育文本文体的差异，视具体情况综合使用直译、释译、归化、加注、转换等翻译方法，以确保译文通顺，符合目标语规范和行业规范。

武术外译包含术语外译和文化外译两方面（焦丹 2021）。武术术语因专业性和技术性限制，发展变化相对静态，而文化术语则因文化的交流交融发展更为动态，但二者的关系并非一分为二或是相互割裂，而是互相交融叠加。对于武术术语翻译而言，单靠译者一人独立完成是不现实的，更需与专业武者合作，共同对武术术语进行解释释义。为使译文达到交际目的，译者可借鉴西方体育固有的词汇或短语，而不是自己造词或者硬译，防止目标语读者不知所云。比如，在翻译武术散打术语时，可借鉴拳击中的术语，因为二者的拳法极为相似。以"勾拳"这一术语为例，按照汉语习惯我们会想当然地翻译成 hook fist，其实，在拳击中，只使用 hook 足矣（谢应喜 2007）。从建构中华武术外译话语体系的角度，彰显中华武术自身特色，采取异化策略则更符合保留源语特色的原则。不过，武术术语数量庞大，可能出现于小说、歌诀、偈语、谚语、教材、赛事规则等，其翻译应具体问题具体分析，解释清楚，翻译明白，才能让外国读者知其然并知其所以然。译者在进行文化翻译时，要保证文化信息的传递，充分考虑译文读者的理解认知，但是过犹不及，也要防止为了充分翻译而对每句话都加注，出现信息过载的情况。武术外译需根据武术文体的特征和内容区别对待，"以我为中心"地传递武术文化内涵实有必要。此外，武术术语和文化外译的概念标准与规范在翻译过程中需要严格框定，逐步建构国际标准，才能夯实中国武术在国际上的话语主动权和话语地位。从武术外译的宏观层面，方梦之（2019）提出四种建设中国译学话语的策略与方法：挖掘传统术语、提炼现代概念、借鉴国外范畴、完善已有表述。以此为鉴，建议武术译者应于策略与方法的微观层面基础之上，深入探究以下主题：(1) 从武术内涵、翻译理论、国际接受及中国立场等角度剖析，为武术外译话语固有概念翻新；(2) 通过新名词、术语和范畴即新话语体系传递武术特有的文化内涵、民族价值观念与武术哲学科学，实现对中国传统文化对外传播话语体系的奠基、继承与弘扬；(3) 通过武术翻译实践总结翻译经验，提炼形成翻译假说，继而形成符合武术翻译本质与规律的特色翻译理论，推动中国武术翻译实践与理论的深度融合（焦丹 2020）。

从武术外译文本的微观层面，笔者提出武术外译的总则，即以"合""化""似"为翻译目标的"归化与异化""直译与意译""形意与神意"三类英译策略，及与之相应的全译、改译、创译、变译、解释性翻译以及意译的增、减、移、换等翻译方法。武术文化外译对译者形成基本要求：译者需具备精湛的语内（白话文与古汉语）翻译和语际（汉语与外语）翻译的双语转换能力；需掌握正确和变通的翻译方法与技巧；需准确专业地传达武术基本理论和动作要领。诚然，弘扬中华武术文化，需要各类译介主体的共同努力，还需要官方层面建制武术文化翻译规范，规范武术术语及其译名的标准，促进武术文化翻译的权威化、国际化和大众化。

2.3　中华武术文化译介现状

国内学者吕俊（1997）认为翻译属于跨文化交流活动，因而翻译学应归类于传播学，属于传播学的一个特殊领域。传播学中的传播模式由"谁来说""说什么""对谁说""通过何种渠道""取得何种效果"五要素构成，即"传播主体""传播内容""传播途径""传播受众"和"传播效果"。如上文所述，若将文学译介界定为一种文化传播行为，那么同样具备传播学所必不可少的五要素，即"译介主体、内容、途径、受众与效果"（鲍晓英 2015：79）。从译介学视角来看，传统意义上的翻译主要侧重于根据源语文本类型，运用适当的翻译策略、原则、方法和技巧进行语言层面的文字转换，兼顾文化、沟通与审美功能。而译介学范畴下的翻译具备比较文学的特性，超越了语言、文化、沟通和审美等翻译的基本功能，将翻译本身的文字转换功能延伸至传播功能，尤其注重传播接受，形成翻译"延长链"，将其意义提升至国家、民族和地区间的文化交流、理解与共鸣。

目前，中华武术文化译介研究主要基于以上五个译介构成要素展开。薛宏波、程宇飞（2018）提出，我国在优秀传统体育文化译介上仍存在一些问题：译介主体尚不健全，力量相对薄弱；译介内容较为零散，缺乏系统性；译介途径相对单一，覆盖范围不广；译介受众相对较少，具有局限性。白蓝（2018）、那彩霞（2019）等指出，体育专业翻译人才缺乏是导致外译作品数量相对较少的显著原因；译介方式和内容略显单一、单调，缺乏多样性和对文化内涵的深度诠释；缺乏全面的武术文化语料库，以及翻译标准不统一等。这些因素均制约了中华武术文化的有效传播，而构建合理的中华武术文化译介模式是实现其在世界范围内有效传播的重要一步。

2.3.1　译介主体——谁来译介？

从翻译功能的角度而言，翻译除了有跨语言交际的作用，还具有深层次的跨文化交际功能。在译介传播的五要素中，译介主体占据首要位置，是决定文化译介成功与否的关键因素。译介主体通过语言的转换将源语转换为目标语，再现源语文化，在此过程中通过文化的移植实现源语与目标语文化之间最接近的衔接，使目标语受众最大限度地认知、理解和接受中华武术文化。作为中华武术文化译介主体的译者个体首先需要掌握中文的正确表述和文化内涵，同时具备熟练双语转换的能力，对武术的基础技术知识和文化哲学思想有一定了解。此外，译者还应充分了解目标语言的历史文化背景、双语转换的文化语境和目标语受众的思维方式等影响译文效果的因素。在个别情况下，译介文本在进入正式翻译阶段之前就已受到译前阶段的影响。译前阶段是指在翻译工作未开展前的前期准备工作，对整个翻译工作具有举足轻重的作用。在译前阶段，与文本相关的译介作品已经在海外传播，目标语受众、出版市场等已经对作品产生需求和期待值。以金庸武侠小说作品的英译出版为例，每一个小说译本都或多或少受到此前译本的影响。译介主体根据小说的市场反馈进行调适，以适应目标语受众的期待和市场需求。因此，传播在翻译行为之前就已产生，传播行为产生之后，则需要探讨"谁来译"——也就是译介主体的问题。

狭义上的译介主体主要是指译者本身。译介主体行为也就是译者本身的行为，是指将一种语言文字转换成另一种语言文字的过程。在语言文字转换时，译者需要根据源语言的含义、语法和结构，以及目标语言的文化背景、语法和结构等因素，准确表达源语言的意义。译者行为还包括识别和解决语言难题、确保翻译的准确性和流畅性、尊重原文作者的意图和风格等。此外，译者还应遵守译文机密、保护原文作者的权益，以及维护翻译行业的专业形象和声誉等。周领顺（2023）提出的"译者行为理论"认为，从翻译角度看，译者承担"翻译"的单一角色；从社会学角度看翻译，译者还承担着"社会人"的角色，因为译者是存在于社会环境下的具有能动思维和感情的意志体。因此，译者兼具语言性和社会性。

根据译介主体的群体特征（共同背景或特质），译介主体可细化为分门别类的译者模式。武术文化外译通过不同的译者模式施行外译行为。

第一类译介主体是中国本土译者模式。中国本土译者是指具有中国国籍并长期居住在中国境内的翻译群体，他们在中国翻译史上留下了丰富的翻译作品，为中国政治、经济、文化、科技、教育等领域的发展作出巨大贡献。在南北朝至唐朝的佛经翻译、清朝末年的科技翻译以及五四运动后的文学翻译等关键的翻译历史阶段，中国本土涌现出大量杰出的译者。然而，值得注意的是，尽管严复和林纾等译者的作品备受推崇，但他们的译作主要集中在英译汉领域。在中国当代文学与文化的外译阶段，汉译英作品兴起，许渊冲、刘士聪、张培基、王佐良、汪榕培、朱纯深、叶君健、沈苏儒等译者贡献不菲。20世纪八九十年代，国家机构主持的两个重大外译项目——《大中华文库》外译项目和"熊猫丛书"外译工程——主要也是由中国本土译者担任翻译工作（耿强2010；胡安江、胡晨飞2012）。潘文国（2004）认为具有海外留学和生活背景的中国本土译者在汉译外方面具有优势，他们对目标受众国家的语言风俗、历史文化以及受众偏好等有一定的了解和具身体验；虽然有的中国本土译者未走出过国门，但通过图书、网络等介质对外国语言与文化也有一定的了解。相反，外籍译者对非母语的语言文化难以做到深刻把握，故应由语言扎实、文化精通的中国本土译者从事汉文化外译工作。但在实际译介实践中，仍然有很多中国本土译者对语言和文化层面的认知浅尝辄止，仅通过国外书籍和网络途径的了解和认知可能有失偏颇。因此，仅熟练或精通某一门外语远远不够，将语言与文化割裂开来的译介必定是片面的、肤浅的。中国本土译者的突出问题不仅是对异国文化理解的不足，更体现在对国际受众的阅读习惯和审美倾向缺乏调研，导致不同文化背景下的国际受众认可度和接受度不理想。翻译包含语言层面的转换，也包含文化信息的传递与交融。虽然中国有许多精通外语的学者，但真正能够精通本国文化和异国文化，做到"融通中外"的译者仍然凤毛麟角。

目前，国内一直致力于中华武术文化对外译介传播与交流的学者主要是武术精通者，而不是专门的语言或文化传播学者，同时也由于中华武术文化具有浓厚的中国文化属性，因此武术文化译介主体多以中国本土译者的模式出现。然而，由于武术文化译介包括翻译与介绍，译介主体除承担翻译职责外，还应包括传播职责，因此，很多武术文化译者并非单纯的翻译者，也是编译者、著述者、策划者和出版者。如李天骥和杜希廉著《中华武术指南》，周庆杰著《太极拳》《气功》《中国武术》《少林拳》等全英文系列图书，被美国、英国、澳大利亚、加拿大、新加坡等国家大学图书馆收藏。《中华武术》杂志第一任主编昌沧作为责任编辑负责《中国的高峰》（英、日文版）、《徐才武术文集》等多部书籍的出版，并在各类报刊、图书发表大量有关武术研究的文字和观点。他作为副主编定稿《中国武术史》《武术科学探秘》等，主编大型工具书《中国武术人名辞典》《中国武术精华》（中国香港版）和《中国武术百科全书·人物》等，其中很多都具有对外翻译传播武术文化的价值。康戈武发表300多万字的武术文论，出版了《中国武术春秋》（英文版）、《中华武术图典》等。从现存武术英译图书的出版来看，译介主体主要是中国本土译者模式，他们当中既有译者、中文著者、英文著者，也有编者、策划者和出版者。

第二类译介主体是海外华人译者模式。旅居海外的华人译者，是译介中国文化的另一特殊群体，在中国文化译介与传播进程中发挥着不可小觑的作用。海外华人译者是指长期生活或工作在海外的华侨群体。长期的异国生活使他们当中大部分人都具备了较强的双语转换能力，拥有听、说、读、写、译的综合外语技能；他们有机会亲身体验汉语和外语文化之间的异质性，对异国历史文化、风土人情、民俗习惯等具备一定的认知和理解能力。历史上知名度较高的海外华裔译者有王良志、施颖洲、陈荣捷、余国藩、黄运特、柳无忌、梁社乾、林丽君、孙康宜、乔志高、孔书玉、刘若愚、王际真、赵元任等，这一群体兼具多种优势，如扎实的双语功底、敏锐的文化感知、成熟的翻译理念、便利的译介渠道等（戴薇 2021）。此外，他们均具有作为译者的一个普遍特征和优势，即他们大都拥有在海外名校的学习经历，很多译者在海外高校担任英文教授，用英文授课，出版英文著作，英语表达能力几乎达到当地母语水平。他们不仅能与当地文化背景下的居民无障碍交流，所撰写的外文作品也得到国际读者的普遍认可、理解和接受。除了语言与文化的碰撞与交融之外，海外华人译者能更自如地协调中外文化之间的关系，游刃有余地应对中外文化所存在的普遍性和特殊性差异，据此选取特定的翻译模式、策略与方法，以理智的文化调解能力确保异质文化价值的有效传播。此外，海外华人译者在英语国家拥有更多的人脉资源和市场资源，占据得天独厚的地理优势，为英译作品的推介提供了诸多便利渠道，为中华文化国际传播作出了功不可没的贡献。

在众多海外译者当中，李小龙可以说是一位特殊译者，他既是武术拳法的翻译者，也是传播者、策划者，集多重身份于一身，被后世广泛传为"中国功夫第一位全球推广者、截拳道创始人、双节棍之父、世界武道变革先驱者"等。1963 年出版的《基本中国拳法》是李小龙宗师生前出版的唯一一本个人专著。1972 年出版的《咏春拳》（*Wing Chun Kung Fu*）署名作者为严镜海（James Yimm Lee），李小龙担任技术编辑，但人们普遍认为该书是由李小龙传授、严镜海执笔，最后由李小龙审定的作品，书中包含的咏春手型、手法、步型、步法等技击内容均来自李小龙的悉心传授。我国香港曾出版《咏春拳》的中文译本《图解咏春拳》[1]（2008），译者是李绍昌。此外，美国《功夫内幕》英文杂志专栏主笔黄德辉是一名美籍华人，他被认为是将蔡李佛拳[2]译入英语世界的第一人，他发表在英文杂志上的英文武术文章达 200 余篇，编写和出版了多部英文武术书籍与40 余套武术教材的影像作品。美籍华人苏自芳习武六十载，分别于

---

1 《图解咏春拳》为李小龙亲传弟子李运即严镜海所作，由李小龙校正，被认为是李小龙七大武学原著之一。此书系统全面地讲解示范了咏春拳技术，有近千张严镜海与黄锦铭示范的动作照片，是一本既有收藏价值又真正实用的武术图书。

2 蔡李佛拳，广东省江门市新会区岭南拳术，国家级非物质文化遗产之一。

2010 年在美国洛杉矶、2017 年在新加坡成立易水武艺传习社，旨在推介传统武术的健身功效和文化内涵。武术名家杨俊敏（美籍华人）出版了 30 多本有关武术文化的教育类书籍，翻译成多种语言发行于世界各地。王菊蓉（美籍华人）多次参加《武术竞赛规则》的制订和修订工作，著有《中国剑书》（*Sword Imperatives*）（2006）武术著作。梁守渝（加拿大籍华人）出版了 10 种英文版武术文化书籍和近 40 种教学录像带，有的书籍被译成多种语言在世界各地发行，对中华武术在国外的译介传播产生巨大影响。他的事迹被收入美国著名的《世界名人录》（*Who's Who in the World*）、《国际历史名人录》（*The International Who's Who*）等报刊中。美籍华人吴简琪既担当制片，又发行杂志《功夫太极》（*KungFu Tai Chi*），这本杂志是美国唯一专门介绍中国武术的英文杂志，旨在将中华武术文化的精华译介给西方国家。此外，吴简琪也负责 KungFu Magazine 网站，借助互联网信息技术手段向大众译介和传播中华武术。

第三类译介主体是国外汉学家译者模式。这类译介主体在中国译介史上并不少见，享有盛名且成果斐然的国外汉学家译者有大卫·霍克斯（David Hawkes）、葛浩文（Howard Goldblatt）、赛珍珠（Pearl S. Buck）、理雅各（James Legge）、阿瑟·韦利（Arthur Waley）、马悦然（Goran Malmqvist）、罗鹏（Carlos Rojas）、伯顿·华兹生（Burton Watson）、安德鲁·琼斯（Andrew Jones）、辛迪·卡特（Cindy Carter）、蓝诗玲（Julia Lovell）、白亚仁（Allan H·Barr）等等，他们热爱和钻研中国文化，将许多中国文学文化作品译介传播到国外。他们当中有的在中国长期求学生活，有的扎根在中国，对中国文化底蕴有丰富的亲身体验和深刻的内涵解读。2023 年 7 月，第三届文明交流互鉴对话会暨首届世界汉学家大会上，俄罗斯汉学家、圣彼得堡国立大学教授阿列克谢·罗季奥诺夫（Aleksei

Rodionov）呼吁，世界需要真正的文明对话、平等对话，汉学家要致力于让中国听到来自世界的声音，也要让世界各国听到中国的声音，让世界变得更和谐、更多边、更多元。

翻译是一项复杂且艰苦的工作，要求译者具有"百科全书""万金油"般综合全面的能力，中华武术的翻译尤为如此，不仅要求译者具有精湛的语言水平，更要求译者具有武术技能的专业知识以及对武术文化哲学内涵的深刻解读。译者要完成一个流畅、完备、恰当、精准的翻译作品，其难度完全不亚于原作者最初的创作难度。许多学者认为国外汉学家译者模式优势众多，因为他们能将中文译入自己的母语，对本族语国家读者的文字偏好、用语习惯和审美品位有深刻的了解（谢天振 2014）。诚然，国外汉学家译者模式的优势是其他类型模式所不易替代的，国外汉学家的首要身份是国外受众，其次才是一名译者。首先，从语言水平和文化认知层面，国外汉学家译者群体的语言能力和文化解读能力能够使翻译作品达到"融通中外"的翻译传播目的。其次，从受众接受与传播效果层面，国外汉学家不仅熟悉而且专门研究中国的文化历史，又深谙外国受众——尤其是本国受众——的需求与喜好，这大大促进了译介传播效果，国外汉学家因此而成为中国文化"走出去"的理想翻译群体。第三，从异质文化间的移植与转换层面，国外汉学家跨越中外两种文化，了解不同国家之间的文化共性与差异，能尽可能地确保译介时不遗失中国传统文化特色元素，进而在两种文化和语境之间自由切换，实现文化的深度融合。此外，从出版机构和译介途径层面，国外汉学家熟知海外读者的阅读习惯与需求，与国际出版机构与新闻媒体沟通较多，具有便利的译介渠道，是中国文学走出去的重要译介群体（胡安江 2010）。

然而，翻译界所面临的现实是国外汉学家译者屈指可数，2015

年欧美从事中译外的汉学家仅 20 人左右（鲍晓英 2015）。近十年来，能够承担中国文化外译工作的汉学家数量并未大幅度上升，仍存在巨大缺口。这也是中华优秀传统文化虽然"走出去"，但仍难以"走进去"的阻碍因素之一。在中华武术的译介传播实践中，其中蕴含的中国特有的深邃思想文化内涵，给译者翻译行为带来大量理解上的困难。例如，钻研军事史和武术史的汉学家龙沛对中国汉字、武术和《孙子兵法》具有浓厚兴趣，一直致力于打破美国学界对中国历史的刻板印象。大学期间他开始学习文言文并在毕业论文中翻译了《孙子兵法》；在宾夕法尼亚大学攻读历史学博士学位期间，师从知名汉学家郝若贝（Robert Hartwell），撰写了题为《战争与北宋建国》（"The Reunification of China: Peace through War under the Song Dynasty"）的博士学位论文。2022 年，龙沛的专著《孙子在西方》（*Sun Tzu in the West: The Anglo-American Art of War*）在美国出版，向世人讲述了《孙子兵法》在西方的接受史。汉学家罗伯特·威廉·史密斯（Robert William Smith）在美国传播太极拳，丰富了太极拳的文化内涵和实践内容，也为如何充分发挥汉学家的文化传播作用提供了具有参考价值的经验。唐云[1]以《发现瑞安非物质文化遗产》（2022）为题，以 10 万余字的意大利文，从中国武术聚焦瑞安武术，从温州南拳起源到瑞安南拳发展，从武术名家名师到抱拳礼、扎马步等具体招式，以图文、视频相结合的方式，向海外读者娓娓叙述中国武术发展史。这类译介兼具翻译与传播的特性，是译介实践中以外文书写的介绍武术文学或武术学术研究的著作类型。

再如，2010 年，北京大学出版社出版图书《功夫偶像》（*Kung*

---

1 唐云原名 Bonino Gabriella（博尼诺·加博列拉），出生于意大利都灵，出版过多本意大利著作介绍中国文化，被誉为"当代女马可·波罗"。

Fu Cult Masters），作者里昂・汉特（Leon Hunt）是英国布鲁内尔大学影视专业资深讲师，也是一名深谙中国文化的学者。《功夫偶像》一书首次全面梳理 20 世纪 70 年代以来的武侠（也称功夫）电影，以"功夫明星"为主线，聚焦"功夫跨文化现象""功夫影星动作指导""功夫身体技术"三大主题，分析中国功夫电影对全球通俗文化，包括电影、电视及电脑游戏等的影响；列举了"少林寺电影""克隆李小龙""中国功夫电影人在好莱坞"等个案，从表演美学与电影技术两个维度，将功夫电影定位为一种具有独特历史文化内涵的身体类型（body genre）电影。该书被公认为是西方首部从学术批评立场系统化、理论化地阐述功夫电影的专著，是功夫电影研究者与爱好者的必备读物。

第四类译介主体是中外合译模式。合译是指不同译者共同翻译同一著作，每位译者既要各司其职，又要协同合作（张德让 1999）。在中国翻译史上，出现过很多中外合译的经典之作。如杨宪益与戴乃迭、葛浩文与林丽君、理雅各与王韬均合译了多部中国文学经典作品，因其经典性和可读性而流传于世。从当前中国文学外译成效来看，在推动中国文化"走出去"的背景下，中外合译模式不失为最佳译者模式。这种模式能够确保译前文本的选择与沟通效果，以及译后文本的出版与传播等各个环节的高效运行，可以较好地译介中国文化（胡安江 2012）。著名翻译家余光中也曾在其翻译观思想中体现这样的观点，由于文化背景差异的客观存在，外国译者难免会出现误译，而中国本土译者不是外国语言的母语使用者，这会导致译文失真和可读性欠缺，因此，最理想的译法是中外合作，中国人的中文理解力加上外国人的英文表达力，可谓是恰到好处的优势互补和强强联合。中外合译模式下的中国译者帮助汉学家深度解读中国文化和中国文学，汉学家通过与中国译者的磋商尽可能防止语言误差，考虑读者接受，从而产出更贴近中国文化的优秀作品。当下，出版部门也越来越重视中外合译模式的优势，如国家社科基金中华学术外译项目、经典中国国际出版工程项目等明确体现了中外合作翻译和出版的译介策略，不仅要求译者申请者中有精通语言的外籍人士，还要求中外出版社的联袂合作。

以武侠文学作品外译为例，如前所述，目前金庸的 15 部武侠小说中仅有 5 部被译为完整的英文版，分别是：《书剑恩仇录》《鹿鼎记》《雪山飞狐》《射雕英雄传》和《神雕侠侣》。金庸武侠小说在中国文学史尤其是武侠文化史上地位显赫，但在向西方译介传播的过程中并非一帆风顺，涉及社会性、文化性、文学性、译者行为、语言表述、传播模式等多元影响因素。然而，其核心问题仍是文化异质性问题，这增加了武侠小说的英译难度，也给译介主体带来挑战。美籍华人吴罗宾所译的《雪山飞狐》被认为是首部金庸小说英译本，译者对原作内容进行了较多改写与调适，在文化信息的理解和传递上未取得预期效果。随后，莫锦屏在罗宾译本的基础上，对《雪山飞狐》进行重译，她详细释义了小说中的中国传统文化内容，最大限度地保留了原作的完整性（苏静、韩云波 2019）。第二部译为英文的金庸武侠小说是《鹿鼎记》，译者是英国汉学家闵福德。此前，闵福德翻译了许多中国经典文学文化作品，凭借丰富的翻译经验和对中国文化的理解，他在翻译过程中能够准确比较东西方文化，准确和灵活地运用翻译策略与技巧，提升了《鹿鼎记》的外译传播效果。第三部金庸武侠小说英文版是《书剑恩仇录》，译者是英国汉学家晏格文（Graham Earnshaw）。晏格文着重关注外国受众的阅读习惯和接受偏好，在英译本中运用改译方法，删减了国外受众较难理解的人文典故与心理描写等内容，转向关注故事情节和结局的表述，最大限度地减少了国际受众的文化误读。第四部金庸武侠小说译作《射雕英雄传》是由瑞典籍译者郝玉青和中国译者张菁合作完成。张菁在中国香港长大，曾在英国留学，精通英语但缺乏对中国传统文化的深刻理解。虽然两位译者的译本受到大众的欢迎，但其中诸多文化信息的翻译仍有待商榷。例如，在《射雕英雄传》中，有多处描写侠客们豪气饮酒的场面，小说中出现的"女儿红"被直译为"Blushing Maiden"，从字面意思看无可厚非。但如果作为一种酒的名称，其中负载着丰富的中国文化意蕴。经查阅资料可知，"女儿红"（又称"花雕酒"或"女儿酒"）是浙江省绍兴市的地方传统名酒，属于发酵酒中的黄酒，用糯米发酵而成，含有大量人体所需的氨基酸，江南的冬天空气潮湿寒冷，人们常饮用此酒来御寒。早在中国晋代上虞人嵇含的《南方草木状》有记载："女儿酒为旧时富家生女、嫁女必备物"。到了宋代，关于"女儿红"的民间故事广为流传，说是绍兴人家里生了女儿，等到孩子满月时，就会选酒数坛，泥封坛口，埋于地下或藏于地窖内，待到女儿出嫁时取出招待亲朋客人，由此得名"女儿红"，形成了中国特有的民间风俗。因此，如果将"女儿红"的酒名仅翻译成 Blushing Maiden，而不增加任何副文本的相关注释或对文化典故的阐释，读者很难完全理解其中蕴含的文化内涵。

在中国文化对外译介过程中，无论是国内本土译者还是西方汉学家作为译介主体，这些单一的译介模式都存在一定程度的不足。中外译者的合作模式能够有效地弥补文化间的差异，攻克语言障碍，达到互相弥补、珠联璧合的效果。胡安江（2022）认为此模式可以得到双方最大限度的智力保障，最大程度地发挥各自所长，在翻译和传播的各个环节跨越差异，从而实现不同文化间的有效传播。中译外这项工作绝非一人之力所能及，需要一定程度的相互合作。以中国本土译者为主的中译外，需要与以目标语为母语并对中外语言和文化对比有一定专业知识的外国人合译，如邀请海外汉学家的参与；以外国译者为主的中译外，需与精通中国传统文化并精通外语的本土学者合作，以确定文化信息转换的准确性。只有中外学者"珠联璧合"，才有可能实现理想的译介传播效果。因此，中外合作模式能够帮助中外译者最大程度地有效沟通、形成合力，推进中华武术文化的译介与传播。

2.3.2　译介内容——译介什么？

文学层面的译介内容主要包括"谁来翻译、翻译什么、采用何种翻译策略"，受到意识形态、主流诗学、赞助人或译者的文化立场等因素的影响（鲍晓英 2014）。谢天振（2014）认为中国文化外译必须注意"作品本身的可译性"，即所要翻译的作品风格、特征等是否具有可传递性以及在目标语中是否具有可接受性。他主张要优先遴选那些可译性强，适宜目标语读者接受的文化作品进行译介。比如，白居易的诗歌外译较多，传播较广，原因之一是其诗歌内容浅显直白，直抒胸臆，易于读者接受，易于译者操控；莫言的文学作品之所以接受度较广，得益于其作品本身的可译性，以及作品所包含的朴素的价值观和民族文化特色。谢天振（2014）曾呼吁，在积极推进中国文化外译时，应选取适合外国读者阅读的内容，这样更易受到读者的欢迎，从而有利于中国文化的译介。

中华武术植根于中华民族的文化沃土，以其极为丰富的理论与技术彰显着中国传统文化的哲学思想和价值观形态。通过对中华武术文化译介史的梳理，发现中华武术文化译介还存有诸多可改善的空间，如：（1）武术文化译介内容呈现零散、单一的形态，系统性和整体性不够。目前，中华武术文化译介的主要内容以武术技术为主，对武术所蕴含的文化以及武术国际传播视角的多维译介研究成果不够丰富（焦丹 2017）。(2) 有些武术文化译本倾向于借用西方体育话语的阐释内容与方式，译者在译介时改译或删译原著很多内容，导致对原文忠实度不够，文化内涵诠释度不深。(3) 武术文化翻译标准尚未统一，不同国家文化差异造成翻译标准的多元性，使译介内容的传播与接受也呈现多元化的评价结果与评价机制。(4) 专业全面的武术文化语料库缺乏，网络上虽有一些网站提供了中外文对照的原文与译文，但非专业译者在初次面对译文时，很难判断其中术语的准确性和权威性，在实际运用过程中仍需进一步核实验证。

武术文化译介内容直接影响着中华武术文化外译的成效。上文已从论文、著作等方面全面梳理和详尽列数了中华武术外译成果，目前虽有大量武术译介成果出版发行，但仍有很多优秀的武术作品尚未进入译者和出版者视野。例如，《逝去的武林》由海南出版社于 2009 年出版，书中有很多关于形意拳的记载，用生活化语言叙述拳法之理，通俗易懂，具有可读性，容易引起读者对武术的浓厚兴趣，从武侠文化的角度也非常有利于武术文化的译介传播。2010年，郑旭旭编写的《中国武术导论》出版。该书全面介绍了武术从先秦时期到近现代时期的发展历程，系统阐释了武术文化的基本精神、武术的审美特征与美的表现、武术与古代兵学、传统武德与当代社会意义、武术的传承与传播等，是一部既介绍武术技法原理，也诠释中华武术文化内涵的著作。2013 年出版的《太极拳沿革考》一书详细阐释了太极拳的关键人物、武术基本知识、武术的核心、武术核心文化内涵的基本知识等内容，是太极拳书籍中具有普及价值的武术杰作。深谙八卦、形意、太极三种拳术的"天下第一手"孙禄堂编写的《孙禄堂武学集注》，包含《形意拳学》《八卦拳学》《太极拳学》《八卦剑学》《拳意述真》全套 5 册，于 2016 年由北京科学技术出版社出版。该套书将民国版原貌融入现代简体版，展示了孙禄堂的珍贵拳照，使读者目睹近代绝顶功夫真容。此外，还有不胜枚举的武术经典之作，尤其是饱含中华武术文化哲学思想的著作，都极具对外译介和传播的社会价值。这些著作的译介传播需要国家武术或体育部门的顶层战略性规划，出版社基于国内外市场需求和效益的考量以及译者专业地道的高质量译介作品，只有多方协同去发现、整合和策划，才能使武术文化在国际舞台绽放异彩。

2.3.3 译介途径——如何译介？

全球化背景下，译介途径是实现译介传播行为目标、使中国文化观念和价值取向在国际社会得到传播和认同的必要工具。新兴媒体的盛行丰富了武术译介传播的媒介形态，中华武术文化的对外译介途径呈现出多样化、多元化的发展态势。当前，纸媒、影视、网络仍然是中华武术国际传播中使用率高且颇具活力的传播方式。

2.3.3.1 武术文化译介的纸媒途径

纸质媒体，简称纸媒，即传统意义上的报刊。这种基础而传统的传播方式，潜移默化地影响着人们的文化认知态度，改变人们的思维方式和价值观念，是让大众认识、认可和接受武术文化的有效途径。武术期刊是纸媒传播方式的内容之一，其优势在于拥有活跃、定向的读者群和庞大的媒体容量，且其文章来源具有权威性和可信度。目前，我国常见的专业性武术期刊有《中华武术》《少林与太极》《武术研究》《搏击》等，国外有《黑带》（*Black Belt*）、《武术集刊》（*Archives of Budo*）等（见表 2.6、表 2.7）。这些武术期刊旨在宣传和推广中华及国际武术，传播武术理论、技术和知识，对促进国际武术运动的发展和传播中华武术文化意义非凡。比如，它们在武术术语国际标准化和国际武术运动研究方面，为国内外武术爱好者和研究者搭建了学术交流的平台，为国外中华武术学习者和研究者提供了学术借鉴。此外，比如《少林与太极》期刊关注中华武术对外援助项目，曾刊登玻利维亚前外长费尔南多·瓦纳库尼·马马尼（Fernando Huanacuni Mamani）在中国学习中华武术的故事，并策划西班牙语语种的外译版本，为中华武术在拉美地区的译介传播探求新路。

表 2.6　国内武术期刊

期刊名称	《中华武术》	《武术研究》	《少林与太极》	《搏击》
创刊时间	1982	2004	2008	2009
主办单位	中国体育报业总社有限公司	山西体育文化传媒有限公司	郑州大学体育学院	山西省体育报刊社
出版周期	月刊	月刊	月刊	月刊
出版地	北京市	山西省太原市	河南省郑州市	山西省太原市
刊号	ISSN：1000-3525 CN：11-1293/G8	ISSN：2096-1839 CN：14-1387/G8	ISSN：1003-5176 CN：41-1156/G8	ISSN：1004-5643 CN：14-1021/G8

表 2.7　国外武术期刊

期刊名称	《黑带》（*Black Belt*）	《武术集刊》（*Archives of Budo*）
创刊时间	1961	2005
出版地	California	Poland
刊号	ISSN：0277-3066	ISSN：1643-8698

　　表 2.6 和表 2.7 所列举武术专业期刊中的文献代表着武术最前沿的研究理论和发展动态，刊登内容宽泛，研究方法多样，读者受

众可按照自己的学术需求和兴趣偏好更便捷地搜寻到武术文化文献资料，了解武术技击的技术理论、武术文化的哲学内涵，指导个人相关学术研究，促进武术领域的学术交流互动。虽然武术类书籍和报纸也能够实现武术专业期刊的部分功能，但由于武术书籍时效性和更新率相对较低，而武术报纸也通常只能在有限的篇幅内对最新理论简要报道，因而无法对一些大众所关注的武术问题和现象进行深入的理论分析和案例实证，且不便于留存电子文档。相比之下，武术专业期刊兼具书籍和报刊两者的优点，是一种较为理想且容易被读者接受的大众传播方式。

中华武术文化对外译介的宗旨是在世界范围内推广和传播中华武术文化精神的内在价值，使国际受众通过译介靠近和了解中华武术。由于杂志、书籍、报刊等纸媒传播方式的投资成本低、覆盖面广、读者受众多，能够实现跨阶层、跨领域、跨年龄层的传播，因此是最为亲民、有效和便捷的传播方式。然而，其弊端是国际受众的反馈不及时，较难得到有效的传播评估效果，影响进一步改进提升和交流互动的质量。

2.3.3.2　武术文化译介的影视途径

中华武术文化译介的影视途径主要包含电影、纪录片和电视剧三种形式，武术影视题材多种多样：有讲述武术历史发展脉络和历史进程中发生的事件与历史人物题材的电影，有以传播中华武术为宗旨展现真实武术故事的纪录片，有以武打人物和中国功夫魅力为焦点的武打题材电视剧等。它们均通过多样化形式和多元化题材传播中华武术文化所蕴含的价值观念、道德理念和内涵意蕴，向世界观众讲述丰富多彩、奥妙纵横的中华武术故事。

武术电影是以武术为核心表现内容，将电影中的文本、配音、图像、声音、音乐、特技等多种呈现元素组合在一起而形成的武术银幕表演艺术。武术电影的表现形式与传统纸媒完全不同，带给观众更具感官刺激的多模态效果和动态荧屏效果，通过电影叙事的武术故事情节更加丰富、连贯和流畅，故事人物性格更加灵动、逼真和有趣，通过调动观众的五官感受来释放情绪和共鸣情感，受众面更广泛且更容易被接受。优秀的经典电影往往更容易拥有巨大的观众市场，这对武术文化译介可能起到意想不到的传播作用。市场经济条件下的文化传播方式中，相较于其他艺术形式，电影的地位不可替代，它具有质量高、容量大、节奏快等特点和优势，是最有效的文化传播方式之一（丁婷婷 2015）。首先，武术电影表达武术文化的内在信息，包含了民族文化范畴的特有内涵，容易与观众产生共情，在观众心中留下深刻印象。其次，武术电影具有传播思想文化的特殊功能，有利于传递民族精神和爱国情怀。早在 1928 年，以《江湖奇侠传》为蓝本的中国第一部功夫片《火烧红莲寺》（*Burning Paradise*）诞生，这是一部结合武侠、神怪题材的电影，带动了中国电影史上第一次"武侠神怪热"，此后武侠电影也成为世界影坛上最富于中国文化特色的电影类型之一。接下来的几年间，17 部《火烧红莲寺》续集陆续上映。《火烧红莲寺》在武侠电影的制作、推动和发展等各方面均具有引领作用，被公认为中国武侠电影的开山鼻祖。1972 年，李小龙主演的《精武门》（*Fist of Fury*）上映，这部电影在中国功夫电影发展史上具有划时代意义。与同时代武侠片开创者张彻所强调的男性情义的"暴力武侠"精神相比，《精武门》的文化内涵更具民族精神。可以说，李小龙通过电影向世界介绍了中国功夫及其背后的文化和哲思，并将 Kung Fu（功夫）一词带入英文词典。他在功夫电影中展现的中华文化自信，数十载后依然影响深远。1982 年，电影《少林寺》（*The Shaolin Temple*）一经上映便迅速风靡大江南北，以当时一毛钱的票价创下1.6亿元人民币的票房纪录，堪称功夫电影史上又一部具有划时代意义的经典作品。在这部电影里，武术演员们将朴素真实的功夫呈现于银幕，给予观众正宗中国功夫的体验感。该片在全球掀起了一股功夫热，成为一个时代特殊的文化烙印和记忆符号。1985年上映的《木棉袈裟》（*The Holy Robe of Shaolin Temple*）成为"后少林时代"武侠电影的扛鼎之作。影片厚重的故事渊源和历史背景使人们对少林武功产生了更深切的向往。1994年上映的《精武英雄》（*Fist of Legend*）功夫电影着重彰显中国功夫的精髓，诠释了武术精神的真谛。1994年上映的电影《醉拳2》（*The Drunken Master II*）的故事情节传承了前作"导人向善、弘扬正义"的母题，加入了更多积极的文化和精神元素，影片受到国内外观众的认可，被《时代周刊》（*Time*）评为"1994年世界十大佳片"和"全球史上百部最佳电影"之一。2000年上映的《卧虎藏龙》是美国电影史上首部超过一亿美元票房的外语片，将功夫片首次写入奥斯卡的历史。该影片俨然没有一般武侠片那种笑傲江湖的豪气，取而代之的是一种深沉且含蓄的江湖人文内涵，让国际观众见证了中国武侠的魅力。2007年国内发行的《少林寺传奇》（*A Legend of Shaolin Temple*）讲述了少林绝学和人生哲理，呈现出少林武学的精要——内外兼修。2008年在北美首映的《功夫熊猫》是一部以中国功夫为主题的好莱坞喜剧动画电影。该片蕴含了众多武术元素与中国传统文化视点，充分演绎了中国传统文化的特征和魅力，深受国际观众欢迎，其成功经验值得中国武术界和影视界思考与研究（郭玉成2008）。影片中的动物形象如"猴子""竹叶青蛇""丹顶鹤""华南虎""螳螂"分别代表中国功夫中的"猴拳""蛇拳""虎鹤双形""螳螂拳"，是中国传统武术中知名且独具特色的拳术代表。

武术纪录片也是能够反映中华武术文化精髓、展现中华武术魅力、了解武术历史脉络与现代演进、讲好中国武术故事的影视途径。梳理近现代武术纪录片，主要包括：中国香港海南电影公司于20世纪80年代拍摄的纪录片《中华武术》，1985年的新闻纪录片《少林海灯法师》，荣获2016旧金山新概念电影节"优秀纪录片奖"的大型武术纪录片《洪拳大名堂》之《鸿雁》，中国中央电视台《探索·发现》系列武术纪录片《太极武当》《问道武当》《走遍中国·武林传奇》《Discovery：出神入化看武术》《中国拳师》《功夫传奇》《中华武术家宝典》《功夫传说》《功夫印象》《格斗全天下》《功夫》等。其中，中央广播电视总台推出的《藏着的武林》，用冷静、理性、科学的眼光解读中国传统武术的历史源流和真实面目，是一次真实而真诚的万里武术文化寻访。我国大型武术剧《武传奇》于2018年首次走出国门，在印度洋岛国毛里求斯上演，为当地民众带来一场精彩的武术盛宴，受到当地民众欢迎。此外，2008年10月首播的武术电视剧《李小龙传奇》在国际观众中也获得好评，20多个国家的发行公司或影视机构购买了该剧在本国的播映权，成为最受海外欢迎的电视剧之一。

2.3.3.3　武术文化译介的网络途径

网络早已成为大众获取信息、交流信息和传播信息的主要渠道和重要媒介，具有全球性、普遍性、及时性、多媒体性、高效性和交互性等特点。通过网络传播武术文化是最为全面而丰富的途径，能够帮助人们不分国界地在互联网平台上自由交流武术讯息，分享武术技术和文化思想；武术爱好者们足不出户，便可轻松获取到网络资源所提供的各类信息。武术文化主流的网络传播包括四种方式：国家官方媒体和各大门户网站、中华武术协会的官网、武术主题论坛贴吧以及民间武术机构组织的官网（陆继闯 2019）。其中，国际武术联合会官网、中华武术协会官网和少林寺官网是较有影响力的武术专业网站。随着自媒体的日益发展，普通大众通过网络等途径向外发布他们个人的见闻。自媒体可以像主流网络传播方式一样，在网站上实时更新丰富的武术教学视频、武术技能技法、武术大师介绍、国际武术赛事信息等双语信息，主要目的是对外译介武术专业知识，便于外国武术学习者远程在线学习。但这些主流网络传播和自媒体网络传播方式中对于武术文化内涵方面的对外译介并不多。国际武术联合会是国际奥委会唯一承认的国际武术组织，对武术团体的联合与统一起到重要的推动作用（高亮、朱瑞琪 2007），通过官方微信公众号向全世界受众发布武术最新动态、官方赛事公告、洲际赛事资讯和武术线上教学视频等，其中很多线上教学视频是以中英双语字幕形式呈现。这些平台及时更新的武术信息、丰富专业的武术知识，为不同文化背景的武术爱好者提供难得的交流阵地。另外，海外主流社交媒体 Twitter、Facebook、LinkedIn、YouTube、TikTok 等是直接面向国外受众的重要媒体阵地，通过这些媒体推广中华武术文化，能够生动、即时地满足国际武术受众的需求，推动中华武术文化的国际传播，提升中华武术文化在世界文化中的影响力。目前，新华社海外社交媒体英文主账号有 New China、Xinhua Culture & Travel、China Xinhua News，并在 Twitter、Instagram 等平台聚集了大量粉丝，是国外武术爱好者了解中华文化的渠道，也是向世界展示中华武术文化的有效途径。

网络译介途径具有其明显优势，同时也存在有待改进的方面。网络传播的信息量大、覆盖面广、传播速度快，其中难免掺杂着一些不实信息，可能导致国际受众对中华武术文化的认知失之偏颇。为避免这一现象，武术官方网络传播主体需要基于"以我为主"的国际传播立场，选取符合国际原则、适合国际受众的外宣策略与外宣模式，及时更新网络误传信息或迅速做好对误读误判的解释工作，力求向世界展示积极向上的中华武术形象。因此，要想将中华武术文化的精髓"传播"并"传入"到其他各国，需要充分了解受众国的网络媒体现状和接受情况，采取网络视频、图片、文字等多模态形式的传播手段，建立健全网络监测和信息反馈平台；旨在使受众通过网络媒介了解武术文化的历史、现状与发展动态，借助网络平台及时得到反馈和解答，实现双向文化的互动与交流，提升受众在武术文化传播过程中的参与度，从而为武术文化译介提供更有效的传播路径。

2.3.4 译介受众——为谁译介？

译介受众要解决的是"为谁译介"的问题，作为译介行为的接受者处于译介链条的终端，是文化信息传递的目的地。在整个译介行为过程中，译介受众的主要功能是接收和传播信息，并对信息的传播效果进行反馈。译介受众存在于不同的目标语国家，在语言、历史文化语境和地理环境等方面差异巨大，因此对译介内容的需求和译介效果也表现出极大的差异性。沈苏儒（2004）将对外传播的译介受众划分为直接受众和间接受众。中华武术文化译介中的直接受众是指曾来到中国并对中华武术感同身受的国外受众群体，主要包括在中国参加各类级别的武术运动大会、武术竞赛、武术培训、武术文化活动、武学学术研讨会等活动的外国武术领域专家、专业运动员、教练员、学者、武术业余爱好者以及国外游客等。间接受众是指虽未到过中国，但通过其他途径主动或被动接触过中华武术文化的国外受众群体，主要包括通过译介途径（纸媒、影视、网络）了解中华武术文化和武术专业技能的外国武术领域专家、专业运动员、教练员、学者、武术业余爱好者以及国外游客和读者等。从受众覆盖的广度来看，中国武术文化的间接受众数量远远大于直接受众，因为绝大多数外国人可能没有踏入中国国土学习武术，只是通过网络、影视等渠道认知和习得武术。从受众参与的深度来看，中国武术文化的直接受众大于间接受众。直接受众通过亲身的深度参与和文化研学，沉浸式地体验中华武术文化和技术，能够更直观地认知中华武术，成为中华武术最有发言权的代言人。比如，在中国武术的对外援助项目中，国外武术运动员、教练员等参训学员是直接受众，他们有机会亲身来到中国武术之乡学习中华武术，体验中华武术文化。总体而言，直接受众和间接受众都是中华武术的关注者、传播者，只有二者双管齐下、协同发力，才能提升中华武术文化的对外译介与传播效果。

关于武术文学作品的译介受众研究，叶铖铖、邓高胜（2019）曾就金庸武侠小说译本进行接受度分析，如表 2.8 所示。结合网络评分数据来看，相较而言，由闵福德翻译的《鹿鼎记》深受读者喜爱，三卷英译本的评分均在四星以上（满分为五星）。问世时间较短的《射雕英雄传》（第一卷）英译本总评分约 4.2，也颇受受众欢迎。在美国和英国亚马逊官网上，《射雕英雄传》（第二卷）分别售出 2万余册和 11 万余册，销量可观。

表 2.8　Goodreads 在线评分及亚马逊官网销量排行（来源：叶铖铖、邓高胜 2019）

金庸小说译本	参评人数	评分	美国亚马逊销量排行	英国亚马逊销量排行
Fox Volant of the Snowy Mountain（《雪山飞狐》）	385	3.78	83,591	565,582

（待续）

（续表）

金庸小说译本	参评人数	评分	美国亚马逊销量排行	英国亚马逊销量排行
The Deer and the Cauldron（*Bk.1*）（《鹿鼎记》第一卷）	188	4.20		
The Deer and the Cauldron（*Bk.2*）（《鹿鼎记》第二卷）	91	4.31	335,777	191,981
The Deer and the Cauldron（*Bk.3*）（《鹿鼎记》第三卷）	82	4.00		
The Book and the Sword（《书剑恩仇录》）	439	3.83	93,031	220,778
Legends of the Condor Heroes I: A Hero Born（《射雕英雄传》第一卷）	345	4.19	21,582	110,019

此外，在网络文学的发行上，2014 年 12 月，美国华裔赖静平（网名 RWX，即金庸小说《笑傲江湖》人物"任我行"的拼音首字母）创办了目前英语世界最大的中国玄幻网络小说翻译网站（wuxiaworld.com），日均访问量高达百万次，其网络读者来自全球一百多个国家和地区。其中，访问人数国家的排名依次为美国、菲律宾、加拿大、印度尼西亚和英国，武侠小说的间接受众数量与日俱增。该网站大大助力了中国武侠小说向西方世界的译介。

2.3.5 译介效果——译介如何？

译介效果是指对外翻译介绍和对外传播行为所产生的效果或影响力，是译介主体、译介内容、译介途径和译介受众四要素形成合力的最终结果。在中华武术文化对外译介过程中，四要素协调配合，相互联动，促成预期的译介效果。四要素与译介效果之间又相互影响，缺一不可，形成中华武术文化译介的整体格局。就中国文化外译的译介效果问题，谢天振（2014）曾指出，译介的一般规律或发展方向是从强势文化向弱势文化的输出。目标语国家的历史背景、社会因素、道德观念、思维方式、经济基础、文化水平、教育发展等社会性因素与源语国家相关因素具有难以调和的差异，对文学作品的译介效果产生影响。目前，中华武术文化对外话语在文化输出过程中仍处于弱势地位，为迎合国际受众的需求，仍需适当借助西方话语的表达方式，这使得中华武术文化的译介受阻。因此，译介主体在策划涉及译介内容、途径和确定译介受众时，不仅要全面了解目标语国家和地区的社会性因素，还要从宏观视角遵循译介的本质特征和基本规律，形成译介主体、内容、途径、受众和效果五要素的良性循环监控和闭环体系。促发译介主体的主动性和能动性，发挥译介内容的核心功用，设计译介途径的多元辐射效能，锚定译介受众的终端目标，通过读者接受和市场环境等调查结果，完善健全反馈机制，实现预期译介效果。

综合而言，当前影响中国武术文化译介效果的因素有语言障碍、文化障碍、传播障碍与认同障碍。

1）语言障碍。语言是文化传播者向受众传递信息的最关键因素，也是影响信息传递效果的首要因素，更有可能成为有效传播的藩篱。在传播中华武术文化时，使用专业的武术术语传递武术专业技能和文化内涵是首要任务，其次还要竭力用通俗的语言向习武者解释和沟通，使其真正理解译介内容和传播者的意图。因此，译介主体既要成为中华武术文化的精通者，又要熟练掌握目标语国家的语言，才能在武术文化译介的各种场域游刃有余地讲授武术专业技能知识，传播武术文化。

2）文化障碍。武术文化传播中的语言障碍难免导致有些国家对中华武术文化存有误读和误解，同时，外来文化的强势渗透也严重异化了中国的武术传统、技术等，武术文化的表现形式及发展方式也惨遭诟病（焦丹、赵志男 2021）。很多国际受众并不能完全领会中华武术文化的真正内涵与价值精髓，更偏爱武术表层的功夫演绎和强身健体的动作招式，甚至认为中国武术是一种"玄学"或打打杀杀的雕虫小技。武术文化因为被误读而成为一种弱势文化，难以适应译介目标语地区的强势文化语境。

3）传播障碍。传播行为是一种主动施动的行为，是赋予某种目的的主动行为。中华武术文化的译介传播既包括官方行为，又包括民间个体行为。国家或地方政府为了实现国家文化战略，制定一系列政策举措支持中华武术文化走出去；民间武术团体如精武体育会、中华武术会、致柔拳社等，为了传承发展民间武术和交流武术文化，在海外开办武馆或举办武术赛事。无论是官方还是民间个体的传播行为，都需要在传播学的科学理论指导下，在对传播受众的精准调查研究下实施，因地制宜。所谓"知己知彼，百战不殆"，将语言、文化与传播三者有机结合，才能使武术技术和文化的译介有效传播出去、传播开来。

4）认同障碍。中华武术的英文书籍仍然由外国出版主体所主导，从文化安全视角来看，"他者"翻译的"再塑造"过程中，文化意义可能遭遇被解构与重构的危险，文化失真和话语体系的不平等地位容易造成受众的认同障碍（焦丹、赵志男 2021）。因此，"以我为主"的文化传播基调有利于中华武术文化的形象"自塑"，译介受众对于中华武术文化的接受度调查与研究对解决认同障碍具有实际意义。只有深入准确地了解中华武术文化国际受众的接受情况，才能有的放矢、对症下药地调整文化传播的整体性策略，设定文化传播方法，增进他者的文化认同度。

2.4　中华武术文化译介提升对策

上文梳理了中华武术文化译介现状，主要围绕译介主体、译介内容、译介途径、译介受众和译介效果五个要素的概念界定、内容和现存问题等方面进行阐释。中华武术文化译介是一个有机整体，五个构成要素相辅相成，互相依存。只有各要素之间紧密联系，互相作用和支撑，才能促成译介作为有机整体的健康生发、持续发展和生态创新。在全球化和西方文化强势入侵的背景下，中国传统武术文化受到逐渐异化和边缘化的威胁。因此，迫切需要通过武术文化的对外译介向世界展示真正的中华武术文化软实力，用武术文化讲好中国故事，传递好中国声音。这就要求充分考量武术文化译介的五要素，规划译介主体、精选译介内容、优化译介途径、契合译介受众、靶向译介效果，对译介五要素要做到"心中有数"，使我国传统武术文化在世界舞台绽放耀眼光芒。

2.4.1　规划译介主体的四类模式

中华武术文化译介主体主要分为中国本土译者模式、海外华人译者模式、国外汉学家译者模式和中外合译模式四类。黄友义从译作可接受性视角作出总结，知名度较高的译本均离不开中外合作，并指出中译外过程中，中外合作不可或缺（鲍晓英 2013）。然而，在以往的中译外翻译行为中，译介主体中的各类译者并不均衡，有些是以汉语母语译者或汉学家为主体的单向合作，有些是中外译者同为主体的双向合作。因此，要提升汉英合作翻译的传播效果，须发挥中国本土译者、海外华人译者、国外汉学家译者多元身份译者的优势，构建译者的多学科融合机制与中外合作机制，有计划地规划译介主体。

第一，充分融合中国本土、海外华人和汉学家的资源优势。中国本土、海外华人和汉学家三类译介主体可谓各有千秋，各有优势和不足。三者若能优势互补，协同创译（transcreation），则能获得效果最优化。中国本土译者是汉语母语使用者，如果没有在国外的教育经历或旅居背景，外语应用能力可能会在一定程度上受限，同时也缺乏中外语言和文化深度对比的能力。海外华人是译介主体中的特殊群体，在海外具有传播使者的身份和优势。汉学家译者在武术外译中的天然优势明显，他们精通目标语的语言特点和目标语的语言系统，了解中国传统文化和目标语文化的共性和差异，熟知目标语市场中受众的阅读习惯和审美期待，并可以通过与中国本土译者的互动解决翻译中的文化冲突问题，有利于译介质量的提升。例如，在向世界介绍中国经典著作方面，汉学家译者具有许多突出优势，以汉学家为主导的国际团队合作模式可以扬长避短，避免个体汉学家语言文化翻译不到位的弱势，更容易根据目标语国家的话语体系特点和规律构建国际话语影响力，并能兼顾读者、语言、交流、接受、研究等问题的统一调适，这是一种本土译者所不可比拟的系统性优势。在规划译介主体过程中，外译项目策划或管理者需要选择国外有名望的汉学家，如类似葛浩文、理雅各等本身深谙中西方文化、能够胜任多元文化身份、拥有多维国际视角与深广视域的高水平国际译者、专家，赞助人应包含世界上多家机构，这样不仅能保证资金供给，还能提高全球影响力（魏泓 2020）。

第二，有效发挥中外合译模式中汉学家的译者主体作用。中外合译模式被认为是目前能够产出高质量译作的最佳译介主体模式。合译是合理性的翻译行为，是不同译者声音趋于融合的过程与产物。"合作翻译"是相对于独立翻译而言的术语，指两位及两位以上的译者进行合作，将内容对外译成目标语的传播活动（梁林歆 2020）。在中外合译模式中，汉学家应发挥主导作用，他们往往能够更加积极地处理好接受语境与读者需求之间的关系，善于与国际出版机构和新闻媒体打交道，确保译作流通渠道的畅通，有利于加快中国传统文化在全球文化间的交流与互动。诚然，汉学家译者对中国的语言与文化掌握并不完全透彻，这是由中外文化的差异性所决定的，文化理解的错位难以避免，因此，需要原作者、中方译者、赞助人与汉学家共同商议和规划译介内容。若能选择具有双语或多语教育背景或生活阅历的汉学家最佳，通过汉学家与中方译者的共同努力和精诚合作，产出语言地道、文化融合的高水平译作。在中外合作模式中，中方译者与汉学家需要沟通翻译文风、翻译策略与方法，把握原作的主体观点和行文风格，设定译作目标。此外，中方译者作为原作母语者，需具备深厚的语言功底，能够运用不同的翻译策略与方法，同时敏锐把握双语异同与文化差异，处理好"译什么""怎么译"等译介关键问题。在相关武术文化的合作翻译过程中，译者应对武术语言文化的误解、误读和误译及时向团队成员进行解释和修正；基于坚持中国文化自信的立场，既要适当保留"以我为主"的译介意识，又要摒弃"唯我独尊"的个体偏见，不能将"以我为主"与"唯我独尊"混为一谈，那样的最终结果只会是"孤芳自赏""闭门造车"；加强与海外译者、作家、出版公司等译介主体的合作交流，真正将世界文化因素纳入中华武术文化的译介传播体系之中，这样才能推动构建易于外国受众理解、接受的中华武术文化国际话语体系。

2.4.2　精选译介内容的三种形式

译介内容是文化翻译的核心，其可读性是判断翻译作品成功与否的关键，决定了翻译作品在受众中的接受广度、推广深度和发展向度。优秀且接受度高的译介内容是中华武术文化"走出去"的根本保障，选择什么样的翻译内容，对有效推动中华武术文化走出国门至关重要。对于中国翻译传播工作者来说，能够代表中华民族思维模式、行为方式和情感形态，符合构建人类命运共同体价值观的中华武术文化文本，是对外翻译交流的首选。诺德·克里斯蒂安（Nord Christiane）将文本功能划分为信息功能、表达功能、感染功能和寒暄功能，并将"忠诚"（loyalty）原则引入功能主义模式，衍生出"功能＋忠诚"（function plus loyalty）的翻译原则，认为文本功能是使目标语文本按照既定目的在目标语情境中展现出的总体效果（Christiane 2001）。在中华武术文化外译中，弘扬中华武术文化、推动中华武术中外文化交流，始终是译介文本和途径选择的准则。在选择武术文化译介内容文本时，应突出其信息、表达和感染功能，同时合理、精准地选择能够有效传递中华传统武术文化信息的文本。比如，有关"少林功夫"的文本翻译，应在源语文本中突出少林功夫的历史、现状、特征等功能性信息，同时也要注重历史文化中的奇闻轶事和神话故事，以增强武术文化的神秘色彩，吸引读者的好奇和关注。

精选具有中华优秀传统文化代表性的内容作为译介与传播载体，是中华武术文化译介传播的基本路径。从中华武术 129 种传统拳种发展至当前的竞技武术项目，从武术技术动作上升至武术技术理论知识，从武术秘籍流传为武术古代典籍，从武术神话传说演绎到现实武术故事，从武术经典影视作品流行到武术动画等等，武术文化历程中的各种呈现形式为中华武术文化的译介提供了形态多样的内容载体。但这并不代表所有的武术文化均可作为译介内容对外传播，译者应细致钻研受众国的历史、文化与受众的心理特点、内在需求、阅读习惯等，而后选择集中体现中华武术文化影响力的代表性内容，作为中华武术文化对外译介与传播的内容载体，这样才能将中华武术文化的精髓展示给受众，更顺畅地推进中华武术文化的国际化传播进程。关于"译介什么"的问题，合适、恰当的译介内容直接影响武术文化传播效果。《国际传播蓝皮书：中国国际传播发展报告（2014）》（胡正荣等 2014：10）指出："国际民众认为最能代表中国文化的当属武术。"综合而言，中华武术文化对外译介的内容选取应立足于中国的传统文化，内容包括能够正向反映武术技术和理论要义的术语，凝结武术经验、智慧和规律的谚语，集聚武术技术及思想内涵的经典著作，充分展示中国立场、中国智慧、中国故事和中国气派。这些内容既要呈现中华武术文化的深刻内涵，又要符合现代文明的发展趋势，并富有科学性，确保真实性和可靠性，避免传播虚假信息或误导国外读者。以下着重分析术语、谚语和典籍三类形式的武术译介内容。

1）反映武术技术和理论要旨的术语。武术术语自武术发源之日起便随之而产生，作为一种语言媒介，武术术语是增强中华武术文化自信和民族自信的着力点。武术术语扎根于中华优秀传统文化的肥沃土壤，深受中华传统文化的熏陶，汲取了多姿多彩的传统文化精髓。因此，武术核心术语体现了中国传统文化的特征和思维方式，是弘扬中华文化、提升中国国际话语权的特殊表达方式。武术术语是反映武术技术实践要旨和基本理论的概念和用语（刘韬光、郭玉成 2016），包含技术类术语和理论类术语。很多武术动作技术术语是从自然万物的演变中获得灵感，将各种飞禽走兽、植物的形象与动作融入武术动作当中（朱益兰、吴松 2016），如"白鹤亮翅""金鸡独立""野马分鬃""鸿雁双飞""柳叶掌"等武术术语，充分体现了人与自然界的和谐统一。武术术语中的"十二形"即是以"拳"模拟十二种动物[1]生活形态和搏斗特长而形成的形意传统套路。在"天人合一"理念的引领下，武术习练者能够更形象、逼真地理解武术技术动作的形神与意境，是武术崇尚自然、追求自然之形最直接的意象表现手法。武术术语是中华民族几千年来对武术的切身实践、体察感悟和理性思考，加强对武术术语的诠释、翻译和传播工作，是讲好中国故事、传播中国声音的重要环节。

2）凝结武术经验、智慧和规律的谚语。武术谚语和其他谚语一样，是一种语言表达的特殊表现形式。武术谚语是以武术为核心内容，由习武者与民众口头创作并经久流传的一种民间叙事，用最通俗简练的表达向人们呈现丰富的武术内蕴，用妇孺皆知的朴素语言传述深奥的武学思想，言简意赅地提炼动作技术招式以教授人们武功要点与技巧。武术谚语是历代武术先辈和广大人民群众对武术练习人员修身、处世、训练、技击、养生、传承等一系列问题的经典思考，以高度概括、精辟的语言形式蕴含和传递中国人的价值观念和审美情趣，是源自民间的武术基本理论。在中华武术悠久的发展过程中，武术谚语凝结着历代武术家的经验和智慧，是中华武术文化传承和弘扬过程中的宝贵文化财富，彰显了博大精深的武术精神。对武术谚语文化价值的挖掘和整理有利于增强中华传统文化的传播力度，让更多人理解和传承武术谚语的文化价值。2020 年由人民体育出版社出版的《武术谚语辞典》（郭玉成 2020），从武术修身、武术技法、武术防身、武术健身、武术教学、武术训练、武术竞赛和其他武谚八个方面着手，对流传经典的约 800 条武术谚语作出细致分类与规范释义，并适当配以图片，做到图文并茂。该辞典是近年来中国武术界不可多得的工具书，是对流传于民间的武术谚语一

1　包括龙、虎、猴、马、鸡、燕、鹞、鼍、蛇、鸌、鹰、熊。

次完整全面的总结梳理，也是一项武术文化整理工程，实现了民间历史话语层面的武术文化表达，是符合对外译介要求的内容之一。

3）集聚武术技法及思想大成的典籍。凝结中华文化思想和智慧的武术典籍是中华武术的重要文献，也是中华传统文化典籍的重要组成部分，通过武术典籍传播中华武术文化是塑造国家形象的有利文化传播手段。中华武术典籍记载了中华武术的发展历史，记录了武术技法的演变过程，形成并拥有了自己独特的文化模式和价值内涵，是中华武术文化的重要载体。武术典籍承载着武术的悠久历史和深厚文化，对武术典籍进行整理和对外译介，有利于武术知识和文化的延续、传承与传播。《角力记》（一说为宋代调露子著）、《武经总要》（宋代曾公亮和丁度著）、《武编》（明代唐顺之编）、《剑经》（明代俞大猷著）、《纪效新书》（明代戚继光著）、《阵纪·卷二》（明代何良臣著）、《三才图绘》（明代王圻与其子王思义辑）、《耕余剩技》（明代程宗猷编著）、《武备志》（明代茅元仪辑）、《手臂录》（清代吴殳著）、《万宝全书》（清代烟水山人编）、《阴符枪谱》（明代王宗岳著）、《内家拳法》（清代黄百家著）、《苌氏武技书》（清代苌乃周著）、《兵仗记》（清代王晫著）等大量中华武术古籍记载了武术技术和军事要略，在中国武术发展史上具有重要意义，但囿于种种原因，目前国内尚未将这些典籍进行对外译介和传播。

2.4.3 优化译介途径的三类方式

在武术文化的译介途径方面，目前纸媒、影视和网络传播途径是三类主要渠道。这三类方式有效帮助外国受众了解中华武术文化，并取得了不容忽视的反响。武术工作者也在不断探索和开辟纸媒、影视和网络各个相关领域的新路径，以适应新的时代变迁。总体而言，在武术文化对外译介过程中，译介主体需要主动调研了解国际受众的阅读或观赏习惯与偏好，充分结合受众接受的反馈信息，策划和设计译介内容，优化译介途径。

根据文学译介途径的特征和成功经验，谢天振（2014）提出文化译介应借助不同渠道，其中出版机构对译介传播作用重大。国内出版社出版的译作进入目标语的社会传播系统通常较为困难，由国外出版社负责出版发行中国的翻译文学作品效果较好。谢天振认为中国文学和文化"走出去"的有效且必要途径之一是国家设立基金资助，助力中国文学翻译出版，这一途径亦适用于武术文化译介传播。优化武术文化译介途径方面的策略如下：首先，有关部门设立中华武术译介专项基金，资助作为译介主体的机构或个体国外汉学家、翻译家积极投身中华武术文化译介。其次，在国内建立中华武术外译专门机构，搭建国内外汉学家、翻译家、译者等不同群体交流学习的平台。再次，以聘请国外"文学代理人"（literary agent）形式，帮助作者联系出版社出版武术译作。文学代理人是一种现代国际推广手法，聘请国外的"文学代理人"宣传中华武术翻译作品，更有利于国际受众关注中华武术译介作品。除以上三种途径，还有其他可探索的途径，比如在国外创办武术译介专门出版社，使武术译作直接进入外国的出版市场系统。此举已有先例，外文局和香港联合出版集团共同投资，于 2002 年在美国加利福尼亚州旧金山创办长河出版社，是我国在美国本土成立的第一家出版机构，以出版介绍亚洲文化，尤其是中华文化和当代中国的英文图书为宗旨，具体有中国哲学、历史、经济等主题的书刊出版。百周年出版社由中国外文局于 1971 年成立于法国巴黎，在法国独家代理发行中国图书；于 2007 年在英国伦敦创办分社等，但目前这一规模还比较小（刘伯根 2021）。2010 年由中国国际图书贸易集团公司和外文出版社联合收购的"中国图书贸易—法国百周年出版发行有限公司",主要业务是出版发行中国题材的法文图书。

此外,从传播学角度看译介途径的优化,应积极促进中华武术文化以大众传播、群体传播、人际传播等方式的综合发展与多元互动,形成全面、系统的武术文化译介传播途径体系;推进官方渠道、大众媒介、公共外交、民间组织等多元译介渠道共同运行、联动发展,特别是发挥民间交流在文化译介过程中的渗透作用,全面提升中华武术文化对外译介的传播力。比如,以中华武术文化译介传播、武术翻译、武学、中国传统体育文化传承发展等为主题的国际学术研讨会,能够有效助推中华武术文化学术传播、搭建武术文化译介研究平台。借助国际武术联合会或其他政府机构组织召开国际武术邀请赛、世界锦标赛或其他赛事的契机,相关机构或参与者可以同时举行译介传播或武术专题研讨,通过赛事与学术研讨相结合的形式吸引更多国际专家学者和习武者的参与发声,形成合力推动中华武术译介与国际传播研究。

2.4.4　契合译介受众的三种样式

如前所述,武术译介受众分为直接受众和间接受众,包括武术爱好者、习武者、教练员和普通大众等。武术文化的特殊性决定了译介外国受众的范围始终是小众化、区域化、平民化的。中华武术译介与传播的顺利与否与译介受众的接受度高度相关,如何选取契合译介受众的译介内容和途径,关系到译介传播的最后一环——译介效果。因此,因地制宜地采用契合译介受众的策略与方法、精准地选择译介内容进行分层分级传播,"投其所好"地增强受众的文化认同感就显得尤为重要。

1）采用契合译介受众的策略与方法。关于译介受众，谢天振（2013）认为如果外国读者并不觉得需要中国文化，那么一味推广则是无用功。中国文学文化外译必须尊重客观规律，正视中外文化差异，不能简单地进行硬性输出，而是要广泛吸纳不同层次的读者。此外，王志勤、谢天振（2013）亦指出"借帆出海"策略，认为翻译中国的文学作品时，应配上大量评注，尽量把西方思想家和哲学家与此有关的思想观点汇集在一起，这样翻译会让西方读者感到亲切，拉近西方读者与中国作品的距离，中华武术译介亦可以参考这种策略。若是图书译介，可根据图书篇幅、体裁等，配以适当的注释、图示等副文本符号；在武术套路和招式的文本表达中，通过加配图示更详尽地分解阐释武术专业技术知识；在武术典籍或思想的文本表达中，可配以解释性的注释，帮助读者了解武术文化和思想哲理，达成与本族语言文化的同频共振。这三种方法实则是"深度翻译"（thick translation）的方法。通过将外国文化的思想与中华武术的武学思想相对比和融合，借助契合译介受众的翻译策略，达到拉近中外读者距离的目的。

2）选择契合译介受众的译介内容。以武术拳种的译介为例，目前，国家武术研究院权威认可的武术拳种有 129 种，此外还包括现代竞技武术项目，武术文化资源极其丰富。这些武术拳种拥有来自不同地域、民族、文化和语言的特点，每种都包含很多个套路，每个套路又由多个被命名的武术动作或招式组成。此外，许多拳种的某些动作或招式又被赋予多个名称，大部分拳种都有自己的歌诀、谚语和代表性人物，所有这些内容都要根据其特征准确译出，因此，译介工作变得极为复杂和困难。同时，一些受众国和受众对象对中华武术文化本身了解不够，甚至对中华武术文化持有怀疑态度，导致产生国际受众的认知深度不足、认识不统一、疑惑众多等现象。对于国外不同文化层次的译介受众，应向他们精准施策、分层级译介传播不同难度级别的武术技术知识，实现精准传播的目标。例如，在日本，较为普及的中华武术是太极拳、形意拳、八卦掌等拳种，因此，在日本的中华武术译介，就要有针对性地选择这些颇受欢迎和接受的拳种进行翻译介绍和传播，一定程度上迎合日本武术爱好者和关注者的口味偏好。此外，不同受众的个性条件，如年龄段、教育背景、工作经历等，都会对接受效果产生一定影响。

3）增强译介受众的文化认同感。译介受众的文化认同感是评判译介对象对于译介内容接受程度和满意程度的表现形式之一，是决定最终译介效果的关键，对译介内容的可持续发展起着重要作用。不同民族、地域、历史背景下所产生的文化存在一定的异质性，不同受众的阅读动机、习惯偏好和心理需求也不尽相同。这就要求译介主体在充分挖掘译介内容、合理选择译介途径的基础上，对译介受众进行有针对性的迎合和启发，通过"投其所好"提升中华武术文化译介的海外接受度。针对西方受众对于中华武术文化关注度不高、了解不够深入的译介现状，我们要重点关注中西文化所蕴含的共有文化价值观，对其进行创造性转化，提升国际受众的情感共鸣与文化认同。例如，法国人对中国武术来源、理论、文化仍存在片面认识和理解，比如有些人过于相信武术万能色彩的迷信现象，认为只要苦练武术就能天下无敌、飞檐走壁等。还有一些法国人对中国武术缺乏了解，认为中国武术只是表面功夫和花拳绣腿的艺术（马宁 2012：23），未能深悟到中华武术文化的精髓。针对此类误解，我们可利用影视渠道将中国武术文化传播到法国影视市场，如拍摄推广关于中华武术的法语纪录片、迎合大众的法语影视片或短视频等，还可创新性地将与法国浪漫、时尚、自由的文化特点相契合的传说故事浸入武术表演剧情，引发中法受众的文化共鸣和共情。

2.4.5　靶向译介效果的四类因素

语言障碍、文化障碍、传播障碍与认同障碍是影响武术文化译介的四类关键因素。中华武术译介若要取得良好的译介效果，势必要关注这四类因素，同时也要处理好五大译介要素之间的逻辑关系问题，即译介主体、译介内容、译介途径、译介受众和译介效果之间的关系，在影响译介效果的译介主体、内容、途径和受众四个维度间科学选择策略与方法，以此靶向译介效果。只有译介内容达到译介效果，中国文化才能真正走出国门，走向世界。

首先，译介主体必须具备重视译介效果的意识和认知。在过去很长一段时间内，中国文学作品在译介出版后，由于宣传力度不足、缺乏对出版市场销售的重视以及对受众接受情况的深入调研，导致翻译作品的译介效果不佳。实践证明，中华武术文化的成功译介需要译介主体充分重视武术译介效果，只有首先具有这种思想意识，才能对武术译介进行合理规划和策划，比如调研译介作品的销售市场情况，建立完善译介反馈机制，掌握国际受众接受情况，及时作出相应调整。受众反馈越好，译品的"整合适应选择度"就可能会越高（胡庚申 2008），作品的译介效果就越好。

其次，中华武术文化"走出去"的译介主体应采取中外合译模式，克服外国译者对原文理解不到位的问题，即语言障碍；同时借助国内本土译者对文化的深入理解与阐释，充分排除文化障碍。采取中外合译模式，取长补短，才有可能取得理想的武术文化译介效果。

再次，科学培养高素质复合型人才有助于跨越传播和认同障碍。目前，国内外从事武术译介研究的汉学家与武术翻译家凤毛麟角，很多汉学家虽然专攻中国文化研究，但中华武术对他们来说只是一个兴趣点，或者自身学术研究中所牵涉的一小部分，深入透彻的研究成果甚少。武术文化的译介传播需要科学培养复合型人才，需要集语言、翻译、武术、传播等专业知识和广阔的国际视野于一身的高层次人才，既有家国情怀，又有国际视野；既通晓中外文化，又熟知全球译介传播规则。

最后，在武术译介内容方面，应选择能够代表武术精髓的作品。在武术译介途径方面，应采取国内外出版机构合作、引入文学代理人制度等多渠道译介途径。在译介受众方面，中华武术文化"走出去"应确立以受众为中心的战略，对专业读者与大众读者既要一视同仁又要区别对待。总之，译介效果是中华武术文化译介的"最后一公里"，各个译介要素之间相互交融、相互影响，形成一个闭环的良性循环，每个环节都要精心规划、策划和计划，根据时代需求的变化适时调整策略，这样才能实现预期的译介效果，同时也更需要政府、相关机构和武术界的共同努力。

2.5 小结

中华武术文化译介研究实质上是有关中华武术文化译介史的研究，可从历时或共时的角度挖掘中华武术文化译介在武术发展史中的重要历史事件、代表人物以及重要译介思想和理论，形成中华武术文化译介史的整体观。武术是中华民族文化的瑰宝，蕴含着中国哲学、美学、医学和兵法等多领域知识，因此，武术翻译不仅仅是浅层次的语言文字转换，更是中国文化走向世界的一种跨语言、跨文化的交流活动，是一种知识的转化、创新与吸收，武术翻译的本质就是中华文化的传递。从译介角度探讨新时代背景下中华武术文化的对外传播，是中国译介研究的独特创新视角，有助于更多外国受众加深对中华武术文化的了解，有利于加强国家间武术领域的合作，促进中华武术的长远发展。然而，当前的中华武术译介研究在译介主体、内容、途径、受众以及效果方面仍存在不足，需要相应的提升策略予以应对。译介主体应采用从事武术研究的翻译学者与国外汉学家合译的中外合译模式；译介内容应选取贴近受众意识形态的代表性内容；译介途径亟须拓展，构建多元化、均衡化的译介渠道体系；译介受众要全面考察、统筹兼顾，做到知己知彼，因地制宜；译介效果是最终目标，需要所有译介要素全面协调联动。

翻译作为国际间沟通的桥梁，不仅是一种语言向另一种语言的转换，更是文化间的双向传播和交流互鉴。翻译与传播密切关联，不少学者对于翻译与传播的关系进行过探讨，例如，吕俊（1997：39）认为翻译"其本质是传播"；唐卫华（2004：48）提出"翻译即传播"；张生祥（2013：117）认为"翻译与传播互为一体"；谢柯、廖雪汝（2016：15）认为"无论从传播的定义还是从翻译的性质来看，翻译的本质属性是传播"。翻译的过程就是传播过程，翻译的目的也是服务于传播，二者相互依存、相互促进，共同推动着文化的多元化和知识的交流传递。翻译是沟通中外的桥梁，国际传播是信息的跨国界交流，翻译应与国际传播形成合力，共同推动中华武术文化更顺畅地走出国门，让世界更全面、更立体、更真实地了解中国、理解中国。从"翻译世界"到"翻译中国"、从国家翻译实践到地方特色文化翻译实践、从文化翻译到武术翻译，翻译理论与实践研究不断纵向深化、横向拓展，中华武术文化外译理应成为翻译研究历史上浓墨重彩的一笔，译者更应责无旁贷地担负起中华武术文化外译的重任，为中华武术文化国际传播献计献策。

　　提升中华武术文化的国际传播需要对武术文化进行深入且富有洞见的研究，大力改善武术翻译的薄弱环节，加强中华武术文化在国际的交流交往。相反，如果忽视对武术文化译介的研究、重视不足或译介错误频发，势必面临丧失武术译介话语权的风险，从而导致武术文化受制于具有强势话语权的他者文化。因此，国内外武术界学者和翻译界武术译者应主动参与推动武术译介在理论和实践层面的互动交流，持续拓宽武术译介研究的视野和领域，使中华武术在世界舞台上长久地大放异彩。

第三章 中华武术文化传播研究

中华武术文化是中华优秀传统文化的缩影，孕育和生发于中国传统文化的历史进程当中，承载着丰厚的中华文化内涵，是中华文化的一张特色名片。着力译介中华武术文化，在国际社会上阐发武术文化的话语概念，是讲好中国故事、传播好中国声音、展示中国形象的重要窗口。《中国国家形象全球调查报告 2019》（中国外文局发布）数据显示，2013—2019 年间，国际民众认为最能代表中国文化的三个方面是中国武术、中医药、中餐，三者的次序和占比如表3.1 所示：

表 3.1 《中国国家形象全球调查报告 2019》（中国外文局发布）

中国文化代表前三名

年份	类别	占比
2013	中国武术	52%
	中餐（饮食）	46%
	中医药	45%
2015	中医药	50%
	中国武术	49%
	中餐（饮食）	39%

（待续）

（续表）

年份	类别	占比
2016—2017	中餐（饮食）	52%
	中医药	47%
	中国武术	44%
2018	中餐（饮食）	55%
	中医药	50%
	中国武术	46%
2019	中餐（饮食）	53%
	中医药	47%
	中国武术	43%

表 3.1 显示，在全球视野中，中华武术作为中国国家形象的代表始终名列前茅。此外，2014 年 7 月，据社会科学文献出版社发布的《中国国际传播发展报告》，国际民众认为最能代表中国文化的元素首推中华武术。这些数据表明，武术所蕴含的中国文化元素已得到国际社会的普遍认可，中华武术文化成为最具中国传统文化特色的典型代表之一。在中国特色大国外交新阶段，中华武术作为"讲好中国故事"的独特载体、"发出中国声音"的传播媒介，突出展现了中国国家形象。

党的二十大报告指出："增强中华文明传播力影响力……加强国际传播能力建设，全面提升国际传播效能，形成同我国综合国力和国际地位相匹配的国际话语权。深化文明交流互鉴，推动中华文化更好走向世界。"要提升中华文化的全球传播影响力，中华武术文化责无旁贷，需要从体育学、文化学和传播学等理论维度多方审视，根据中华武术文化传播研究现状，分析其翻译传播中出现的症候，探索如何处理翻译和传播之间的关系以及如何破解实际难题。本章也列举了中华武术文化在亚洲、欧美、拉美以及非洲的传播现状与对策，探寻中华武术文化在不同区域和国别传播的共性与个性特征。

3.1　中华武术文化传播的国内外研究现状

3.1.1　国内研究：纵深横阔

国内对中华武术文化传播的研究由来已久。在中国知网以"武术文化传播"为主题词检索，时间截至 2023 年 12 月 30 日，共得到 442 条检索结果，其中期刊 316 篇，学术论文 37 篇，会议论文 89 篇。梳理检索结果发现，研究主要聚焦于武术文化传播的现状与困境、路径与策略、话语体系构建、人才培养等视角。

在武术文化传播现状与困境方面，王晓东（2022）从逆全球化角度分析了中国武术文化国际传播所面临的挑战，具体表现在国际传播环境受阻、国际传播常规路径受限以及逆全球化引发的交流障碍，对中国武术正常的援外、表演等组织传播造成不良影响。孔德扬（2022）侧重后疫情时代的历史特征，提出中国武术在国际传播中自我推介方面的欠缺，武术自身传统优势的宣传推广不足，对中国武术文化的历史挖掘和传播长远性关注不够，对武术文化的理解程度不深等使得文化层次的深度传播受到一定阻碍。张顺军、熊亚兵（2022）立足新时代下中国武术文化的国际化传播困境指出：中国武术文化国际传播中的自身属性模糊，原本的民族特质显著性不强；武术文化国际传播中的语言交流存在障碍，译文无法准确承载中华文化精髓，导致武术海外传播效果大打折扣；武术文化国际传播中缺乏高素质人才传播者，且传播内容繁杂化；武术国际化传播市场存在一定乱象等。

在武术文化传播路径与策略方面，庞明慧、吴云（2023）以抖音短视频平台为研究对象，探讨少林武术文化传播由内而外的全面转型。丁省伟、储志东（2022）认为武术国际传播的发展应从以下几点入手：坚守文化主体性，提高武术的文化属性和地位；确立武术语言原则，以保证对外交流的顺利和良好效果；武术国际传播应上升到国家战略高度，为其多元发展提供支撑保障；立足传播学视角提升武术国际传播效果；吸取武术同类项目的成功经验，为未来的武术国际传播提供借鉴；实现新的传播转向，用新理念引领武术的国际传播发展。范东方（2022）认为武术国际化是当代传统武术发展的重要方向。通过对传统武术国际化从边缘到中心的传播路径进行逻辑解析，他认为应从技术、精神、知识三个层面实现其国际化传播。

在传播话语体系构建方面，研究认为要结合不同传播渠道，树立中国武术文化"走出去"的科学传播理念；充分利用和搭建各类新型传播平台与媒介，关注和尊重中国武术文化对外传播的文化特征；始终保持中国文化对外传播的使命感和责任感，提升中国武术文化在传播客体间的认知度与接受度；促进中国武术文化国际化传播能力，增强文化自信和文化软实力。张露馨、支川（2022）在大数据的时代背景下，探讨武术文化传播话语体系构建，认为应该用数据转变传播思维，建立基于大数据时代中国武术文化传播的话语体系，以真实内容实现通畅和深耕式传播。袁金宝等（2023）认为当前我国武术国际传播存在两大缺憾，一是武术国际传播话语的自我阐释能力不足，二是武术国际传播话语生活化内容供给乏力。构建武术国际传播话语体系，需要以坚定的中国武术文化自信为精神动力，以丰富的中国武术话语内容为基础，以满足话语对象的价值需求为前进主线。在武术国际传播的具体策略方面，要加强武术国际传播话语元理论研究、完善话语内容体系、凸显话语核心价值、激发话语创新动力、规范话语标准架构、彰显中国话语特色。

在武术文化传播人才培养方面，宋广生等（2018）从对外传播人才的问题与思考、培养策略以及培养途径三个方面对我国武术对外传播的人才缺失问题进行研究，认为我国武术人才培养模式过于单一，建议应注重培养既具备专业素质，又具备国际文化素养和交流能力的专门性涉外武术人才，从加强武术人才培养体系建设、提高实践能力、改革高校课程以及开拓就业渠道等方面提升武术国际传播人才能力，通过提高武术传播人才外语水平、知识与技术相结合、向留学生传播武术文化等手段，促进武术文化国际传播。张长念、孟涛（2021）基于对中国两所综合性大学和两所专业性体育院校的武术国际传播人才培养实践的调查，以点带面地分析高校关于武术国际传播人才培养的现状及困境。他们认为武术国际传播人才的培养，须坚持战略意识、文化意识、全球意识、拳种意识，人才培养主体应首先考虑依托高等院校的武术与民族传统体育专业；在此框架下，通过开设武术类专业双语课程等方式，规划设置对外武术专业，培养武术国际传播专门人才。另外，要加强武术对外传播基础建设，精心设置优质课程，全面优化学科体系；将发展眼光面向国际，提升武术国际传播人才实践能力。

通过对武术文化对外传播相关文献的梳理，笔者发现，研究热点主要集中在两个方面。一是以"一带一路"为主题的相关研究，以武术文化传承为核心，围绕传统武术、武术教育、武术影视等传播内容展开研究。二是以国际传播研究为主、以传播媒介和教育传播研究为辅的传播途径研究，主要探究武术文化在社会中的角色、地位、功能等方面的变迁、影响和作用，以及传媒对武术文化传播的作用及途径优化等问题。此外，还有一些融合艺术、人文、历史传播要素的综合性研究。总体来看，当前的武术文化传播研究呈现多方位、深入细致的探索趋势，学术研究的深度和广度日趋推进。

3.1.2 国外研究：跨域局限

在国际范围内，中华武术文化的传播和推广也呈现出日益活跃的态势，国外学者对于武术文化的研究呈现出多角度、多层次的研究特点，从历史、体育、艺术、社会和文化等多方面均有深入探讨。但由于地缘差异，国外研究的跨地域局限和武术文化的中国本土属性影响了国外对中华武术文化的传播研究。美籍学者韩宁（Stanley E. Henning）（1981）曾梳理中华武术发展史，阐述从春秋战国时期一直到新中国成立的武术发展脉络以及各时期的发展状况，旨在澄清国际受众对中华武术的误解，使武术从神秘走向现实。Lu（2008）讨论了在东西方文化差异的大背景下，中国传统武术在现代化进程中所遭受的困境。他认为，中华武术的现代化对其自身来说既有积极影响也有消极影响。例如，中华武术在西方体育的影响下所作出的改变更有利于武术向西方世界传播并成为奥运会比赛项目，但是强调以道德教育、养生、自我发展为一体的中华武术在传播过程中也会受到影响。亚历山大·赖安（Alexander Ryan）（2008）描述了太极拳在英国的传播，认为太极拳的传播对于中医等传统文化的传播起到积极作用，未来太极拳在对象国传播的成功与否取决于两个国家科技与文化的交流方式，当人们了解到太极会给人类健康带来好处时，传播效果更好。马克·瑟布（Marc Theeboom）等（2015）梳理了中华武术的传播历程，细述了国际武联为武术入奥所作出的努力，提出两个基于中华武术现状的武术入奥途径，即加入西方体育元素以丰富武术项目和去传统化的妥协。英国卡迪夫大学教授保罗·鲍曼（Paul Bowman）长期从事武术及文化研究，他在著作《武术神话》（*Mythologies of Martial Arts*）（2016）中结合自己在武术实践、职业和学术方面的经验，分析当代流行文化中武术的关键神话和意识形态，将文化研究、电影研究、媒体研究、后殖民主义研究与新兴的武术研究领域相结合，探讨武术在全球文化中更广泛的意义。在《创造武术》（*The Invention of Martial Arts*）中，鲍曼（2021）对太极拳进行阐释，利用"重述"这一概念探讨传统武术的真实性和变革等问题。总体来看，国外对于中华武术传播的研究不如国内丰富，多为对武术发展历程或武术发展现状的描述性概述，对于武术传播中出现的问题和解决方案并未过多涉及或并未进行科学论证。这是由武术的中国属性和本土化特征所决定的，在巨大的文化差异背景下，外国学者缺少调查研究的地理、环境等天然优势，造成跨域研究发展的局限性。

3.2　中华武术文化的传播形态：以传统纸媒与新媒介为例

　　中华武术文化传播具有多种形态，且根据历史和时代的变迁而发生变化，伴随信息技术的飞速发展而不断更迭创新。中华武术文化译介的本质是一种翻译实践行为，这是实现中华武术文化国际传播的必要途径，是武术国际传播的主要表现形式。居延安（1986：49）认为，"传播是文化的本质。没有传播，就没有文化，传播就是文化的实现。"文化传播又称文化传通或文化传扬，是指一定的主体通过言语或姿势、表情、图像、文字等符号系统，传递或交流知识、意见、情感、愿望等信息，并使一定的受众得到影响的过程（贺培育 1991）。萨姆瓦等（1998：111）把这一定义概括为："A 通过 C 将 B 传递给 D，以达到效果 E。"这里 A 是信息发出者，B 是信息，C 是途径或媒体，D 是信息接收者，E 是传播所引起的反应。译介与传播是中华武术文化国际传播的两个重要维度，两者既分属于不同的学科范畴，又相互交融交叉，不可分割。以下从传播形态中的传统纸媒、新媒介和新策略三个方面讨论。

3.2.1　传播中的传统纸媒

中华武术文化的译介途径中，纸媒是最为传统也是持续时间最长久的传播方式。纸媒译介包括图书和期刊两类。中华武术文化外译与国际传播需要出版界制定明确目标的出版规划，设计受众易于接受的出版主题，翻译质量精湛的出版作品，实施面向市场需求的出版营销策略。从布迪厄（Pierre Bourdieu）的场域理论来看，出版可视为武术传播场域中的一个分支，在武术出版领域同样存在出版界的力量和竞争，资本需与场域相关联，是场域活动竞争的手段。武术作品出版受到场域中经济资本、社会资本、文化资本等的影响和牵制。

2019 年以前，中国传统武术图书出版呈稳定发展趋势，套路类、教材类的武术图书市场需求下降，功法类和文化类图书的市场需求上升，健康养生类图书发展较为迅速（李金莉等 2019）。在中国图书出版数据库检索 1978 年至 2023 年的数据发现，武术类图书出版的数量变化呈现如图 3.1，其中 2008 年达到出版峰值，2014 年位居第二，2006 年次之，2021 年和 2022 年的数据趋向平稳，2023 年有所下滑。

1978—2023 武术书籍出版数量

图 3.1　中国境内武术书籍出版发行折线图（1978—2023）

随着互联网的迅速发展，电子书逐渐成为大量读者的新选择，传统纸质图书面临前所未有的挑战。读者相应地对武术图书的品质提出更高要求，图书的内容价值和收藏价值是纸质图书能够在竞争环境下生存的核心要素。21 世纪初期，我国专业体育出版社有人民体育出版社、北京体育大学出版社、奥林匹克出版社以及蜀蓉棋艺出版社，其中，人民体育出版社和北京体育大学出版社在传统武术图书出版领域占据领军位置，其他两家出版社由于各种原因已停办。随着国家对体育的重视和现代人对健身养生需求的不断增强，体育出版业格局发生很大变化，很多非专业体育出版社也逐步涉入武术图书的出版业务，比如北京科学技术出版社、山西科学技术出版社、江苏凤凰出版社等均有武术相关文献出版。总体而言，我国武术出版整体发展态势良好，图书出版种类多样，出版数量也呈上升趋势。另外，出版社还利用新时代信息技术，在图书中插入二维码，读者利用手机等移动设备扫描后即可观看相关讲解视频。例如，北京科学技术出版社人文武术图书事业部自 2017 年开始，录制了全国数十位武术名家的视频资料，时长超过 200 小时，内容涉及武术套路、功法、文化、口述史等。其中一些视频作为出版图书的配套视频，嵌入二维码技术，形成新形态信息化教材（李金莉等 2019）。

根据中国图书出版数据库，以"武术"为关键词共检索书目 460 条（时间范围为 2018—2023 年），内容涉及武术套路教程、武术文化发展史、武术经典阐释以及地方特色的武术文化研究。比如，具有代表性的有北京体育大学出版社 2021 年出版的《中华武术通史》系列书籍，获评"2021 年度国家出版基金资助项目"，这是体育类著作近五年来首次入选该项目；还有四川科学技术出版社于 2023 年出版的《武当功夫与养生》和洛阳市体育局于 2022 年出版的《洛阳市武术史志》等武术著作。

据图书出版的网络销售量统计，在当当网以"武术"为中心词进行检索查询图书，共计 75,991 条记录（数据采集于 2023 年 3 月 7 日）。根据亚马逊国际出版物检索结果，在 Amazon.com 以 4 种被广泛接受的"中国武术"英文表达搜索，显示 Chinese Wushu 相关 482 本（占比 5%），Chinese Kung Fu 相关 2,000 本（24%），Chinese Boxing 相关 1,000 本（12%），Chinese Martial Arts 相关 5,000 本（59%）。其中，国外出版社出版份额庞大，约占 85% 的份额，中国仅占 15%（其中港台地区占全球总份额 5%）。以上数据表明，武术图书的国际出版发行总量明显少于国内出版发行量，中文读者仍是武术类图书的主要阅读群体，全球范围内的武术跨文化传播输出力度仍有待提升。

期刊杂志类有《少林与太极》《武术研究》《中华武术》和《精武》等。此外，2023 年，由上海体育大学武术学院、中国体育非物质文化遗产研究院组织全国知名专家学者编撰的大型武术丛书《武藏》，以 129 个拳种为重点，一拳一册，史文结合，旨在建设传承中华武术文化的重大标志性文库，目前已出版《武藏·八卦掌》《武藏·温州南拳》，拟陆续出版《武藏·戳脚》《武藏·红拳》等数十册。2023 年 12 月，河南大学出版社出版的"中华源·河南故事"英文系列丛书之《少林功夫》等八本图书版权成功输出海外，由美国塞迪克出版公司出版发行，迈上了少林功夫国外出版的新台阶。

3.2.2 传播中的新媒介

传播媒介或传播手段是指将信息送达受众的行为方式。传播媒介在大众日常生活中极其多样和广泛，如书籍、报刊、电视、电影、互联网等都可称为传播媒介。在大数据时代背景下，武术的传播媒介显得尤为重要，只有充分利用现代科学技术手段将预期传播内容向受众及时准确地传播，才能促进武术国际传播，实现武术的国际化发展。

中国传统武术文化最初主要依靠口口相传的人际传播模式，但该模式传播效率低、速度慢、范围小，新型媒介的出现则有效弥补了这些不足，促进了传统武术文化的传播效果。新媒介是一个相对概念，是在报刊、广播、电视等传统媒体之后发展起来的新的媒体形态，包括网络媒体、手机媒体、数字电视等（赵歆 2021）。新媒介具有快速便捷、传播范围广、视频储存等功能，能够更加立体地建构文化的历史遗存和记忆，推动中华武术文化在时间和空间两个维度通畅传播。将中华武术与新媒介结合起来，能够为中国武术文化的传播带来新的生机，产生新的文化要素，从而促进武术文化创新性发展。

目前，以网络为主要媒介的武术文化传播方式有两种途径：一是政府相关部门以及武术馆校的官方网站，如表 3.2 所示；二是微博、抖音、快手等社交媒体平台（焦丹、赵志男 2020）。

表 3.2　国内部分武术网站（2024 年 9 月 20 日读取）

国内网站名称	网址
中国武术协会	http://www.wushu.com.cn
国家体育总局武术运动管理中心	https://www.sport.gov.cn/wszx
博武网	http://bw.21kftv.com
武道网	http://www.chinawdao.com
全球功夫网	http://www.qqgfw.com
中国武术联盟	http://www.zgwslm.cn
中国少儿武术网	http://shaoerwushu.org
少林寺塔沟武术学校	http://www.shaolintagou.com
国际武术联合会	http://www.iwuf.org
嵩山少林武术学校	https://www.slswwsxy.com
太极网	https://www.taiji.net.cn

新时代的传播方式不再仅局限于纸媒，互联网更方便人们查阅、分享武术相关内容，包括文字类信息和图片、视频等多模态信息。现今，人们通过手机、平板等移动设备上的各类社交平台便可足不出户地获取大量丰富的武术信息。以微博为例，在微博搜索栏中输入关键词"武术"，会立刻涌现出"微博武术""武术人""功夫史""武术世界频道""国际武术联合会 IWUF"等众多官方账号，以及武术教练、武术运动员、武术爱好者等若干个人账号，这些账号在微博平台上分享海量武术资讯，每天得到大量粉丝的转发与评论。再如抖音，搜索关键词"武术"，即可看到"武术之家""习武者""传统武术"等用户，还有各类武馆、武术传承人等官方账号，在新媒体平台上实时分享信息。互联网的发展为武术传播带来极大

便捷，但同时也隐含一定程度上的消极因素。比如：(1) 自媒体平台缺乏统一标准和相应规范。如今，人们可以随时随地使用智能手机在自媒体平台上发布信息，容易出现信息泛滥、信息不对称和误传的乱象。自媒体的突出特点是大众化，因此，人们在制作武术短视频时会迎合大众偏好，往往会忽略了武术的专业性特点。(2) 自媒体平台具有娱乐性、随意性等特点。部分网友制作的恶搞视频无形中会给中华武术文化带来负面形象。(3) 网站语言设置不完全。由于意识不足或缺乏专门语言人才，绝大多数武术文化网站只设置了中文页面，缺乏转换成英语或其他语言的功能，妨碍了外国习武爱好者对中国国内武术信息的查询和获取。而且，在传播过程中，当大量不经过滤的关于武术的文字、视频呈现到群众视野中时，人们对武术的概念理解就会产生分歧。

通过在 Instagram、Facebook 和 TikTok 等海外主流新媒体平台上搜索 wushu、kungfu 和 Chinese martial arts 关键词，可以清晰地看到武术在海外不同平台之间的传播效果存在显著差异，整体关注度相较于国内较低，且更新频率不高，部分平台的内容活跃度较为有限。以 Instagram 为例，搜索 martial arts，涌现众多武术账号，比如 master of martial arts 有 413 万粉丝，martial arts world 有 265 万粉丝。武术相关标签涵盖武术文化、训练、生活方式、电影等相关话题，其中含有 martial arts 标签的帖子有 1,573 万篇，含有 martial arts life 标签的帖子有 81.7 万篇，含有 martial arts training 标签的帖子有 55.8 万篇（统计时间为 2024 年 9 月 28 日）。在 Instagram 平台上搜索 wushu，显示的内容以海外习练者的个人训练分享为主，体现了武术在全球范围内的爱好者群体的存在；搜索 kungfu 的显示结果则不仅包括武术爱好者的分享，还结合了诸如《功夫熊猫》等流行文化元素，显示出 kungfu 这一词汇在西方语境中与影视娱乐的关联性；Chinese martial arts 关键词的搜索结果更多地聚焦于个人练习分享和少林寺等武术表演，展现了中国传统武术作为文化符号的全球传播。在 Facebook 平台上搜索 wushu，主要呈现的是国际武术联合会和相关爱好者小组的互动，但内容多集中于三年前，更新频率较低，表明武术的传播活动在该平台上有所停滞；搜索 kungfu 时，主要显示中国新闻媒体对海外武术活动和比赛的报道，反映出该平台上 kungfu 更多与官方的文化外宣相关联。相比之下，搜索 Chinese martial arts 则以个人习练视频为主，内容相对分散，缺乏系统性和组织性。TikTok 平台与之相比，表现出更高的观众热度和互动性。搜索 wushu、kungfu 和 Chinese martial arts 时，可以看到大量海外武术习练者分享的短视频，涵盖个人训练、比赛片段以及武术表演，更新频率高且观众互动活跃。TikTok 平台的短视频形式促进了武术内容的快速传播，尤其在年轻用户群体中，武术以其娱乐性和视觉吸引力获得了更广泛的关注。

综合来看，武术在不同新媒体平台上的传播模式和受众呈现出明显差异。Instagram 和 Facebook 上的武术内容更新较为缓慢，关注度主要集中在爱好者群体中，且许多内容较为陈旧，互动性较低。而 TikTok 凭借其碎片化和高度互动的短视频模式，显著提升了武术的传播广度和速度，成为武术在海外新媒体传播中的重要平台。总体而言，武术在海外新媒体上的传播尽管取得了一定成效，但海外观众的持续关注度和传播深度仍面临挑战，特别是在传统社交平台上，如何提升内容的更新频率和互动性是推动武术文化全球化的应有之义。

此外，网络文学是互联网时代催生的新产物，是指在网络上发表的文学作品，利用网络提供的便利条件和传播手段进行文学与多媒体的结合，实现作者与读者、文本与读者的互动。网络武术文学是网络文学的组成部分，是指在网络上发表的反映武术题材的文学作品，包括武侠小说、武术诗歌、武术散文等（毛秀珠 1997）。网络武侠小说情节曲折离奇、人物形象丰满、武术描写详细生动，创造出了充满想象力和奇幻色彩的武侠世界，深受国内外读者喜爱。目前，海外翻译网站中受众关注度较高的网站主要包括 Wuxia World（武侠世界网）、Paper Republic（纸托邦）、Gravity Tales（引力小说）、Webnovel（起点国际）等。其中，Wuxia World 网站的规模最大，网站读者已覆盖全球 100 多个国家和地区，来自美国、菲律宾、加拿大、印度尼西亚和英国的读者数量位居前列，北美读者约占总数的 1/3。中国网络武术文学受到了海外读者的追捧，从另一种角度促进了武术文化的译介与国际传播。中华武术文化借助网络文学的传播渠道和互联网优势，叙述中华武术故事，构建中华武术文化特色话语体系。

3.2.3 传播中的新策略

拉斯韦尔的"5W"传播模式理论提出传播主体、传播内容、传播途径、传播受众和传播效果五个维度。如何以此传播理论为观照，借助传统纸媒与新媒介两大传播形态，持续提升中国武术文化的国际社会接受度，需要我们不断探索相应的传播新策略。

1）支持传播主体，优化传播机制。目前，我国对外传播的主体主要分为组织传播主体和个体传播主体。组织传播主体主要指政府或其他官方机构，个体传播主体指个人。在武术文化传播过程中，组织传播主体发挥主导作用，体现在完善相关制度和规范，利用政府资源和平台优势传播和推广武术等行为。组织传播主体鼓励民间力量的参与，给予其政策和经济支持，从而打造武馆品牌和武术文化产业，培育高素质、高水平的个体武术传播者，并在国外建立监督和管理机构，促成各武馆由无序恶意竞争向有序良性竞争合作转变，进而推动武术的国际传播由"单一性"向"多元化"发展，构建主体多元的中国武术国际传播新格局。

2）深挖武术内涵，丰盈传播内容。目前，我国武术对外传播的内容仍以武术套路技术为主，武术学习者可以通过练习武术套路招式达到强身健体的目的，但是对于中华武术所蕴含的丰富内涵往往了解不够深入。因此，传播者以及武术教练要在传授中注意将武术文化知识与套路技术相结合，在传授武术招式动作时，将其背后所蕴含的中国哲学、医学、神话等相关哲理和文化内涵讲授给学习者，使学习者通过亲身体验，感受中华武术文化的魅力，产生浓厚兴趣，主动了解中华武术文化内蕴。

3）利用新型媒介，拓宽传播途径。中华武术文化对外传播可以借助孔子学院、国际武术联合会等国际交流平台，举办系列武术文化专题讲座，直播或转播武术赛事活动以及武艺表演、功夫剧表演等。同时，组织传播主体应发挥主体作用，策划拍摄能够展示武术魅力的影片，使观众既能观看到精彩的武术表演，同时又能感受到武术背后所蕴藏的多彩内涵。武术网站、社交媒体等应及时更新并增加互动功能，以便通过向人们讲述武术故事，解答国际受众对武术的疑惑，扩大武术的国际影响力，让武术在各种国际互动平台上有信息、有话题、有热度，从而使国际受众对武术产生更全面的认知。

4）采取多样化策略，扩大传播受众。在中华武术文化的海外传播中，传播受众是重要方面，个人、机构和组织等都可以成为传播受众。针对不同受众，中华武术文化的对外传播策略也需要与时俱进、因人而异。对于个人受众，可通过推广武术健身和养生功能，吸引他们的关注和参与度，人与人的口口相传有助于中华武术在民间的形象构建。机构受众或组织受众是指政府机构、官方组织、学校、体育俱乐部、民间武术团体等，针对机构或组织受众，通过推广中华武术的文化和教育价值，实现政府间交流互动，以武术民间外交促进公共外交。

5）反馈传播信息，评估传播效果。传播活动的成功与否以效果为评价基准。为评价和反思传播过程中的不足，官方需要建立专门的信息反馈机制，对武术的国际传播效果进行量化和质性评估，剖析传播效果中的对象、环境、方式方法等影响因子，有针对性地改进措施，根据反馈情况施行激励机制，促进各传播团体的积极性和主动性。此外，还要注重反馈平台的多元化，为信息反馈者提供丰富的表达意见和建议的渠道，这样才能广泛倾听全球受众的声音，推进中国武术在国际化轨道上的良性发展。

3.3 中华武术文化的跨域传播

文明互鉴、传播跨域是各国文化交流发展的必然，任何一个国家在文化交流传播中都不可能故步自封、孤芳自赏，全球发展进步和人类命运共同体的构建需要国家之间的开放与包容。自 1982 年 12 月国家体育运动委员会在第一次全国武术工作会议上明确提出"要积极稳步地把武术推向世界"伊始，中国武术协会先后选派国内优秀武术运动员和教练员赴欧美国家（如加拿大、英国）、拉美国家（如墨西哥、巴西）、亚洲国家（如新加坡、菲律宾、泰国、马来西亚、尼泊尔）等地进行武术教学，培养了大批国外的武术教练，使他们成为武术海外传播的中坚力量（邱丕相、郭玉成 2002）。如今，走出国门的中华武术已在世界范围内掀起功夫浪潮。以下基于拉斯韦尔的"5W"传播模式理论，分析中华武术在亚洲、欧美、拉美以及非洲等地国家和地区的传播现状，并根据传播过程中出现的问题提出相应解决路径。

3.3.1 亚洲——美人之美、美美与共

2019年5月15日，习近平主席在亚洲文明对话大会开幕式上指出："我们要加强世界上不同国家、不同民族、不同文化的交流互鉴，夯实共建亚洲命运共同体、人类命运共同体的人文基础。"他明确提出夯实亚洲命运共同体人文基础的四点主张，"坚持相互尊重、平等相待""坚持美人之美、美美与共""坚持开放包容、互学互鉴""坚持与时俱进、创新发展"。中华武术在亚洲已有悠久的文化传播历史，中华武术是中国文化在亚洲文化中的特色组成部分；通过武术文学作品译介、中国武术对外援助、中华武馆海外机构和孔子学院等多种形式，几乎覆盖了中华武术在亚洲所有国家的文化传播。在相邻的地理位置和文化习俗影响下，中华武术在东亚、东南亚部分国家和地区的译介传播成效尤为突出。中华武术在明末清初已传入日本，在东南亚的发展可追溯到几百年前的华人移民时期，华人的迁移带动了中华武术在东南亚各地的传播。在这些地区，中华武术与当地文化和传统相融合，形成了独特的风格和特色，受到华人移民、政府和社会的支持与推广，得到当地居民的认可和喜爱，并与其他国家和地区的武术产生交流融合。

3.3.1.1 研究现状

许多亚洲国家与中国在地缘上接近，这使得各国在国际政治、经济和安全方面拥有特殊的利益关系。同为亚洲国家，很多东亚和东南亚国家与中国有着相似的历史和文化背景。自20世纪90年代

以来，中国与东南亚各国建立、恢复和巩固了外交关系，不断加强政治互信和经贸往来。东南亚地区在"一带一路"倡议中地位举足轻重，作为海上丝绸之路的重要交通枢纽，一直是中国与"一带一路"共建国家开展贸易合作的主要区域，这一地区国家大多与中国保持着友好经贸往来。2020年，东盟成为我国第一大贸易伙伴，表明无论是在政策、经济还是技术等领域，双方都保持着良好的合作伙伴关系。

关于中华武术在东南亚的传播，国内学者主要从现状、特征、效果、策略等方面展开研究。于海滨在《闽南武术在东南亚的会馆化传播》（2012a）、《侨乡武术东南亚会馆化传播方式研究》（2012b）中，以特定对象"侨乡武术"和"闽南武术"在东南亚的会馆化传播方式展开论述。《中华武术在东南亚的传播》（雷春斌2002）一文提出武术运动在东南亚呈现大众化特点，华人华侨建立的武术会馆极大地推动了当地武术运动的开展。孟童欣、尹继林（2022）探讨了中华传统武术在东盟地区的传播情况，发现我国传统武术在东盟地区的传播古已有之，但是传播效果不尽如人意，提出中国传统武术应以"自上而下"的模式传播。李晓鹏等（2021）梳理中华武术在马来西亚的发展现状，针对传播问题，提出可以利用马来西亚武术总会和精武体育会的官方优势，组织武术竞赛，培养武术教练，为中华武术的传播奠定坚实基础。此外，还可以依托海外华人华侨，加大武术宣传力度，线上线下宣传同步进行，提高马来西亚民众对于中华武术的认知水平等。肖海东（2018）论述武术在印度尼西亚的发展现状、影响因素等，建议印度尼西亚政府将武术教育与学校课程相结合，充分挖掘武术的内涵与外延，将武术精神与印尼文化相结合，推动武术文化与印尼传统文化的融合。也有学者对越南武术发展以及中国传统武术对越南武术的影响等开展个体视角的研究。

中华武术在东亚的传播研究成果以中华武术在日本、韩国和朝鲜的溯源及译介传播研究居多。中华武术在日本的传播研究主要聚焦于：日本少林寺拳法联盟等组织机构与中国传统武术现代化发展，日本柔道、空手道、相扑等与中国传统武术的对比、继承、传播与发展交流，日本剑道文化与中国剑文化、日本击剑与中国短兵的传播比较，中国武术在日本的本土化演进过程，以及中国武侠文化在日本的译介传播与接受效果等。中华武术在韩国的传播研究主要集中在：中国武术与韩国跆拳道的传播现状、入奥经验的比较研究，中国武术课程在韩国高校和孔子学院等机构的运行情况，韩国跆拳道体育人才培养如何借鉴中国的武术人才培养模式，韩国跆拳道与中国武术竞技项目的国际化发展对比研究等视角和主题。中华武术在朝鲜的传播研究主要体现在：中国武术古籍在朝鲜半岛的传播，具体来讲包括明代武术古籍东传对朝鲜早期汉文武籍编撰的影响研究、《纪效新书》在朝鲜半岛的传播与影响研究、基于《武艺诸谱翻译续集》的中朝武艺交流史研究等。从中华武术在日本、韩国和朝鲜的传播比较来看，中国学者对中华武术在日本以及日本学者对中国武术的交流研究最为广泛，韩国次之，朝鲜最少。

从中华武术文学作品在亚洲的传播研究现状来看，金庸武侠文学作品的传播效果最为显著。从受众地域上看，东亚各国受众对金庸武侠小说有广泛的接触和了解，日本、韩国和越南等国受众不仅接触和了解金庸武侠文学作品，对其作品的译介和传播研究也较多，相关个案研究将在下一章细述。

3.3.1.2　传播现状

中华武术在亚洲的传播可追溯至 13—15 世纪，当时许多中国武术家移居东南亚地区，也将武术专业技能、专业知识和武术文化传播过去。中华武术传入日本的最早官方文件记录是在 1372 年，民间交流则更为久远。尽管中华武术文化在亚洲的传播由来已久，但始终面临诸多挑战与问题。

1) 传播主体间的文化差异性。中华武术文化在亚洲的传播主体主要包括中国与亚洲地区的国家和地方政府部门、武术官方机构、武术院校以及华人华侨组建的武术会馆等。中国国家体育总局、文化和旅游部、国务院侨办等部门会定期在亚洲各地组织武术文化交流活动；中国武术专业院校也与亚洲许多国家和地区在武术技术、文化和人才培养方面开展交流合作。比如，北京少林武校与马来西亚的国际合作交流在东南亚产生一定影响，马来西亚高等教育发展管理处负责人员在 2012 年到访北京少林武校时提出，希望北京少林武校与马来西亚大学合作，共享课程资源，将中华武术纳入马来西亚大学的体育选修课程（周庆杰 2014）。再如，精武体育会（现称上海精武体育总会）于 1920 年以后在东南亚各地设立分会，曾举办各种大型武术活动，组织龙狮运动，传授中国武术，宣传中华文化等。尽管武术文化交流如此频繁，但由于亚洲很多国家是多民族国家，仅东南亚地区就有 400—500 个不同民族，因此，文化的多元化和复杂性造成的文化差异，成为影响中国与大部分亚洲国家武术交流的重要因素，使得各民族之间的文化只能最大限度地贴近，却很难使中华武术文化真正地融入异质文化当中。

2) 传播渠道与传播受众的局限性。中华武术文化在亚洲的传播媒介主要是图书、网络和媒体。各类武术组织、会馆在招生时会在线下张贴海报、发放宣传单，同时通过社交媒体发布招生宣传广告，这在一定程度上对中华武术文化起到了宣传作用，但是对于中华武术文化的传播来说还远远不够。传播受众对武术图书的阅读量也是有限的，人们主要还是通过中国功夫的相关影视传播途径认识和了解中华武术。例如，陶坤等（2015）曾调查了韩国龙仁大学在校大学生的中国武术学习现状，发现95%的调查对象都没有接触或学习过中国武术，大部分学生认识中国武术的途径是"中国电影中的武术明星"，其他途径依次为互联网、书籍、朋友介绍、观看武术比赛和表演等。19世纪40年代后期，凸显中华武术特色的武术拳种乃至舞龙舞狮运动在东南亚地区渐行传播。此后，许多亚洲国家武术协会的成立持续推动了中华武术文化的多样化传播，如舞龙舞狮、散手、推手、南拳、太极、武术竞赛套路以及气功等。中华武术在亚洲其他国家的传播还体现在武术赛事的承办方面，1990年成立的国际武术联合会在很多国家或地区主办或承办各类武术赛事，为武术国际交流提供了机会和平台。在传播受众方面，大部分当地武术学员受到时间和精力的限制，无法长期持续性地进行武术训练和学习，所以中华武术在该地区的传播受众群体存在不稳定性。由于武术是一项需要长期坚持和不断提高的技能，而一些学员更倾向于通过业余时间选择短期快速的健身方式，而非长期的武术训练，这也进一步影响了中华武术在该地区的传播与接受。

　　3）传播内容与传播效果的欠缺。中华武术作为中国传统文化的重要组成部分，不仅包含了博大精深的技击技术，更蕴含了深刻的哲学思想和文化内涵。在亚洲地区，许多武术爱好者更倾向于将武术视为一种娱乐和体育运动，而非一门深奥的文化艺术。因此，一些武术学校和教练为了迎合市场需求，过于强调武术技巧和演艺效果，而忽略了武术所蕴含的深层文化价值和内涵，不利于中华武术精髓的传承和发扬。在亚洲乃至国际武术大赛中，东南亚国家中的越南、印度尼西亚赛事成绩领先，而泰国、文莱、东帝汶则鲜获金牌（周庆杰2014），体现了不同国家对武术的重视程度和国民武术素养的差异。武术赛事成绩发展较好的越南、印度尼西亚等东南亚国家是中国援外武术教练经常前往的地区，相比之下，有些国家的国际交流机会较少，这也是亚洲地区整体的武术发展水平不均衡的影响因素。

4）武术文学作品发挥重要传播作用。中华武术文化在亚洲的传播除了以武术专业技能和武术展演形式的传播外，也以武术文学的形式得以译介和传播。20世纪50年代，东南亚各国的华文报纸开始连载梁羽生和金庸的武侠小说，一经发行便受到读者的广泛欢迎。金庸的《碧血剑》《射雕英雄传》和《倚天屠龙记》等经典作品被翻译成泰文、印尼文和越南文等多个版本后，持续受到读者追捧，市场影响力逐步扩大。在越南，早在1905—1910年间，为数不少的中国传奇或武侠等类型小说被翻译，历经百余年后，中国武侠小说成为越南文坛的重要现象，影响着当地的文学和文化建设。金庸、古龙作品几乎全部被译成越南语并多次再版，其中金庸武侠小说是越南被翻译最多的外文作品。梁羽生、卧龙生、陈青云、温瑞安、黄易以及中国新时代武侠小说作家小椴、萧鼎、凤歌、步非烟、苍月的作品也已陆续译介到越南（阮竹荃2016）。在韩国，韩文版金庸武侠小说在20世纪80年代末已广为流传，约12家韩国出版社竟然盗译了金庸的武侠小说，于2003年才获得金庸正版授权。韩国民众普遍认为，金庸武侠小说知名度最高、影响力最大的是《英雄门》，这部书其实是"射雕三部曲"韩译后的整合版，发行5个月的销量就达到20余万册，后已再版20次以上。在泰国，自1958年起，金庸的"射雕三部曲"就有四个泰文译本，并再版数十次。在日本，《射雕英雄传》小说在2005—2009年间相继印刷四次，逐渐走进了日本读者的文学场域并得到认可与接受。虽然日本对金庸小说的翻译最晚，但公认其译介最为全面。

3.3.1.3 应对策略

1）增强传播主体间的文化认同感。尽管中国与很多亚洲国家渊源颇深，国际交往古已有之，但是国家之间的文化差异存在难以逾越的沟壑，在武术文化传播过程中难免会遇到因文化差异问题而造成的误解。不过，亚洲文化圈的国家之间毕竟存在很多相似和共融之处。习近平主席曾指出，亚洲文明绵延几千年来源于优秀基因，优秀基因必将使古老文明不断焕发出新的生命力，必将在人类命运共同体构建中发挥独特作用。[1]亚洲各国所共有的历史文化催生了亚洲命运共同体的独特性、凝聚性和可分享性特征，以一个开放的系统凝聚正能量，旨在得到各方的共同理解、认同与接受。"以和为贵"的武术思想在亚洲得到广泛认同，也为世界所认同。在武术传播过程中，我们要提炼出中国武术核心价值观，强化武术文化认同，淡化民族间的差异与拳种派别的差异，构建"亚洲武术文化圈""亚洲武术文化共同体"，融合亚洲国家文化的共性与差异性，构建形成亚洲武术文化新体系，提升亚洲圈对中华武术的文化认同感。

2）拓展武术传播渠道与传播受众。在当今时代，中华武术的传播要利用好互联网这一平台，不论是官方网站还是社交平台，都应积极更新武术相关信息，拓宽武术爱好者了解中华武术的渠道，让对于武术知之甚少甚至毫无所知的民众逐步了解中华武术并产生兴趣，以此循序渐进地加深武术文化在民众心中的印象与好感。另外，武术协会和武术会馆可联合组织相关武术赛事，通过比赛获取更多观众的亲身参与和广泛关注，从而增加武术文化的话题度，提升武术感召力。此外，还可以延续现有的传播特色和优势案例拓宽

1　参考《中国青年报》文章《以亚洲智慧失去人类命运共同体构建》。

传播渠道，例如，2005 年 8 月开始，中国《剑侠情缘网络版》（以下简称《剑网》）游戏一度占领越南 80% 以上的网络游戏市场。从新加坡到马来西亚，由《剑网》带来的网络游戏"中国流"席卷整个东南亚。针对东南亚市场和客户调研可知，继续开发类似网络游戏是武术传播的有效渠道。2024 年 8 月正式上线的《黑神话·悟空》游戏"出圈"，融合经典文学名著的游戏创新吸引全世界的瞩目，是中国传统文化输出的一个成功案例。从传播受众上看，可以鼓励学校和社区组织开展武术课程推广活动。例如，新加坡教育部强制性规定所有小学生、初中生必须参加包括武术在内的课外体育活动。从国家层面保证武术的政策推广以及学校的具体实施，有利于学生从小培养中华武术意识，促进武术长远发展（刘勇 2021）。

3）优化武术传播内容，提升传播效果。在武术传播内容上，应加强武术文化内涵的理解与传承。亚洲地区的武术学校和教练需要更深入地了解和探究中华武术所蕴含的文化内涵和思想精髓，培养学生对中华武术的深刻理解和认识。在教学过程中，教练不仅要注重传授武术技巧和武术表演，更要注重帮助学生理解和领悟中华武术所蕴含的文化价值和内涵；同时，加强中华武术的宣传和推广，让更多人了解中华武术的文化内涵和价值，从而推动中华武术在该地区的传承与发展。中国武侠文学作品在东南亚和东亚国家已见规模，但在西亚国家仍未引起较大热潮，如何以武侠文学作品为载体加强面向亚洲其他国家的译介传播与接受，是传播主体需要探索的议题。

在传播效果上，需加强顶层设计规划，采取因地制宜的精准传播策略。比如，国家体育总局、文化和旅游部、教育部等可联合深入调研亚洲国家武术的发展现状，充分了解每个国家的历史、文化和宗教背景，根据社会经济发展水平、文化需求等因素，科学制定不同的发展对策，加强与亚洲地区不同国家武术界和文化界的交流与合作。重点可从文旅融合策略入手，例如，东南亚很多国家和中国签署了旅游合作协议，泰国、新加坡、马尔代夫等国已对中国实行全面互免签证，旨在加强旅游资源和旅游市场的共享开发。通过文旅产业开发将武术文化融入文旅合作，是中华武术文化由"走出去"到"走进去"、获得更多当地民众喜爱与支持的有效途径。

3.3.2 欧美——和谐共生、武艺共享

当今世界格局下，欧美国家在文化传播方面长期占据主导地位，在语言、文化和思想方面引领主流。在国际话语权竞争中，具有强势话语权的国家或地区能够更好地展示自己的文化和价值观，扩大自己的影响力和软实力。中华武术作为中国传统文化的代表之一，通过在欧美国家和地区的传播，有助于增强中国在国际上的文化影响力和国际形象。同时，中华武术也是中国文化软实力的重要组成部分，通过传播中华武术，可以扩大中国的文化输出，增强中国的国际话语权和文化影响力。

3.3.2.1 研究现状

龙国强（2007）经过在欧洲的实地调查，发现中国武术在欧洲的传播各地为营，缺乏统一，相较于日本的空手道与韩国跆拳道来说，中国武术的规模与受欢迎程度显得逊色，由此提出创造品牌效应、加强管理等针对性建议。于善（2012）对少林武术在欧洲东部的传播研究发现，无论是实际训练还是学术研究，少林武术在欧洲东部国家开展情况良好，拥有较好的大众基础与口碑，不足在于各国的武术机构均为民间组织，缺乏官方机构的管理与指导。张园园（2017）探讨了中国武术在欧洲孔子学院的进展情况，列出其优势

与不足，提出建设性意见，包括：加强教材、教师以及教学配套设施建设，提升武术传播质量；加强顶层设计，制定孔子学院通用的武术传播标准，促进国外武术标准化、规范化发展；国家汉办与国家体育总局之间加强合作，成立专业负责在孔子学院传播武术的机构，从国家战略层面出谋划策，促进中华武术更好地在国际范围内传播，实现中华武术的长远发展。孟涛、蔡仲林（2013）系统梳理了中华武术在美国的传播历程，将其划分为"淘金热"时期、"冷战"时期、"中美关系"解冻时期以及"全球化"时期，认为武术在美国传播的每一个过程中都与其当地社会历史背景的变迁关系密切。随着中国国际地位的提升，武术在美国的传播内容也由初始的技术传承为主向文化传播为主转变。吴文峰（2007）对武术在美国的传播现状进行解读，发现武术在美国的传播途径丰富多样，但其传播内容与传播过程呈现出"无序"状态，导致大部分美国人只知道中华武术这一概念，而不了解其文化内涵，这种片面表层的了解容易使受众产生误读现象。

关于中华武术在欧美传播的研究，从研究方法上，学者们大都采取问卷调查、文献细读与实地走访等方法，相对单一，且研究内容聚焦在武术传播的现状，对于武术本土化和融入情况等问题的成因、对策等研究较少且不深入，实证研究不足。可喜的是，马秀杰（2020）首次基于巴西、德国、印度、日本、俄罗斯、南非、土耳其、美国八国受众的情况对中国武术文化软实力综合指数构建进行实证研究，为中华武术对外传播获取了可靠翔实的数据。在武术文学作品的研究上，尚未有深入的有关武侠小说在欧美国家的译介传播研究，仅发现以翻译网站 Wuxia World 为例的网络武侠小说在英语世界的传播等主题较为宽泛的论述，相比之下，对武侠电影在欧美国家文化传播的研究颇多。

3.3.2.2 传播现状

中华武术在欧美的传播不如在亚洲国家的传播广泛和深入，这与地理、政治、经济、文化以及价值观等诸多因素有关。中国武术文化在欧美的传播得益于 20 世纪 70 年代流行的功夫电影，李小龙、成龙等武打电影演员将中华武术传至世界各地，使东方武术在西方寻到了生根发芽的"土壤"。中华武术深厚的文化价值令西方人着迷，它尊重人与自然，有助于修身养性，可以让人从中寻找到很多人生哲理。虽然中华武术已经"走出去"，但是欧美民众对其认知仍停留在表层，很多人认为中华武术非常玄秘，甚至存在武术"妖魔化""虚幻化"等误解。总体而言，中华武术在欧美的传播具有以下特点：

1）传播受众以亚裔为主，欧美本土受众少。中华武术在欧美地区的传播受众十分广泛，包括武术爱好者、运动员、武术研究人员等不同类型的人群，这些人群的参与在不同程度上促进了武术在欧美国家和地区的传播。郭义轩、闫亚平（2022）通过实地调查发现，在欧美武术练习者中，亚裔人数最多，欧裔次之，拉丁裔、非洲裔等相当少。对美国俄勒冈州波特兰市"美国武术中心"的考察数据显示，亚裔习武者中的华裔人数居多，说明美国受众更愿意接受与自己族裔贴近的文化。中华武术文化很难像进入亚洲国家那样进入欧美文化话语体系，不同文化间的异质性根深蒂固，难以真正被欧美本土民众所接受。

2）传播内容以武术套路为主，武术文化内涵少。中华武术在欧美的传播主要以武术套路教学为主，武术教练更关注于武术套路和动作的技术传授，对武术流派或武术文化内涵的阐释较少。中华武术在漫长的历史形成过程中，其背后蕴含了丰富而古老的中华文化，武术也不再仅仅是"武打"和"武功"，而是一种科学、艺术和文化的传承。另外，武术传授内容虽以套路为主，但其动作标准与技术要求也因门派的不同和流传的遗失而千差万别，而且缺乏精品、经典的套路推广。如果针对同一套动作，不同的教练有着不同的标准，那么可能会使国际学员对中华武术产生怀疑，不利于武术的国际传播与推广。

3）传播主体以官方组织为主，推广模式受限。中华武术在欧美地区的传播主体主要分为两类，一类是中国政府支持的官方机构，例如孔子学院、中华武术总会等；另一类是民间组织，如个人开办的武馆等。这两类组织相辅相成，共同促进中华武术的传播和推广，但是在现实中，二者的融合程度不够。孔子学院的资金来源于中国政府，而非市场化运营，没有教学等经费的额外收入。根据张越（2018）的调查，美国亚利桑那大学孔子学院开设的陈式太极拳学习班等，面临费用不足和教练缺乏的困境。在教学目标的设定方面，孔子学院的武术课程并未达到专业水准，未能根据美国学员的技能基础、身体条件和文化特点等进行科学系统的课程设计。多种原因导致学员流失现象比较严重。在这种情况下，中国武馆、俱乐部等机构为了保证生源、维持经营，就要大大压低学费，这样就减少了经营收入，生源也大量流失，这在无形中造成了一种恶性竞争的循环，制约了武馆和俱乐部的发展。

4）传播途径以文化活动为主，形式欠多元。除了图书出版、网络和影视等大众渠道，中华武术在欧美地区的主要传播途径是武术学校和社团组织的武术比赛、武术表演、文化活动以及传统文化教育等渠道。武术文化活动交流对中华武术在欧美地区的发展起到一定推广作用。如，2011年中国武术协会和中国常驻联合国代表团在纽约联合国总部举行中国武术专场演出，主题为"和平、友谊、健康"；2017年，国家体育总局与国际武术联合会共同发起以"和谐、健康、共享"为主题的中美文化交流武术系列表演活动，在联合国总部、时代广场、纽约市政厅和美国宾夕法尼亚大学举行。尽管武术表演、武术比赛等文化活动能够吸引当地人欣赏的目光，满足受众的观赏需求，但引起受众关注的时效性有限，要引起文化的共鸣、产生深远的文化影响，需要持续的时间和融合的空间，武术传播主要依靠华人华侨开办的武馆等常驻组织，传播途径的多元化尚为欠缺。

5）传播效果以短期效应为主，发展规划不足。在西方民众对中华武术的认知和接受过程中，李小龙的早期电影如《猛龙过江》（*The Way of the Dragon*）、《唐山大兄》（*The Big Boss*）、《精武门》取得了较好的传播效果，让西方观众更深入地领略了中国功夫的魅力。新一代功夫明星的武打电影进一步巩固了 Kung Fu 在世界的知名度和影响力。他们为中华武术的国际传播作出了重要贡献。但此后鲜有更具影响力的中国功夫片继承和突破。另外，很多国外武馆开展的武术培训班多是短期性质，学员往往在短期学习后，不再后续投入精力，这不利于武术长期、可持续发展目标的实施。在传播效果研究上，针对欧美群体接受效果的调研或根据传播效果作出的发展规划不够深入和持续，仍处于一种零散的状态。

3.3.2.3 应对策略

1）扩大受众面，研制分层化传播策略。同其他地区趋同，欧美国家的武术文化传播策略需要科学策划，并针对欧美受众接受特点制定精准分层的传播策略。例如面向欧美青少年群体，可利用游戏化、趣味性的资源吸引其兴趣；面向青年影视剧受众，可以利用明星功夫电影等流行文化元素，增加受众的兴趣和接受度，在保留中华传统武术文化精髓的基础上，糅合欧美国家的文化元素，增强欧美叙事话语风格；面向中老年群体，可以重点宣传中华武术的保健养生功能，发扬中西医相结合的医学理念，例如开设太极拳培训班，开展武医与养生知识讲座的宣传，为受众提供锻炼身体和提升健康水平的平台。此外，精准分层的传播也可从政府官员层面进行推广设计。例如，俄罗斯总统普京曾于 2006 年和 2013 年两次到访河南登封少林寺，观赏少林武僧表演，对武僧表演给予高度评价。在观赏了八岁小沙弥的"童子拜佛"表演后，普京兴奋地将小沙弥抱起来扛在肩上，表现出他对中国功夫的强烈热情与高度赞赏。早在 2003 年普京就已将两个女儿送往俄罗斯少林武术研修中心（1999年开设）学习中国功夫，旨在让孩子们学习中国文化和中国功夫，强身健体，增强意志。从这一传播案例来看，中华武术不仅在民间得到百姓的广泛欢迎，以国家领导层为传播对象的"武术公共外交"也能够进一步促进武术文化在异域的传播。

　　2）注重文化性，加强多样化内容传播。中华武术的对外传播与交流受到文化差异的影响，可能产生理解障碍，通过增强武术文化传播内容的多样化，注重其文化性，考虑目标受众的文化背景和习惯，能够帮助国际受众增强对中华武术的跨文化交流和理解能力。在向欧美受众介绍中华武术时，我们可以强调其文化哲学和思想道德背景，以及习练中的身心合一理念，以适应受众对身心健康和哲学思考的需求；但是在传播过程中，也需要注重文化自信和文化保护，避免因为过度迎合受众需求而导致中华武术传统文化内涵和价值观念的失真或弱化。例如，在 2019 年"华夏风·功夫情"武术巡演欧洲行活动中，来自北京体育学院的师生们用武源、武艺、武战、武乐、武韵、武侠、武舞、武魂八个文化内容为主题呈现武演节目，向葡萄牙科英布拉大学的师生演绎出中国武术深邃的文化内涵，以更加契合于"创新对外宣传方式，着力打造融通中外的新概念、新范畴、新表述，讲好中国故事，传播好中国声音"的国际叙事方式，在海外受众心中构建了以中华武术文化为代表的中国国家形象。

3）建立合作型传播主体，提升参与度。孔子学院是中华文化和语言的传播机构，而武馆则是传播中华武术的重要场所。它们的最终目的都是推动中华文化在国外的传播与交流，二者如能合作协同将促进彼此双赢发展。孔子学院可以向个人武馆提供中文语言课程和传统文化课程，如中文教学、汉字书法、中国文学和中国传统文化等，帮助武馆学员更好地了解中华文化和语言，进而了解中华武术的文化内涵和历史背景。孔子学院和个人武馆可以合作开展中华武术的教学和培训，例如，武馆教师可以为孔子学院教师提供专业的武术培训，而孔子学院教师也可以向武馆学员讲授外语和中国传统文化。另外，二者还可以联合举办中华文化和武术的交流活动，例如，中华武术展览、文化节日庆典、文化体验活动等。加强合作关系有助于吸引更多欧美国家民众参与活动，了解中华武术文化，进一步推广中华文化和武术精神。

4）借助新媒介，拓展网络化传播渠道。在当前飞速发展的信息化时代，社交新媒体已成为人们获取信息和交流的主要方式之一。针对不同的社交媒体平台，可以创作中华武术的相关内容，结合平台特点和受众喜好设计推广方案，在国外流行的社交媒体平台发布作品。另外，可以开发以武术为主打元素的相关网络竞技游戏。2024年，电子竞技正式成为奥运比赛项目，已不再是一项纯粹的娱乐活动，而是一项被公认的正式运动项目。在游戏世界中，全球玩家可以共同组队完成任务，中华武术凭借其丰厚的文化内涵和不胜枚举的动作套路特点与优势无疑会在电子竞技领域中占据一席之地，成为电子类竞技游戏的创作源泉。通过量身定做的武术游戏任务，游戏玩家既能获得良好的游戏体验，又能增进对中华武术的了解，有利于提升中华武术国际影响力。此外，中国武术对外援助也在东欧国家开辟了武术培训新模式。从 2019 年 12 月开始，中国商务部武术对外援助海外培训班在拉脱维亚正式开班，通过课堂授课、现场教学、专业实习实践、专题讲座、座谈交流等形式，对学员进行陈氏太极拳、太极刀和太极剑的文化历史、武术套路、基本功能等方面的专门培训，广大学员通过理论与实践相结合的方式了解武术文化的深厚内涵，感受并体验中国武术文化的博大精深。2019 年以来，这种海外培训模式一直未曾间断，且陆续开发了远程视频的武术授课模式，值得在其他国家的援外培训项目模式中推广。

5）建构标准化，增强国际化传播效果。中华武术对外传播应加强专业化和标准化的运作和管理，传播主体应发挥主体作用，制定统一的推广标准和流程等。目前，国际武术联合会在全球拥有130 多个会员国家，这有利于我国武术界通过国际武联的组织关系优势，进一步加强与欧美武术界的交流合作。专业和标准化的运作和管理，能够提高中华武术对外传播的质量和效能，增强外国受众对中华武术的深度认知和理解。标准化不仅是指武术规范标准化，还包括媒介语言标准化，比如美国、澳大利亚等国的华人社区主要以粤语作为汉语或中文的标准（程曼丽 2023）。国际传播效果测评可借助受众调查法和内容分析法，通过受众对中华武术的满意度调查结果，了解欧美国家受众对传播主体国及其所传信息的接收、满意程度，以及在此基础上形成的情感态度。

3.3.3 拉美——广为接纳、方兴未艾

中国与拉美国家虽然地理位置相距甚远，但在历史上早有往来，特别是海上丝绸之路带来的跨洋贸易。1960 年，中国与古巴正式建立外交关系，开创了中国与拉美外交的里程碑。中国外文局关于中国国家形象全球调查结果显示，44%（2017 年）、46%（2018 年）的海外受访者认为最能代表中国文化的元素之一是"武术"。其中 2018 年的调查结果表明，墨西哥、巴西、智利、阿根廷四国受访者对中华武术的选择比例偏高。可见，当地民众对中华武术已具有一定认知度和接受度，中华武术文化在拉美国家的传播具备良好根基。

3.3.3.1 研究现状

在中国与拉美交流合作关系日益发展的背景下，海外中国文化交流协会、华人华侨或国内拉美学者开始关注拉美地区中华武术文化的传播研究。马抱抱、You Huang（2017）根据玻利维亚中国文化交流协会的武术教学经验，提出武术国际传播的八大策略，包括：与孔子学院合作、与国际武术联合会加强联系、接受驻外使领馆指导、开发本土武术教学资源、提高武术传播的针对性、助力武术教练提高素质、创新网络传播媒体资源、推广规范标准体系。程晶（2017）梳理华人华侨推动中国与巴西武术文化交流发展的成功经验，归纳为结合武术技术与文化传播、发挥当地主流媒体作用等。林卫国（2019）以山西拳师武朝相为例，梳理华人助力巴西"中国功夫热"的文化传播经验，诸如创办形意功夫馆，言传身教、身体力行。孟夏韵（2019）对中国文化在拉美的传播案例作了梳理分析，认为中国武术经过几代华侨华人的文化传承已融入当地民众生活，受到普遍认同与接受。

国外学界有关中华武术文化在拉美地区的研究较之中国学界甚少，Menéndez（2015）、Esteban（2015）从中外文化交流视角提出，中拉文化交流加深的表现形式之一是武术文化交流活动在拉美各国的频繁互动；García & Tello（2019）认为中国武术在拉美地区的传播是践行中国特色大国外交、提升中国文化影响力的实践方式。这些研究成果的产生与当今中国与拉美地区的政治、经济、文化等交流现状不无关系，但多见于基于国际关系的宏观论述和基于经验的案例陈述，从语言、文化、翻译、译介方面的研究尚未发现。这说明学界在翻译学、语言学与体育学等跨学科研究领域尚有挖掘空间，语言、翻译与武术相关专业的复合型人才亟待培养。

3.3.3.2　传播现状

1）传播主体的语言和专业技能仍有局限性。华侨华人是中华武术在拉美传播的中坚力量，占有地缘、人缘、语言、文化等多重优势。在拉美国家中，巴西是华人华侨人数最多的国家。在拉美参与武术传播的华人华侨主要有三类：武术运动员或退役后的武术教练、中文教师以及武术从业者。在中华武术对外传播中，孔子学院或孔子课堂的外派汉语教师会临时充当武术文化传播者的角色，但他们大多不具备武术功底，只能照本宣科或充当翻译的角色，并不能深刻诠释武术专业知识，难以对武术技术规范作出示范；武术运动员或退役后的武术教练以及武术从业者虽是专业精通者，但短板是语言能力不足，导致武术文化内涵传达不够精准，限制了武术国际传播的效果和质量。

2）传播内容的展演客观条件受限。当前中华武术在拉美传播的主要内容可分为三大类，分别是传统武术、竞技武术和舞龙舞狮。传统武术包括太极拳、洪拳、气功等，竞技武术包括南拳、少年拳等拳种以及南棍、南刀、自选枪等器械。在秘鲁，舞龙舞狮是中华武术文化传播的特色内容，影响力和吸引力较大，受众人群稳定。但是在玻利维亚等其他拉美国家，舞龙舞狮的武术文化表演受限，主要是由于道具、器械、场地、资金等的客观条件限制，制约了中华武术的对外传播（马抱抱、You Huang 2017）。

3）传播渠道的新媒介方式有待扩展。中华武术在拉美地区的传播以当地武术协会、孔子学院或体育院校、华人华侨开办的武馆等渠道为主。20世纪70年代，李小龙的功夫电影使中国功夫在全世界范围内引起轰动。在拉美地区，《琅琊榜》与《楚乔传》两部古装剧被成功译制并在主流媒体播放，《楚乔传》在哥伦比亚、墨西哥、秘鲁等拉美地区受到好评。曾有受众调查显示，拉美观众钟爱的中国电影类型中，武打动作片占比最高，中国功夫片在拉美地区吸引了大量粉丝，许多网友剪辑了功夫片中的打斗场面合集（徐秀杰 2023）。据 Blu-ray 网站显示，位列世界十大功夫影片的《龙争虎斗》（*Enter the Dragon*）在巴西地区评分为 8.0，受欢迎程度为53%，并于影片上映同年发行英文、西班牙文、葡萄牙文、希腊文、希伯来文等多种字幕版电影。另外，当地华人华侨还组织出版西班牙文与葡萄牙文相关的武术书籍、创办期刊和网站，接受主流媒体关于中华武术文化的访谈、在特定场合播放武术影视，通过这些方式提升中华武术在拉美地区知名度和享誉度。例如，《巴西太极拳》《咏春拳》等葡萄牙文期刊的创建，《北少林拳》《少林鹰爪拳》等系列武术论著的翻译出版等，通过媒介有力推动了中国武术在巴西社会的传播（程晶 2017）。但是在秘鲁、玻利维亚等国家，涉及武术的报纸杂志种类较少，而且随着互联网的兴起，传统媒体地位和影响力均有下降趋势，新兴媒介等其他传播方式有待开发和扩展。

4）传播受众的群体特征具有特殊性。中华武术在拉美地区的主要受众人群为青少年，其中男性多于女性。由于传播受众群体的身形、体重等身体特征，他们在练习空翻、旋风腿、单飞腿等动作时困难较大，武术肢体动作在灵活轻盈程度上与亚洲人有所差异。另外，由于武术练习需要长期连续性的体能、技术训练，才能达成熟练的套路动作和准确的招式动作，而更多拉美受众主要将习武作为强身健体的业余爱好，因此难以保证习武时间和专业化训练强度，能够达到参与武术竞技赛事级别的武术爱好者少之又少。此外，中华武术中的许多传统理念与当地文化存在差异。中华武术强调尊重师长和传统礼仪，而部分礼节可能与拉美国家的文化不相适。例如，玻利维亚中国文化交流协会在举办武术文化活动时就感受到这种文化差异，中国尊师重道的师徒观念在这里难以实现（马抱抱、You Huang 2017）。

5）传播效果的制约因素有待破解。传播效果是传播行为的最终目标，体现传播内容对受众思想、态度和行为的影响程度。巴西是西半球最大的发展中国家，在拉美国家中，巴西的华侨华人最多。1974 年，巴西著名的报纸《圣保罗州报》首次刊文介绍陈国伟师傅的中巴武术学院；次年，巴西主流报纸《圣保罗页报》刊登了圣保罗地区的中国功夫表演活动。中华武术成为巴西社会最受欢迎的武术项目之一，圣保罗作为巴西华侨华人第一大聚集地被誉为"拉美武术的中心"（程晶 2017）。然而，拉美地区民众普遍对武术认知不足，无论是在文化还是技术层面，都存在着较大的提升空间。尽管拉美地区具有丰富多样的文化和历史背景，但是对于武术文化的深入了解和掌握仍相当欠缺。这种现象不仅制约了当地武术文化的发展，也限制了拉美地区武术爱好者的个人成长和技术提高。

3.3.3.3 应对策略

1）传播主体间的协同合作。孔子学院与各武术会馆间应加强协同合作。孔子学院教师具有熟练使用当地语言的能力，武馆教练熟知武术套路与技巧的专业知识，二者协同合作的武术教学效果定然优于各自为营。拉丁美洲的文化多元交融，东西方文明文化的交流、非洲黑人原始宗教观念与当地印第安人的文化交织，塑造了独特而神奇的人文环境。中华传统武术的神秘色彩和舞龙舞狮的精彩武演吸引拉美民众的兴趣和关注。在这样的文化背景下，两个传播主体可共同组织举办武术比赛或武术表演，提高当地民众对于武术的认知程度，激发更多国际群体学习武术的兴趣。此外，可以充分利用传播主体中的个体效应，将个性化策划和宣传作为经典传播引领，推广中华武术文化，例如玻利维亚前外交部长瓦纳库尼从18岁开始见识到中国传统武术，33岁时到中国少林寺拜师学艺的经历。他对中国功夫具有深厚兴趣，曾真正进驻少林寺与僧人同吃同住、学习少林功夫、武学精神和少林禅学，成为中华武术文化在拉美甚至全球传播的代表，为中玻、中拉友谊的发展作出了引领性的贡献。将"外国人与中国功夫的故事"进行经典化叙事，以外国习武者"第三只眼看中国"的视角讲述与中国武术的故事，能够更鲜活、生动地传播中华武术，进而使武术传播进入"公共外交"与"民间外交"主体的视野当中。

2）专业技术与文化内涵的紧密契合。武术教学不仅应包含武术套路招式等方面的教学，还应同时贯穿武术文化、武术史、中华文化、思想道德等方面的知识架构和培养目标；可以在传统教学中嵌入现代媒体技术，通过改变教学模式提升武术教学效果，例如，利用虚拟仿真课程和情景化沉浸式教学模式呈现武术文化精髓。武术技术教学在强调动作攻防格斗含义的同时，讲述中华武术文化故事，将武术的实际应用价值与文化价值相结合，传播武术精神。

3）传统与现代传播渠道的融合发展。互联网的发展演进深刻改变了人们的生活方式和社会结构。随着信息技术的不断创新和进步，互联网取得了突飞猛进的发展。海外传播中华武术要特别重视传统纸媒、影视剧与现代互联网传播的结合，这会很大程度上改善武术传播的现状。国际武术联合会、中国武术协会应鼓励各海外会员单位在各大主流网络平台上建立自己的公共账号。同时，中国武术现有文化资源形式不够丰富，仅凭借功夫片的出口宣传远远达不到预期传播效果，通过 Sora 等现代技术手段制作武术动漫、武术绘画、武术摄影、武术文学、武术音乐等多种艺术形式的文化资源，推动其在网络上广泛传播，带动国外受众学习武术的兴趣。

4）教学要素间的联袂互动。在中华武术文化传播过程中，武术教学是主要的技术传播形式。教师、学生、教材是教学三要素，教师作为主要教学执行者，需要根据拉美学生的特点和技术程度设置教学课程和大纲等，选编适合拉美教学对象的教材，要非常深入地了解当地文化和学生的需求，调整教学内容、方式和教材，以适应当地的教学与传播。例如武术礼仪方面，武术教练应试图改变学生对文化差异的认知误解，向学生深入讲述文化背景知识，让学生了解每一个套路招式背后的中华武术故事，使学生在理解中国的基础上接受中华文化。同时，教学中可强调中华武术的健身和保健功能，帮助学生更好地接受和理解中华武术的全球价值和世界性意义。

5）中拉国际交流效果的提升。中国武术协会为促进武术在拉美地区的发展提供了巨大支持和帮助，例如，鉴于拉美地区本土武术教学资源和师资力量的局限，中国武术协会多次派遣优秀武术教练前往秘鲁、巴西、玻利维亚等国进行武术教学和培训。针对教学资源匮乏的问题，我国还可通过捐赠、影印图书或赠予电子图书资源的方式，向拉美地区输出武术相关教材或文化传播译本；其次，根据拉美地区的多语言文化特点，整合多语种高级翻译人才库，通过教育培训中的人文交流项目，派送中国武术专业运动员和精通拉美地区语种的高级国际传播人才，定期进行互动交流。由于文化、地理等多重因素影响，武术在拉美地区各个国家的传播效果大相径庭。例如，巴西的武术发展水平相对较高，那么可重点加强巴西与拉美其他武术欠发达国家或地区的武术交流，推广武术发展较好国家的实践经验，提升武术文化传播效果。

3.3.4 非洲——中非友谊、武术为媒

非洲的全称是阿非利加洲，意思是阳光灼热的地方。20 世纪五六十年代开启了中非关系新纪元。中国和非洲国家之间经受了时间和国际形势风云变幻的考验，建立了浓厚的传统友谊和良好的合作关系。中华武术文化作为文化载体，在非洲国家的传播起到了推动中非关系的纽带作用。非洲民众通过中华武术文化的媒介进一步了解中国，成为中非外交合作的"软"平台。

3.3.4.1 研究现状

关于中华武术文化在非洲国家的传播，国内武术专家与学者主要从中华武术文化在非洲国家的传播模式、影响因素、方案设计等视角研究，比如何迪的《中国武术文化在非洲传播模式的研究》(2014)、陈鹏的《中国武术在埃及的有效传播研究》(2014)、李小慧的《中华武术推向坦桑尼亚国的方案设计》(2016) 等。还有一些学者聚焦以孔子学院为平台的武术文化传播，包括中华武术在孔子学院开设课程的可行性与必要性、中华武术课程设置与教学大纲的设计等以孔子学院武术课堂教学为案例的分析论述，比如王旭东

的《对非洲五国孔子学院武术课堂开设情况的调查与研究》(2014)、韩晓明的《冰岛、挪威、喀麦隆三国孔院武术教学现状的比较研究》(2016)、谢沛东的《"一带一路"背景下塞拉利昂大学孔子学院武术文化传播研究》(2021)、郭艳的《中华武术在孔子学院武术课程中传播的实践与思考——以博茨瓦纳大学孔子学院为例》(2021)等。这些学者中有武术专业研究者,有非洲孔子学院的汉语志愿者和攻读学位的体育专业学生,研究成果是基于当地长期或短期的教学实践、实地观察和田野调查而得出的数据结果和经验总结,具有真实性和可靠性,能够客观地反映中华武术在非洲的传播现状。

3.3.4.2 传播现状

非洲是世界第二大洲,其开展中华武术运动的标志是 1998 年 8 月非洲武术联合会在埃及开罗的成立。当时,来自埃及、阿尔及利亚、摩洛哥和利比亚等国的代表参加了会议,共建有 6 个会员协会。发展至今,非洲武术联合会已拥有三十多个会员单位。中华武术肩负着促进对外文化交流、增进中非人民之间友谊以及弘扬中国传统体育文化的使命,通过驻外使馆、文化中心、孔子学院、中国武术表演团、武打影视等多种渠道和形式走进非洲国家,掀起一股又一股的"武术热",乘此东风并围绕"积极稳步地把武术推向世界"的战略实施,武术在这些地区迅速传播发展。然而,中华武术在非洲的传播也面临诸多问题:

1)传播主体中的语言与专业问题。除了组织传播主体中的官方和民间组织在发挥武术文化传播的功能外,个体传播主体也在非洲国家的武术文化传播中发挥作用。国际传播中的语言媒介问题具有普遍性。中国武术文化传播对传播者提出非常高的要求,除了具备武技武德外,还需拥有良好的双语转换、文化阐释和话语表达能力。现实中，真正能够准确、清晰地用外语表达中国武术动作要领及其文化内涵的武术传播者寥寥无几，中华武术国际化专业人才缺失，师资力量匮乏，尤其是既懂武术，又熟悉外语，并了解传播学规律的专业人士更是凤毛麟角。非洲拥有约 2,000 种不同的语言，其中最为广泛使用的是英语，此外还有法语、阿拉伯语、葡萄牙语、西班牙语等殖民时期遗留下来的多种语言。非洲人民深深根植于自己的文化和语言当中，很多非洲人在家中使用本土语言或方言交流。因此，中华武术文化在非洲的深入传播亟需多语种的武术专业人才。

2）传播内容中的武术文化与武术技能教学问题。非洲国家的武术文化传播内容方面也存在与其他地区同样的问题，即文化内涵上的外宣不足。大多数传播主体偏重武术动作技能的教学，如套路、武术动作和器械等，往往忽视了武术精神文化等方面的传播内容。非洲国家孔子学院的武术课程多以俱乐部或选修课形式开展，教学模式相对单一，而教材教具、经费和场地配置不足等问题也制约着课程建设。孔子学院是中国传统文化走向世界的重要窗口与平台，根据中国国际教育基金会网站统计，截至 2023 年，中国在非洲已建孔子学院 62 所，孔子课堂 48 个。孔子学院和孔子课堂是中华武术文化面向非洲国家进行国际传播的重要阵地，也是除大洋洲外最有潜力扩展的区域。其中，喀麦隆孔子学院分别在雅温得、马鲁阿、杜阿拉设立三个分院，在这三个分院中，只有雅温得配备一位专业武术教师。非洲武术教学的师资力量匮乏，阻碍了武术在非洲发展的专业化道路。中国商务部、文化和旅游部等部门实施的中国对外援助项目将外国武术运动员或教练员邀请到中国，如河南少林寺，进行武术专业培训。少林寺自 2013 年起开始承办"少林功夫非洲学员班"，截至 2023 年已举办六届。每届都有 20 名左右来自非洲各国的"洋弟子"到少林寺习武修禅，体验3个月少林生活。2008年到2019年，每年均有来自全球各地的"洋弟子"2000余人次住在少林寺亲身感受和深度学习少林武术。这一项目形式解决了文化与教学的衔接问题，非洲武术学员可以在中国武术的真实文化环境中沉浸式感知中国文化，打破了语言和文化的障碍。

3）传播渠道中的网络与多语问题。虽然近年来在非洲国家的武术活动陆续开展，但宣传力度仍显不足。大部分非洲民众从影视作品中获知中国武术，影视作品在对武术的传播和推广中起到了决定性作用，也近乎成为非洲大众了解中华武术的主要渠道。非洲喀麦隆的部落首领后代是少林寺的首个非裔弟子，他通过网络了解中国武术，在少林寺被方丈亲赐法号"释延麦"，努力学习汉语和功夫，后来成为国际专家级武术裁判。据《环球时报》记者采访调研显示，非洲人目前最喜爱的中国影视作品主要是功夫片、喜剧片等，比如《功夫之王》(*The Forbidden Kingdom*)、《英雄》(*Hero*)、《少林足球》(*Shaolin Soccer*)等。在当今互联网高度发达的信息社会，武术国际化传播也必将与网络时代同频共振。以埃及为例，埃及的网络覆盖率已遍及全国各处，但调查显示，利用网络媒体了解中国武术的埃及青年仅占极小部分，通过书刊杂志和网络媒体了解武术的受众人数寥寥，预期效果并不理想，原因是缺乏阿拉伯语的武术书籍和针对埃及受众语言偏好的网络平台。

非洲是一个具有丰富的语言多样性的大洲。非洲语言主要分为五个语系，分别为：亚非语系（又称闪含语系）、尼罗—撒哈拉语系、尼日尔—刚果语系、南岛语系、印欧语系。此外还有许多比较小众的语系和孤立语系，以及未分类的语言。原先划分出来的科依桑语系（集中在非洲南部）是一种过时分类，内部没有语系关系，估计在非洲总共有1,250到2,100种语言（随语言和方言的界线划分而定）。非洲的本土语言之中，一些语言被广泛使用，使用者有数千万之多，有明确的文字系统和标准化规范；其他语言则被少数人群使用，使用者仅几百人，且没有书面形式或标准化规范，其中多为濒危语言。此外，非洲各国的语言分布也非常复杂，不同地区可使用不同语言，有时还会出现多种语言共存的情况。因此，非洲国家丰富的语言多样性特征也影响了中华武术在非洲的传播，完全满足非洲的多语言需求并不符合现实。

4）传播受众中的文化背景问题。当传播内容适应传播受众的文化背景时，才能充分得到传播受众的关注，因为人们总是习惯于先接纳与自身文化较为相似的文化。作为一种除语言之外的深层次"转换"，国际传播中的文化对接包括与国际通行的认知、规范体系对接以及与传播对象国的社会文化习俗对接（程曼丽 2023）。尽管有些非洲民众对中国武术文化有浓厚兴趣，但对中国武术文化所蕴含的哲学理论等并没有深入理解，难免产生对中国武术文化的误解。由于各国文化背景的不同，对于中国武术文化的理解需要一定过程才能实现深层次的"文化对接"和"文化转换"。图书出版是文化传播的重要途径，2011 年，在非洲的首所中国文化出版中心由中国浙江出版联合集团与肯尼亚内罗毕大学合建，《孙子兵法》等中国武学书籍更广泛地传入非洲，标志着中国图书在非洲的传播迈入新里程。中国驻坦桑尼亚使馆将《武经七书》《孙子兵法》等武学书籍赠送坦桑尼亚政府部门，通过《孙子兵法》讲座等形式传播中国传统武学文化。莫桑比克蒙德拉内大学孔子学院、毛里求斯中国文化中心等国外中国机构也纷纷掀起中国文化面向非洲传播的热潮，如推介中国围棋、京剧脸谱和《孙子兵法》竹简，赠送《论语》《老子》《孙子兵法》等中国古代文化书籍，举办太极培训班等，通过这些形式"润物无声"地解决中非异质文化理解问题。

5）传播效果中的地域差异问题。非洲国家的地域差异是影响中华武术文化传播效果的主要客观因素。中华武术文化在非洲的传播速度相对缓慢，武术受众人群数量也远远滞后于欧美等发达国家。究其原因，一方面，许多非洲国家仍在遭受贫困、粮食欠缺、社会不稳定、种族冲突、经济发展缓慢、贫富差距巨大等问题的困扰，在精神文化追求和吸收他国文化方面仍有较大提升前景。另一方面，非洲地处热带，以高原地形为主，艰苦的自然环境影响教师前往非洲国家任教的意愿，中华武术教练师资相对匮乏。因此，非洲客观存在的社会和自然环境对中华武术文化传播产生了一定制约和限制。

3.3.4.3 应对策略

非洲文化是一个极富特色和独立性的文化系统，其独特性也源于本身文化的多样性和复杂性。中华武术文化在非洲国家的传播，需要基于非洲文化特色，依托中非国际交往基础，对传播过程中的问题制定相应策略。

1）完善武术教师师资队伍体系建设。师资力量是中华武术文化在国外传播的核心要素，也是传播主体之一，师资队伍建设在武术传播过程中尤为重要。为此，需要作以下努力：首先，加强武术教师师资队伍培训。比如对现有汉语教师进行武术文化知识培训，帮助他们在教学过程中浸入一些武术文化知识的讲解与传授，以文化对比和贴近非洲文化的方式输入中国文化；也可对武术专业教练进行语言与文化的培训，使武术教师能够在教学中通过简单的专业外语进行套路招式的演示。其次，加强武术教师师资队伍的输出。比如鼓励外派高校武术专业毕业生和教师到非洲孔子学院或武术俱乐部担任实习教师、志愿者，加强武术教师外交礼仪、文化外宣和语言培训等专业化师资队伍建设。此外，还可吸纳非洲优秀的武术爱好者或运动员、教练员参与到国际师资队伍中，增强语言沟通和文化融合，扩大武术文化的亲和力和国际影响力。全球化背景下的中华武术文化对外译介需要加大对专业武术翻译人才的培养力度，全面提升武术翻译专业人才的翻译水平和综合素质。高校是培养翻译人才的第一阵地，学校需加大力度建设武术文化对外传播的师资力量，制定系统、科学、规范、专业的人才培养计划，重视课堂、实习、毕业设计等各个环节的翻译教学，创新翻译教学方法和手段，促使学生熟练掌握针对武术特征的翻译技巧和方法，进而培养优秀的武术翻译人才。

2）持续优化武术教学课程设置。由于孔子学院的武术教学是中华武术在非洲重要且直接的传播方式，武术教学课程设置决定了武术传播的主要内容。传播主体中的官方组织机构可组织武术教师编写教材，非洲国家官方语言以英语和法语为主，可根据非洲国家的武术学习需求和语言政策，编写以英语和法语为主的图文并茂的多语种武术通用教材和专门教材。另外，利用全球 5G 技术应用平台，通过建立网上武术数字图书馆或在特殊条件下开展武术远程视频课程教育，可以在一定程度上解决师资短缺、地理空间和时间的局限性问题，使非洲武术学员足不出户便可学习到规范的专业武术技能。除了进行理论讲授与技能教学外，还要注意引导学生更深刻地认知中华武术文化，通过了解中华武术文化进而理解中华传统文化，营造浓厚的武术文化交流氛围，以促进非洲民众对中国文化的广泛认同与接受。

3）深度拓宽武术传播新媒体渠道。传播渠道是桥梁和纽带，中华武术文化的传播渠道在每个国家都不尽相同。推动中华武术文化在非洲的传播，离不开传统媒体，但信息化时代给世界文化发展带来新契机，也为武术国际化传播开辟了广阔前景。新媒体的传播载体以互联网为主，抖音、快手、B站、微博、今日头条等具备多种表达功能的APP、网站、小程序等都属于新媒体形态。中华武术在非洲国家的传播应尽可能利用新媒体、经典译介、演出团访问、文化活动等多样化传播媒介，通过多姿多彩的形式呈现，纠正受众通过影视作品对中华武术产生的曲解，帮助非洲民众正确、客观、全面地认知中华武术。同时，需要加强英语、法语、阿拉伯语等多语种的武术网站建设，提高网站信息更新率，及时向非洲媒体发布中华武术新闻和知识，以丰富新颖的武术信息吸引非洲大众，帮助他们方便快捷地了解、学习武术，实现对中华武术译介的无障碍阅读体验。

4）科学制定因地制宜的传播策略。由于各国地理环境、社会历史、宗教信仰的差异，非洲国家对中华武术的需求也有所不同，不同性别和年龄段的学员对武术的兴趣点千差万别。音乐和舞蹈是非洲文化的重要组成部分，彰显非洲文化的特色与魅力。非洲音乐融合了其传统和现代元素，有时代表着与宗教、社区和文化有关的活动，充分利用非洲的音乐文化、将其与武艺表演相结合是中华武术在非洲传播的创新途径。在埃及孔子学院，太极拳课程（二十四式简化太极拳）受到多数同学的欢迎，他们认为太极拳动作优美且能够强身健体；埃及人普遍身材高大，协调能力、灵活性稍有欠缺，但练习太极拳却不会让他们感到特别吃力。年龄较小且比较好动的学生喜欢长拳课程，特别是最基础的五步拳和稍有难度的初级三路拳。中华武术在非洲国家的推广过程需要考虑学员的个性需求、特点与偏好，据此设置武术教学计划和课程。此外还要看到不同区域、国家武术推广工作的实际困境，依据不同国情，针对不同的文化特点，因地制宜地精准制定传播策略，真正实现"文化对接"和"文明交流互鉴"。

5）及时建立科学的传播受众反馈机制。国际传播受众是指国界以外的受众，具有广泛性、复杂性和多样性特点，按照受众行为的发展过程分为潜在受众、知晓受众和行动受众（程曼丽 2023）。中华武术文化在非洲的传播受众群体具有复杂的文化特征，他们对武术文化译介的理解、认知和接受程度各式各样，就像"一千个演员就有一千个哈姆雷特"。因此，需要有的放矢地展开武术文化对外译介，通过全面了解受众认知心态和发展动态，认真做好受众信息工作反馈，建立科学的受众反馈机制，以目标受众的反馈来衡量翻译传播的准确性和合理性。目前，非洲已有 39 个国家成为国际武术联合会会员，武术练习者超过 300 万人。2018 年，在阿尔及利亚举办的全非青年运动会中，以太极拳为代表的中国武术被列为正式比赛项目，并将于 2026 年在塞内加尔首都达喀尔举办的青奥会上成为正式比赛项目。这表明中华武术在非洲的传播不仅产生了一定效果，而且传播形式和方式始终在拓展。非洲各国的习武者及其普通民众均可成为传播受众反馈机制的调查对象。我们要争取做到通过及时传播、准确传播、权威性传播和针对性传播改变非洲受众对中华武术的认知态度和对华情感，形成有利于中非友好关系和中国国际形象的正向舆论。

3.4 小结

《2023 国际传播研究年度报告》提出，在国际传播的主体研究范畴下，形成基于地方与全球视野，主体多元且深入政治、经济、文化并与之融合的研究趋势，"解构"与"建构"的双重特点并存。

基于全球、国家、地区的视野，研究主体涉及国家、民族、种族、地域、领域、媒介等众多方面。中华武术在全球异域传播的研究既要关涉主体间性、文化间性思维的探索，也要从受众认知视角对传播效果开展针对性、精准性的调查研究，从中华武术的本质特点和发展规律出发，根据不同受众国的特点，依托先进的 AI 媒介技术、网络传媒手段，深度反思文化层面和受众层面对中华武术文化的认知。

本章首先梳理了中华武术国内外传播研究现状，发现国内对于武术传播的发文量总体呈现上升趋势，内容涉及武术传播的多个层面，相比之下，关乎中华武术文化传播的国外发文量较少，这是由中华武术的本土属性所决定。第二节从中华武术文化的两类传播形态出发对中华武术文化传播进行描写与阐释。中华武术文化的国际传播过程中，翻译起着不可替代的作用；然而我国的武术翻译还存在一定的问题，例如文化信息翻译不到位，术语翻译的一词多译、词不达意等，需要政府等官方传播主体进行规范和标准的制定。武术译介的相关出版物在国外发行较少，需要开发小语种资源，提升译文质量，深化武术文化内涵，让更多国家的受众通过精品武术译介传播真正了解中国，理解中国。新媒介的出现为中华武术传播带来新的生机，应扩大宣传途径，借助网络、短视频等媒体平台进行外宣，方便民众利用碎片化时间了解中华武术。第三节概述中华武术文化在亚洲、欧美、拉美以及非洲地区的跨域传播，由于所涉及区域国家范围较大，不能一一尽述，主要针对各地区传播的现状以及出现的普遍性和个性问题进行论述，提出相应对策，以促进中华武术文化分区域、分层次、分类别的精准国际传播。

第四章

中华武术文化译介与传播：个案研究

中华武术文化译介与传播研究涉及翻译学、译介学与传播学，是多学科交叉融合的研究。从译介学角度对中华武术文化的研究，既是语言层面的研究，也是文学和文化层面的研究。正如谢天振所言，文化译介不仅是语言层面上源语与目标语之间如何转换的问题，它更关心的是原文在语言转换过程中的失落、变形、增添、扩伸等问题，还要关心翻译作为跨文化交流的实践活动所具有的独特价值和意义（谢天振 2018）。中华武术文化的译介与传播，既包含文学的译介与传播，也是文化的译介与传播。基于上文对于中华武术文化译介与传播的现状与问题的研究，我们可以归纳为：中华武术文化在文学层面的典型代表是武侠文学；最有效、直接被国际受众所广泛认知和接受的译介传播渠道是武侠影视；文化传播内容中具有代表性的文化符号是少林武术和太极文化。

武侠文学作为中华民族独有的瑰宝，是备受读者青睐的中国文学类型之一；武侠影视以其独特的大众化形式和传播广度，是绝大多数国际受众最早接触和认识中华武术的媒介；少林武术是少林文化中重要的武文化，是我国著名的武术流派之一以及中国传统武术的重要组成部分；太极文化蕴含中华文化的精华，太极拳是太极文化的有形载体，是中华武术的一枝奇葩，也是中华民族对世界文明的重要贡献，广受国内外习武者的推崇和热爱。本章以武侠文学、武侠影视、少林武术和太极文化为个案，分别呈现各自的译介与传播现状、效果与接受现状及策略与展望。

4.1　个案一：武侠文学

武术文化是面向世界各国普及最广的中国传统文化之一（彭石玉、张慧英 2018）。武侠文学是中华武术文化的重要组成部分，富含极具中国元素的侠义精神和神秘的东方色彩，彰显中华武术文化的特色与魅力，激发了大量西方读者的阅读兴趣，诸多武侠文学作品被译介到世界各国。

早在先秦时期，"武侠"文化便已现端倪。"侠"的概念最早见于《韩非子·五蠹》："儒以文乱法，侠以武犯禁。"直至西汉《史记·游侠列传》，"侠"的基本特征被具体勾勒出来——言必信、行必果、诺必诚，舍己为人，谦逊不夸耀。"豪侠"是唐传奇中的三大表现题材之一，被公认为是武侠小说的真正发端。裴铏的《聂隐娘》、杜光庭的《虬髯客传》等都是表现"豪侠"题材的唐传奇代表作，为后世武侠小说的创作带来文学和文化灵感，"仗义""报恩""比武"是豪侠小说的三大故事主题。[1]

20 世纪中期，武侠小说进入强势发展阶段，金庸、古龙的武侠小说在中国文学领域掀起武侠文学热潮。金庸被誉为武侠小说的"一代宗师""泰山北斗"和"武林霸主"等名号，金庸武侠小说成为武侠文学译介传播的重要代表，他的"飞雪连天射白鹿，笑书神侠倚碧鸳"等武侠作品影响深远，在世界范围得到广泛的评介传

1　详见界面新闻网文章《【纪念金庸】武侠小说的前世今生》。

播。金庸与古龙、梁羽生被并称为"中国武侠三剑客"。近年来，武侠小说的翻译受到文学界和翻译界的热切关注，但很多武侠作品是由其热衷者自发在网络上译介传播的，并未通过正规出版社出版。这些网络媒介为武侠网络小说的海外传播提供了平台，也为中国文化"走出去"提供了新路径。

4.1.1 译介与传播——如火如荼"金庸热"

4.1.1.1 译介与传播主体

翻译在中国武侠小说走向世界的进程中始终起着关键性作用。"作品翻译得好不好，能否被国外读者接受，译者的作用至关重要"（王志勤、谢天振 2013）。中国武侠文学在海外的译介与传播中，金庸武侠小说最具代表性，也是被推广和研究最多的武侠文学作品。

20 世纪 70 年代，金庸作品走出国门，在东南亚地区先后被翻译成越南文、泰文、印尼文、柬埔寨文、马来文等版本；20 世纪 80 年代，金庸武侠小说韩文版和日文版问世；1995 年在新加坡、马来西亚出版了汉语简体版本。

鉴于东西方文化的巨大差异，在 20 世纪 90 年代，金庸武侠小说在西方的译介仍处于初始阶段。2004 年，由华裔翻译家王健育历时三年翻译的法译本《射雕英雄传》在巴黎出版，虽然首次出版仅印刷了 1,000 套，且销量平平，但金庸却因这部小说被法国政府颁授"艺术文学高级骑士勋章"。从 2004 年至今，共有《射雕英雄传》《神雕侠侣》《天龙八部》《侠客行》四部金庸小说得以在巴黎友丰书店以法文出版。

2018 年，金庸《射雕英雄传》中文版出版 60 年后，《射雕英雄传》第一卷英译版才得以在欧美出版问世。截至 2023 年，金庸的

15 部小说中仅有 5 部出版了英文全译文，分别为莫锦屏翻译的《雪山飞狐》(1993)、闵福德翻译的《鹿鼎记》(1997，1999，2003)、晏格文翻译的《书剑恩仇录》(2005)、由郝玉青和张菁合作翻译的全四卷《射雕英雄传》(*A Hero Born*，2018；*A Bond Undone*，2019；*A Snake Lies Waiting*，2020；*A Heart Divided*，2021) 以及 2023 年出版的由张菁翻译的《神雕侠侣》，这些武侠小说在海外的发行与传播离不开译者的努力和出版社的支持。

《雪山飞狐》由香港中文大学出版社于 1993 年出版，后于 1996 年再版，2004 年第三次印刷。译者莫锦屏的翻译特点是尽可能地还原原文本细节，包括地图、武术兵器插画、穴位、故事引言和角色介绍等。《鹿鼎记》英译本共三册，由英国汉学家闵福德翻译，由牛津大学出版社分别于 1997 年、1999 年、2003 年出版。《书剑恩仇录》英译本由牛津大学出版社于 2004 年出版，译者保留了大部分情节，但删去了大量涉及文史典故、人物详情、心理活动和打斗场面等细节的描写。2012 年，从事中文图书版权代理及文学翻译工作多年的郝玉青决定翻译《射雕英雄传》。在出版经纪人将郝玉青试译的《射雕英雄传》部分章节提交给麦克莱霍斯出版社后，双方迅速达成出版共识。随后，"射雕三部曲"（包括《射雕英雄传》《神雕侠侣》《倚天屠龙记》）的英文版权顺利签约。在《射雕英雄传》这项庞大的翻译工程中，瑞典译者郝玉青主要负责第一、三卷的翻译工作，张菁是郝玉青的主要合作译者，负责翻译第二、四卷。2021 年 3 月 25 日，《射雕英雄传》最后的英译本 *A Heart Divided* 推出，从版权输出到整套书翻译完成并出版历时近十年。译者和出版社作为小说海外传播的主体，在武侠小说的推广方面起到决定性作用。

4.1.1.2 译介与传播内容

武侠文学蕴含中华文化浓厚的人文情怀和哲学道理，承载着中华民族精神世界的文化特色符号。武侠小说以其所蕴含的浓厚东方色彩和侠义精神，吸引着国际读者。然而，相较于国内风靡一时的武侠浪潮，武侠小说的译介出版在国际市场上一直处于不温不火的境地，武侠小说在英语世界的译介数量屈指可数。世界上最大的图书馆在线联合目录 Worldcat 数据库显示，目前英译的武侠小说除了金庸的作品外，还包括中国武侠小说的开山鼻祖之作《七侠五义》（*The Seven Heroes and Five Gallants*，1997；*Tales of Magistrate Bao and His Valiant Lieutenants*，1998）、民国武侠小说《柳湖侠隐》（*Blades from the Willows*，1991）、古龙的《萧十一郎》（*The Eleventh Son: A Novel of Martial Arts and Tangled Love*，2004），这些译者基本上都来自英语世界（万金 2017）。

相较于欧美等异质文化圈国家，金庸武侠小说在韩国、日本、越南、泰国和印度尼西亚等亚洲国家的传播更为广泛并得到认同和赞赏。在越南，西贡的 44 家报社中有 12 家订购了寒江燕的金庸作品译作。每到新一期出版之时，金庸手稿就会从中国香港连夜空运到西贡（阮竹荃 2016）。在韩国，金庸武侠小说的译介传播始于 1972 年，《雪山飞狐》最先被译为《武剑道》并由汉阳出版社出版，1974 年由大兴出版社再版。1986 年至 1989 年，金庸武侠小说全部被译为韩文。其中，由"射雕三部曲"整合而成的《英雄门》于 1986 年发行 5 个月便达到 20 余万册销量，成为韩国市场轰动一时的武侠文学文化现象。金庸也因此被韩国媒体评价为"中国的莎士比亚"，足见金庸武侠小说在韩国的深远影响力。

金庸武侠小说在日本的译介传播也极具代表性。20 世纪 90 年代以前，金庸小说在日本几乎没有知名度，日本民众对金庸及其武侠作品的关注始于中国香港功夫电影在日本的传播。1994 年，日本株式会社德间书店买断金庸武侠小说所有版权，组织专业翻译团队推出武术系列导读性入门丛书及武侠小说漫画，在地铁车厢等公共场合进行广告宣传（吴双 2016）。1996 年 10 月，第一卷《书剑恩仇录》日译本最先完成，发行时该书被描述为"由一群剑术与侠义而聚在一起的好汉上演的能撼动黄尘大地的大活剧"。该译本出版后在很短时间内便销售一空，好评如潮。1997 年 1 月，出版社迅速组织完成了《书剑恩仇录》全四卷的翻译出版。至 2003 年《鹿鼎记》出版，金庸武侠小说的译介出版全部完成。此后，经过多方面的宣传、推广、加工等，金庸武侠小说受到日本读者的热烈欢迎，掀起了"金庸热"。德间书店不仅注重金庸武侠小说的推介，在版本制作方面也颇下功夫。书中对主要人物和基本用语加以注释说明，并附有大量插图，对一些晦涩难懂的地名、人名，也按照日本读者的习惯进行翻译，如香香公主翻译为"ウイグル族の美少女"，掌门人被翻译为"总帅"并加以说明，这些细节考虑推动了金庸武侠小说在日本的传播。

金庸武侠小说蕴含着丰富的历史内涵和深厚的文化底蕴，是传播中华文化的重要载体，然而，东西方文化异质性使中国武侠小说在英语世界的译介和传播面临诸多挑战。

4.1.1.3 译介与传播途径

中国武侠文学的译介与传播不仅要考虑涉及文本生成的译介传播主体与内容，还须考虑文本生成之后的译介传播途径。武侠文学译本要走向国际市场，译介传播途径越多元，越有利于得到国际受众的接受与认同，越可能达到译介传播的预期效果。

中国武侠小说最初是以影视的形式进入国际受众视野，影视作品可以使人们的视听体验得到最大限度的延伸。例如，金庸武侠作品改编的电视连续剧、电影、舞台剧、漫画、网络游戏等数量众多，尤其是武侠影视受到海内外观众的喜爱，其中影视公司发挥了重要作用。武侠影视中的人物形象丰满、个性突出，既有侠义精神，也蕴含着中国传统文化的仁义之道，如《射雕英雄传》中的郭靖、《倚天屠龙记》中的张无忌、《神雕侠侣》中的杨过、《天龙八部》中的萧峰等角色性格各异，演绎了具有侠肝义胆的英雄人物特性。国际受众通过武侠人物记住武侠影视作品，通过这些作品认知武侠文化，因此说影视媒介对于武侠文化的传播起到了重要的推动作用。此外，2023 年，腾讯光子工作室群为满足全球金庸文化爱好者的期待，精心打造并发布了一款名为《代号：致金庸》的游戏，以金庸小说为灵感，致力于为玩家呈现一个真实而恢宏的金庸江湖。该游戏运用虚拟引擎技术还原华山实景，将面向全球玩家发行，玩家可以沉浸其中探索宏大的金庸武侠江湖世界，在体验武侠人生的同时助力中国武侠文化的传播。

武侠小说还通过网络平台向世界译介传播。中国武侠小说的网络传播始于 21 世纪初，最初发布于讨论金庸、古龙等作品的国外论坛网站。一些武侠小说家如古龙、梁羽生、黄易、温瑞安等作家的重要作品还未有正式出版的英译本，但借助网络主要刊载于翻译论坛而得以传播（肖强 2011）。当前，在全球 100 多家以网络为载体的文学翻译组织中，影响力较大的武侠小说翻译网站有 Wuxia World、Paper Republic、Gravity Tales、Spcnet 等。其中，Wuxia World 是由美籍华人赖静平于 2014 年 12 月创立的网站，成立三年后便跃居为美国最热门的网络小说平台之一，涉及网络武侠、玄幻以及穿越小说的翻译，成为全球最大的中译英小说翻译平台，中文小说是整个网站的核心板块。数字时代背景下，网络武侠小说在海外的传播日趋被大众所接受，其读者群体数量也在持续攀升。

4.1.2　效果与接受——喜闻乐见"畅销书"

4.1.2.1　译介与传播受众

武侠小说通过塑造人物、叙述故事、描写环境来反映生活、表达思想，这种文学体裁决定了其故事性和通俗性的特点（叶铖铖、邓高胜 2019）。在已出版的 5 部金庸小说英译本中，相比于其他英译本对武功招式和江湖文化内涵的阐释，《射雕英雄传》更注重小说本身的通俗性和故事性，也正因如此，更容易被海外受众接受和认可，在普通读者中接受度较高。

在出版社选择方面，不同出版社对译本的定位不同。出版《射雕英雄传》的麦克莱霍斯出版社将销售目标瞄准广大普通民众，译本定位更符合大众阅读需求。译者郝玉青在描述其翻译过程时提到，金庸是她的师父，而她是金庸的徒弟。

It has been an intense and exhilarating experience to see the attention the English edition is getting after so many years sitting alone at my computer and grappling with every word and sentence... I approach the whole project with a humble heart; I have learned so much over the course of these years that I should say that Jin Yong is my shifu, and I am his xuemei, his disciple.[1]

她还总结道，金庸武侠作品里有侠肝义胆、江湖情仇，受到全世界读者喜爱，中国武侠小说在英文图书市场大有前景。麦克莱霍斯出版社主编保罗·彭格斯（Paul Engles）在接受新华社记者采

1　原文引自网址 https://www.thebookseller.com/rights/maclehose-publish-jin-yongs-legends-condor-heroes-689541（2024 年 8 月 10 日读取）。

访时也表示，他非常享受阅读书稿的过程，"这是一个绝佳的故事，有可爱的人物，充满智慧和魅力，故事背景也极其引人入胜，我希望自己也能亲眼看看宋朝的大运河。"[1]金庸小说其他译本全部由学术出版社出版发行（香港中文大学出版社、牛津大学出版社），显示了金庸小说国际地位的攀升，不仅是大众娱乐消遣的文学作品，还被学术界关注和重视，对金庸武侠文学的学术研究也逐步成为学术界的焦点。不同出版社的定位使译本在国外拥有不同分层的受众，从整体上看，金庸武侠小说浓厚的故事性和通俗性特征仍然比较符合国内外读者的阅读需求和期待。

4.1.2.2 译介与传播效果

作为中国现代通俗文学的典范和中华文化的传播载体，金庸武侠小说充分体现了儒、释、道及诸子百家的古代哲人思想和中国优秀传统文化元素，在中国武侠文学中的引领地位不可撼动。2018 年，金庸武侠小说《射雕英雄传》卷一的英译本上市首月后，便持续加印，美国、德国、芬兰、西班牙、葡萄牙等国相继购买版权，规划外译出版，形成空前的国际销售热潮。《纽约客》（The New Yorker）借用西方话语语境，称金庸在华语世界的文化影响大约是"《哈里·波特》和《星球大战》的总和"；更有其他媒体将其比作中国版《权力的游戏》（Game of Thrones）和《指环王》（The Lord of the Rings）。《南华早报》称"金庸是当代最有武侠精神的史实巨匠"。英国《卫报》（The Guardian）评论道，"中国最有名的武侠小说成为英国的畅销书"，评论员甚至懊悔"直到 50 岁才读到这部著作，这是一部了解中国历史与文化的巨作"。英国广播公司发表文章，称金

1　参考环球网文章《〈射雕〉英译本黄蓉变"黄莲花"译者是瑞典姑娘》。

庸为"跨越地域和时代的华语武侠文学泰斗"。《每日电讯报》（*The Daily Telegraph*）也主动推荐金庸作品及译者郝玉青，并透露出版社在看到试译章节后就决定将这本有趣的小说介绍给英语世界的读者。西方媒体的好评印证了金庸小说在西方传播的良好效果。

除了英语，金庸小说也被译为其他西方语言。2004年，第一本法文版金庸小说《射雕英雄传》在法国面世，译者是一位定居巴黎的华人。他耗时3年将《射雕英雄传》全文翻译成了两册的法文著作，题为 *La Légende du Héros Chasseur d'aigles*。法国政府还因该作品的外译向金庸颁授"艺术文学高级骑士勋章"以作嘉许。

4.1.2.3　译介与传播接受

图书馆馆藏量是衡量图书文化影响、思想价值，检验出版机构知识生产能力、知名度等要素最好的标尺（何明星 2012）。目前，读者可以在 Worldcat 网站上搜索到 112 个国家的图书馆、近 9,000 家馆藏的书目数据。截至 2024 年 5 月 6 日，在 Worldcat 网站搜索金庸小说英译本的馆藏量如表 4.1 所示：

表 4.1　Worldcat 网站金庸小说英译本馆藏量统计表

金庸小说英译本	译者	出版年份	2023年馆藏量
Legend of the Condor Heroes: A Hero Born	Anna Holmwood	2018	148
Legend of the Condor Heroes: A Bond Undone	张菁	2019	529
Legend of the Condor Heroes: A Snake Lies Waiting	Anna Holmwood、张菁	2020	423
Legend of the Condor Heroes: A Heart Divided	张菁	2021	365

（待续）

（续表）

金庸小说英译本	译者	出版年份	2023年馆藏量
Legends of the Condor Heroes: A Past Unearthed	张菁	2023	57
The Book and the Sword	Graham Earnshaw	2005	176
Fox Volant of the Snowy Mountain	莫锦屏	1993	840
The Deer and the Cauldron (Bk. 1)	John Minford	1997	9
The Deer and the Cauldron (Bk. 2)	John Minford	1999	116
The Deer and the Cauldron (Bk. 3)	John Minford	2003	186

表 4.1 显示了 Worldcat 网站上金庸武侠小说英译本的 2023 年馆藏数量，其中《射雕英雄传》第一卷在发行的五年内全球馆藏已达 148 本，这是中国文学作品中在西方世界的图书馆藏量较多的图书，可见其在英语世界的传播效果。

除图书馆馆藏外，读者评价也是衡量译本接受度的重要标尺。读者是译介出版场域的"最后一公里"，是译介传播效果的"试金石"，是出版商、译者、作者等参与者的"裁判员"。译本只有在异域阅读场域中获得专业人士和读者受众的认可和接受，才称得上真正的成功。

亚马逊图书网是美国面向全球最大的图书销售网站，其书单销售排行榜及评分可作为反映读者对图书接受程度的重要指标。在亚马逊图书网站上搜索 A Hero Born（《射雕英雄传》第一卷），共有 1,118 个全球评分，其中有 70% 的读者评分为 5 星，21% 的读者评分为 4 星，该书综合评分高达 4.6 分（数据统计时间为 2024 年 9

月 23 日）。《射雕英雄传》英译本上榜亚马逊网畅销书排行榜，《雪山飞狐》《鹿鼎记》《书剑恩仇录》英译本排名稍逊一筹，可见《射雕英雄传》在英语读者中的受欢迎程度。Goodreads 是美国大型图书分享型社交网站，有"海外版豆瓣"之称。在 Goodreads 上查询 *A Hero Born*，显示读者评价 1,028 条，有 5,222 条打分，平均 3.98 分，也反映了海外读者对该作的认可（数据统计时间为 2024 年 9 月 23 日）。

早在 1989 年 1 月 3 日，《纽约时报》就曾这样评价金庸："对中国读者来说，金庸就像是一个人构成的文学运动，与其说他是一位作者，不如说他是一个文学类型。"《书剑恩仇录》英文译者晏格文在英译本序言（Earnshaw 2005）里写道："金庸创作的人物已然构成了中国人生活的一部分，就好比狄更斯《雾都孤儿》的主角奥利弗·特威斯特对于维多利亚时代的读者一般。"以 2018 年金庸《射雕英雄传》武侠小说英译本的发行为开端，尽管中国武侠文学在西方的译介仍处于初始阶段，但已受到海外读者的广泛关注和好评，海外市场发展势态良好。为了进一步提高武侠文学在海外的影响力和知名度，仍需要进一步将经典武侠文学作品多渠道、多策略地译介到国外。

4.1.3 策略与展望——向好发展"创 IP"

在中国文化"走出去"的历史机遇下，武侠文学在海外的传播呈现向好的发展态势。上文提到，关于武侠小说的大众媒体评价、图书馆馆藏和网络平台读者评价反映了武侠文学在海外的接受效果。本小节将从译介内容、译介质量、译介渠道几个维度展望武侠文学的传播策略与远景。

4.1.3.1 精选译介内容

中外文化的差异使中国武侠文学在译介传播过程中难免遭遇文化冲突。谢天振在谈到文学对外译介时，提出"不宜强行输出本国意识形态，译介者尽量采取'跨文化'阐释的翻译方法，增加译本的可接受性"（转引自蔡丹丹 2014）。武侠小说包含了中华文化的精髓，从武术套路招式、武术神话、武术医学、武术艺术、武术兵器、武术军事到中华诗词、历史文化、宗教信仰、民族精神等等，凸显了中华文化特色。国际受众在不了解中华传统文化的背景下，有时很难对中华武侠文化的奥秘和精髓产生共情和共鸣，这一文化差异导致译介过程中难免出现文化缺失现象。

中国武侠小说的"武侠文化"核心对于西方读者来说颇为陌生，在海外读者对中国武侠文化知之甚少的情况下，无法深入理解武侠这一概念所承载的内涵及其在中国文学和文化中的地位，难以真正欣赏到武侠小说这一文学类型的魅力。正如不深入了解英国文化的外国读者很难理解莎士比亚作品的魅力一样，中外文化与文明的交流互鉴需要双方的努力。因此，译者和出版商在选择武侠小说时，要选取具有历史性和中国传统文化底蕴的内容译介，同时要极力寻觅中国武侠文化和西方文化的契合点和相似性。比如，金庸小说《神雕侠侣》主人公杨过，他特立独行、个性突出、追求自由，具有叛逆精神，这与西方的个人主义和英雄主义精神有类似之处，与西方读者的审美价值更为接近，因此增加了西方读者对中国武侠文学作品的接受度和认可度。此外，为了弥补文化差异造成的文化缺失现象，译介主体可根据海外受众的心理预期、接受程度、文化理念、价值观对中国武侠文化进行"本土化"处理，求同存异，增强受众对武侠文学的接受度，提高中国武术文化域外传播效果。

4.1.3.2 提高译介质量

中国武侠文学蕴含浓厚的中国独特文化内涵，中西文化差异对其在海外的译介和传播提出了挑战，也对译者提出更全面的要求。武侠小说孕育于中华农耕文明，受到商品经济发展、江湖行帮繁衍和白话小说演变的影响，承载着中华民族的深厚文化记忆。中国武侠小说与欧洲骑士小说或美国西部小说截然不同（洪捷 2020）。武侠文化在英语世界没有可以完全对应的概念和词汇，这是导致该类型文学在西方世界接受困难的原因之一，译者在翻译武侠小说这一文学类型时，需采取多元化的翻译策略，提高译介文本的翻译质量。

首先，注重译文的副文本翻译策略。副文本是相对于正文本而言，指环绕和穿插于正文本周边的辅助性文本因素。副文本最早由法国文论家热拉尔·热奈特（Gérard Genette）[1] 提出，别称准文本、副文学；主要包括标题（含副标题）、序跋、作者署名、扉页或题下题词（含献词、自题语、引语等）、图像（含封面画、插图、照片等）、注释、附录、广告、版权页等。期刊中还有发刊词、编者按等。武侠小说译本中的副文本主要以副标题、图像、注释等形式出现，主要体现在小说译本前言、附录对小说背景的注释以及对武功招式、兵器等的图像注释。金庸小说《雪山飞狐》莫锦屏译本在第一部分提供了插图，包括地图、兵器样式、人体穴位示例，并对小说主要人物按照派别作简要介绍，提供相关武术流派的族谱表。《射雕英雄传》卷一英译本的附录分为三部分，分别是对"武侠""功夫"等术语的介绍、使用"condor（秃鹰）"而不是"eagle

---

1　当代法国最有影响力的文学批评家、法国结构主义新批评代表人物、欧洲经典叙述学的奠基人和重要代表，长期致力于文学形式与技巧的研究，以创立和阐释理论术语而闻名，被誉为当今法国形式主义批评的典型。

（鹰）"的背景原因以及对正文的注释，帮助读者透彻理解历史文化背景和正文内容。该译本封面上除作者拼音译名和书名英译外，还有《爱尔兰时报》（*Irish Times*）的评论——"中国版《指环王》"，借助《指环王》在英语读者中的知名度，以副文本的注释形式吸引读者眼球，帮助读者了解全书概要，增强读者的兴趣。

其次，译文可采取杂糅的翻译策略。金庸武侠小说的翻译主要采用了归化和异化等多元杂糅翻译策略，旨在寻求译本的充分性和可接受性之间的平衡。武侠小说作为一种大众通俗读物，其故事的趣味性和娱乐性对读者具有强大吸引力，其译介更关注可读性，因此翻译策略宜灵活多样，兼收并蓄。如《射雕英雄传》中人物名字的英译，黄蓉译为 Lotus Huang，杨铁心译为 Ironheart Yang，尹志平译为 Harmony Yin。在人物名字的翻译上，译者并未完全采用音译的方法，而是展示了名字本来的意义，帮助受众更好地理解名字的内涵和人物性格，提升译文的可接受性。此外，武功招式的翻译也应灵活处理。像《射雕英雄传》中有大量以四字描述的武功招式，如"推窗送月""风卷云残"等，这些招式给译者增加了翻译难度。"九阴白骨爪"译为 Nine Yin Skeleton Claw，这种音译加意译的翻译方法更力求呈现出"九阴白骨爪"的阴险毒辣。但即便如此，受众是否真正能够接受和理解原文，则需要对读者展开接受方面的调研，并非每一位读者都能完全读懂原文。总之，在译介武侠小说的过程中，译者可以通过多种手段补充背景知识，采用灵活多样的杂糅翻译策略增加译本的可接受性，提升翻译质量。

4.1.3.3　拓宽译介渠道

译介渠道是决定译介成功与否和未来走向的重要因素之一。武侠小说作为一种大众读物，具有趣味性、传奇性、娱乐性和文化性特征，应采用多元化的对外译介传播渠道，走上商业出版运作的市场化道路。

首先，通过武侠电影"走出去"为中国武侠文学对外传播奠定基础。以金庸武侠小说在日本的传播为例，译者冈崎由美（Okazaki Yumi）[1]谈及金庸小说的日文译本时说，"上世纪90年代，香港武侠影片陆续进入日本，银幕上经常出现'原著：金庸'的字样引起了影迷的注意，我在这时发表了一些关于中国武侠小说的文章。"（转引自叶丰收2008）可见基于武侠小说拍摄的电影为中国武侠文学的传播与接受奠定了基础。武侠影视作品的动态性给予观众更直接、动感和真实的感受，相比于武侠小说等静态的纸质书籍更容易被海外受众接受。因此，在推动武侠文学对外传播的过程中，可优先将体现中国武侠精神和文化内涵的武侠小说翻拍成武侠动作电影，激发海外受众对武侠小说的兴趣，从而自发了解中国武侠文学。

其次，通过网络游戏等文化创意产品改造和创新武侠小说。在数字化全媒体时代，网络游戏、手机娱乐等模式在年轻人中成为一种流行时尚，武侠文学的故事趣味性和画面感有助于将其打造成富有特色的文化创意产品。如超级IP《三生三世十里桃花》由小说转化为公共文化产品，这种"从内容研发，到图书出版、影视投资制作、游戏研发运营等一体化开发运营版权"的全新商业模式，值得文学译介工作借鉴（汪世蓉2018）。中国武侠文学译介要充分发挥媒体融合的优势，构建互惠互利的立体化传播体系，打造多元化武术文化域外传播平台，拓宽海外受众获取武术文化内容的途径，寻找多样化的译介渠道，吸引更多海外受众的关注。《黑神话·悟空》

1　早稻田大学文学博士，曾任早稻田大学文学部部长，获日本中国学会奖。现为早稻田大学文学学术院教授；主编了金庸全部小说作品的日译工作，为中国武侠文化的海外传播作出了重要贡献。

的网络版游戏就是以文学名著《西游记》为原型的文化传播典型案例，其中，孙悟空与二郎显圣真君的战斗场面富含了很多武术元素。

4.2　个案二：武侠影视

武侠影视是中华武术译介与传播的重要途径之一，是集视听模态为一体、直接进入受众视野的表现形式。具体而言，武侠影视是将中华武术技艺与影视融为一体而形成具有武打场面的武侠片（余秀芝 2019）。中国传统的武侠片大都从经典武侠小说改编而来，信息技术的迅猛发展促使影视传媒强势介入，被改编为影视的武侠作品越来越多地进入大众生活，影响着大众对武术的认知和热情。不同于武侠文学主要通过文字来描述情节和人物的表现形式，武侠影视是一种融合视觉和听觉的艺术体验，通过画面、音效、表演等呈现故事，通过曲折且极富冲突的传奇故事情节，塑造鲜明的人物形象，达到娱乐和陶冶观众的目的（曹正文 2009）。武侠影视中行云流水的武打动作、为国为民的侠义精神、快意恩仇的江湖故事，为观众呈现了一个个精彩纷呈的银屏江湖。

4.2.1　译介与传播——明星引领"功夫热"

中国武侠影视历史悠久，从中国电影诞生早期开始，武侠电影便随之应运而生。中国武侠影视发端于 20 世纪 20 年代末。1928 年 5 月，中国首部武侠电影《火烧红莲寺》问世，掀起了中国影视史上的"武侠神怪热"（曾杨 2015）。20 世纪中期是武侠小说的强势发展期，从 20 世纪 50 年代起，中国武侠影视中心转到我国香港，涌现出一批现代武侠影视作品的奠基人。20 世纪 70 年代，李小龙主演的《猛龙过江》《精武门》等武侠影视作品使"中国功夫"举世闻名。到了80年代，成龙主演的《尖峰时刻》（*Rush Hour*）、《醉拳》（*Drunken Master*）和李连杰主演的《少林寺》等作品将中国功夫推向武侠影视的巅峰。21世纪初，李安执导的《卧虎藏龙》将中华武术与传统文化融为一体，彰显了中国功夫的神秘与魅力。武侠影视作品中表现出浓厚的英雄气概和自强不息的民族精神，宣扬着侠义、道义等中华民族传统武侠精神，感染和震撼着每一位影视迷。

4.2.1.1 译介与传播主体

中国武侠影视在海外的译介与传播主体具有多元性，主要包括影视制作公司、武侠影视演员和导演等。

1）影视制作公司。影视制作公司在武侠影视的译介与传播中发挥了重要的主体性作用。其中，我国香港武侠影视作品最具有代表性。自20世纪60年代中期始，整个东南亚地区热衷于观看邵氏电影公司出品的电影，武侠影视成为其主要题材。到了70年代，新兴的嘉禾电影公司挖掘和培养了众多华语影坛杰出的功夫明星，包括成龙、李连杰、许冠文、洪金宝、袁和平和徐克等，为大众呈现出《猛龙过江》《精武门》、《警察故事》（*Police Story*）和《新龙门客栈》（*New Dragon Gate Inn*）等经典武侠影视作品。这些作品不仅深受我国观众喜爱，至今仍被全球无数影迷和观众所青睐，极大推动了华语电影产业的发展，在国际电影界和电影史上烙下深刻的时代烙印。

1979年，香港电影界迎来"电影新浪潮"。宝禾影业和威禾电影属于嘉禾的"卫星公司"，为80后、90后所熟知。宝禾公司的第一部电影《鬼打鬼》（*Encounter of the Spooky Kind*）开创了香港灵幻功夫喜剧的风潮。1985年，成龙与嘉禾影业公司合作成立威禾电影，首推创业之作《警察故事》系列，后又推出《A计划续集》（*Project A II*）和《飞鹰计划》（*Project Eagle*）等。新艺城影业是20世纪80年代香港影坛的三巨头之一，出品的经典电影有《最佳拍档》（*Aces Go Places*）、《英雄本色》（*A Better Tomorrow*）、《监狱风云》（*Prison on Fire*）以及《开心鬼》（*Happy Ghost*）系列等。随后，徐克创建电影工作室，先后拍摄了《倩女幽魂》（*A Chinese Ghost Story*）、《笑傲江湖》（*Swordsman*）等系列。1991年，李连杰主演的《黄飞鸿》（*Wong Fei-Hung*）系列再次掀起功夫电影热。1992年，李连杰创办正东电影公司，推出经典武侠影视作品，如《方世玉》（*Fong Sai Yuk*）系列、《太极张三丰》（*The Tai-chi Master*）、《中南海保镖》（*Bodyguard from Beijing*）、《精武英雄》和《冒险王》（*Dr. Wei and the Scripture Without Words*）等电影，大都围绕英雄形象展开并根据市场反馈逐步调整。在作品上，先以《方世玉》承接《黄飞鸿》，再慢慢从古装片过渡到现代片，获得了较好的口碑和票房。

金庸武侠小说的热潮和香港武侠电影的繁荣发展带动了香港武侠影视剧的流行。20世纪70年代起，丽的、无线和佳视等电视台纷纷将金庸一系列武侠小说搬上荧幕。武侠电视连续剧自此成为香港电视产业的重要内容。佳视是20世纪70年代最早制作和播放金庸武侠剧的电视台。自1976年始陆续拍摄了《射雕英雄传》（*Legends of the Condor Heroes*）、《神雕侠侣》（*The Return of the Condor Heroes*）、《碧血剑》（*Sword Stained with Royal Blood*）、《雪山飞狐》（*The Flying Fox of the Snowy Mountain*）和《鹿鼎记》（*The Duke of Mount Deer*），获得高收视率。由香港影视公司制作的武侠影视片是中国影视文化的重要组成部分，也是武术文化走向世界的拳头产品，极大推动了武术的国际化发展。影视公司作为译介传播主体在中华武术文化的海外译介与传播过程中起到了不可或缺的引领和推动作用。而香港武侠影视中所承载的团结、朴素、奋斗、正义等价值观，在全球范围内具有广泛的影响力，引发国际受众的认同，使西方观众不仅对中国功夫产生了浓厚的兴趣，还对中国功夫中所蕴含的道德价值产生文化共鸣，由此提高了中国电影产业的全球竞争力，如与美国好莱坞合作的《龙争虎斗》《尖峰时刻》等在全球范围内取得了不错的票房。

2）武侠影视演员。李小龙、李连杰、甄子丹、成龙和洪金宝等一批优秀武打演员，凭借出色的武艺和演技，在海外获得了广泛的认可和赞誉。享有"功夫之王"和"武之圣者"等称谓的李小龙将传统武侠影视中常见的"上天入地，吐火御风"转化为"真打"的拳脚功夫。虽然李小龙英年早逝，未能留下更多主演电影作品，但他遗世的几部经典作品深得国内外观众青睐。李小龙在武打时表现出的专业武术技术、坚毅品格、武学哲理和神秘色彩引发全球影迷的热捧。英语中的 Kung Fu 一词，正是由李小龙提出，并编入英文字典，"功夫（Kung Fu）"一词也由此成为武打片的代名词。"中国功夫"成为中华武术文化的符号和中国国际形象的名片。

继李小龙之后，功夫影星成龙凭借其出演的《蛇形刁手》（*Snake-shaped Hand*）和《醉拳》，塑造了有别于李小龙的武侠形象，形成独具特色的"功夫喜剧"系列影片，也因此被美国影评人誉为"全世界仅有的几个可以在默片时代[1]走红的演员之一"，享有"中国的巴斯特·基顿"之誉。在成龙的影片中，动作性、惊险性、喜剧性与侠义性等多种表现元素融为一体，在细节和武打技巧上具有创新性，从结构与整体上重塑中国武侠电影的经典样式，打破了中国

---

1 "默片时代"是指电影历史上无声电影的时期，演员们需要通过肢体语言和表情来表达情感和传递信息。

武侠电影单一的艺术风格（戴国斌 2011），吸引了海内外观众，打入了好莱坞市场。成龙主演的《尖峰时刻》连续三周占领美国票房收入榜首。

李连杰凭借深厚的武术技巧和出色演技，塑造了一系列令人难以忘怀的角色，主演的功夫片《少林寺》在 20 世纪 80 年代初掀起了全球武术热。

武打影视演员通过拍摄武术电影、电视剧等作品，向国际受众展示中国武术的魅力，让国际受众认识、了解和热爱武术，成为中华武术文化译介与传播"有声有形"的代言人。

3）武侠影视导演。张艺谋、李安、洪金宝、胡金铨、都晓、徐克、吴宇森、徐小明和唐季礼等国内一批优秀导演，为国内外影视受众带来大量武侠影视经典作品。徐克拍摄的《笑傲江湖》《黄飞鸿》等系列经典影片开创了"徐克时代"，他用先进的特效、摄影和剪辑技术创新武功的奇特性和特殊的银幕效果。徐克导演的武侠电影重视人物塑造和情节设计，同时也注重武打场面的特效制作，给观众带来极佳的观影体验。除此之外，他们也充分考量中西文化异质性，通过贴近西方文化又不失中国文化内涵的字幕翻译，使国外观众更好地了解影片内容、剧情和人物心路历程，向海外译介传播中华武术文化。导演李安拍摄的《卧虎藏龙》是华语电影史上首部荣获奥斯卡金像奖最佳外语片的影片，获得第 73 届奥斯卡最佳外语片等 4 项大奖，在中外影视界具有极大影响力。该片是美国电影史上第一部超过一亿美元票房的外语片，被英国《卫报》评选为"21 世纪最佳影片 100 部"之一，位列第 51 名。中国武侠电影由此进一步获得西方主流社会的认可，并在全球范围内掀起了中国武侠电影热潮，通过银幕向世界译介传播中国武术文化。

4.2.1.2　译介与传播的形式与内容

　　武侠影视的海外译介与传播以电影和电视剧为两类主要形式，通过讲述武侠英雄形象、以喜剧或武打的故事情节，使海外受众了解和喜爱中国武侠文化，从而促进中外文化交流和中国文化的国际传播。

　　武侠电影是武侠文化的重要代表之一，其独特的叙事方式和视觉效果深受观众喜爱。如由美国米拉麦克斯公司发行的《英雄》、由美国索尼影业发行的《卧虎藏龙》以及由美国狮门影业发行的《霍元甲》（Fearless）等电影，在北美、欧洲、日本等地放映。这些作品在海外获得广泛关注和赞誉，是中外文化交流的重要代表和媒介。

　　武侠电视剧也是武侠文化的重要组成部分，其故事情节、人物形象和武术表演等要素深入人心。2008 年，由都晓导演的电视剧《少林寺传奇》一经播出，便受到国内外观众的称誉。根据《光明日报》2011 年 8 月 8 日的报道，该剧被译成 8 种语言在海外 24 个国家和地区播出。在日本，该剧格外受到观众欢迎，是当时日本主流电视台黄金档播放时间最长的中国电视剧，在日本富士电视台黄金档连续播放达两年之久，在日本富士电视台的卫星频道和地面频道轮番播出三遍。法国电视台也将《少林寺传奇》陆续播放了两季。美国则将该剧翻译成英语、拉丁语等语言在不同媒体播出 [1]。

　　武侠小说是武侠影视作品创作的文化源泉。在世界范围内，金庸武侠小说是被影视化较多的中国武侠文学作品之一。金庸武侠小说最早被改编的影视作品可追溯至 1958 年的电影《射雕英雄传》

1　引自《光明日报》，详见 https://epaper.gmw.cn/gmrb/html/2011-08/08/nw.D110000gmrb_20110808_4-14.htm（2024 年 6 月 2 日读取）。

和《碧血剑》。截至 2019 年，以金庸小说为题材的相关影视作品已超过 150 种（彭伟文 2021），主要由邵氏电影公司、峨眉电影集团、金公主电影制作公司拍摄发行。

4.2.1.3　译介与传播途径

在武术这一中华瑰宝推向世界的过程中，武侠影视是绝佳载体，对武术的国际译介与传播起到不可替代的作用。武侠影视作为大众传播的一种主要方式，"视、听、读"三位一体的立体化传播体系能够有效加深受众对于武术文化信息的记忆。武侠影视要走向国际市场，译介传播途径越多越广，越有利于得到国际受众的接受与认同，越有可能达到译介与传播的预期效果。武侠影视作品的传播途径主要包含影院、国际电影节、流媒体等平台。

1）影院是译介传播武侠电影的重要途径和大众场所。电影媒介以其广泛的传播优势，打破了传统"门户之见"，改变了中国武术闭关自守的样态，通过影院这一平台将武术文化传递给国内外观众。李小龙电影突破了地域、时间、空间及语言的限制，将武学哲思、截拳道的特技、中华文化特色呈现于银幕，开创武术电影媒介的传播先河，实现了功夫影片的全球广泛传播（曾杨 2015）。西班牙 20minutos 网站中对中国电影的评分曾显示，评分最高的前十部中国电影中有七部是张艺谋导演的作品，其中武侠电影《十面埋伏》（*La Casa de las Dagas Voladoras*）和《英雄》排名最高（高羽 2018）。

2）国际电影节是一项重要的全球性文化盛事，旨在展示和推广优秀的电影作品，促进国际影视文化交流与合作。知名电影节如戛纳国际电影节、威尼斯国际电影节、东京国际电影节等都有专门的武侠电影展映单元，让世界更多民众了解和欣赏中国武侠影视作品。其中，《卧虎藏龙》获得第25届多伦多国际电影节"人民选择奖"。《英雄》获得第53届柏林国际电影节阿尔弗雷德·鲍尔奖。《七剑》(*Seven Swords*) 是第62届威尼斯国际电影节开幕影片。《剑雨》(*Reign of Assassins*) 和《龙门飞甲》(*Flying Swords of Dragon Gate*) 分别在第67届威尼斯国际电影节和第62届柏林国际电影节的非竞赛单元展映。《一代宗师》(*The Grandmaster*) 是第63届柏林国际电影节开幕影片。《刺客聂隐娘》(*The Assassin*) 荣获第68届戛纳国际电影节主竞赛单元最佳导演奖。

随着互联网的发展，各大流媒体平台为中国武侠影视作品的译介与传播提供了更广阔的舞台。流媒体技术是指将一系列媒体数据压缩后，以"流"的方式在网络中分段传送，实现在网络上实时传输影音以供观众观赏。流媒体文件格式是支持采用流式传输及播放的媒体格式。流媒体是一种新的媒体传送方式，有声音流、视频流、文本流、图像流、动画流等，而非一种新的媒体。它具有传播速度快、覆盖区域广、互动性强等特点，是武侠影视作品译介与传播效果显著的重要平台。很多国外主要流媒体平台都在引进和推广中国武侠影视作品，帮助更多海外观众体会和欣赏中国武侠文化。

4.2.2　效果与接受——中西合璧"效果佳"

武侠影视作品是中国武术文化的重要载体之一，武侠影视作品对外译介有巨大的市场潜力。在国内市场，由于武侠文化本土的深远影响，观众对武侠影视作品兴趣浓厚；许多经典武侠影视作品都有广泛的传播度和认可度，如《武林外传》(*My Own Swordsman*)、《黄飞鸿》《新龙门客栈》《卧虎藏龙》等。这些作品可通过国内电视台和网络平台观看，在各大电影节和电视节上获得奖项和认可。

在国际市场，武侠影视的译介与传播仍然有限。但随着中国影视市场的崛起和国际合作的加强，越来越多的武侠影视作品进军国际市场。一些经典的武侠影视作品被翻译成多种语言，通过国际电影节、电视台、流媒体平台等渠道传播至世界各地。

4.2.2.1 译介与传播受众

武侠影视作为兴盛于中国的电影类型，在国内拥有广泛的受众群体。然而，在海外市场，武侠影视的受众群体具有一定的特殊性和局限性。最初的传播主要以新加坡、马来西亚等华人聚居地区为主，其次是地域位置相近的日本、韩国、越南、泰国等地。随着李小龙等功夫演员声名鹊起，武侠影视的全球受众迅速增多。

海外华人群体是武侠影视在海外的主要受众之一。海外华人人数众多，且大多数华人对中华文化保持着根深蒂固的归属感和热爱，因此他们成为武侠影视在海外的主要受众群体。这些华人受众通常对中国的历史、文化和价值观有一定的了解和认同，而武侠影视作品中所展现的江湖义气、高强武艺、忠诚品格等也符合很多华人观众的审美趣味和价值观念。以金庸影视作品为例，在东南亚，缅甸电视台连续整周播放金庸武侠小说改编的电视剧，获得高收视率；在亚马逊、亚洲易网等网站可搜索到多部金庸武侠影视的马来西亚版、印尼版、泰国版等影视作品（邓笑然 2023）。武侠影视作品在东南亚多地掀起热潮，成为东南亚华人寄托思乡之情的最佳媒介。

20 世纪 70 年代，香港武侠经典电影的影响波及日韩和西方国家。李小龙、成龙、李连杰等功夫明星的精彩表演在全球频频掀起功夫热潮，武术影视在世界影坛异军突起。而后，中国武侠影视进军好莱坞，打入欧美主流市场，进一步扩大了武术影视作品的世界影响力，吸引了一大批国际受众。武侠影视作品中所展现的中华传统文化、价值观和哲学思想等，包含的正义、自由等理念具有普适性，对于国际受众具有很强的吸引力和感染力，是国际受众了解和喜爱中国武术的直接感官途径。愈发庞大的受众群体对于中华文化和武侠影视作品的热爱和认同，推动了武侠影视在海外市场的传播和发展，武侠影视海外受众群体的类型和数量在逐渐扩大，并向多样化形态发展。

4.2.2.2 译介与传播效果

武侠影视作品是武术译介与国际传播的有力推手。作为具有中国特色的电影类型，武侠影视承载着中华民族丰富的文化内涵和独特的民族精神，在国际受众的认可与接受方面显现成效。港台武侠片在 20 世纪七八十年代经历两次高潮，迅速波及日本、韩国等地，欧美影视界称其为中国影视的"半壁江山"，我国香港因此获得"东方好莱坞"的称号。尤其是李小龙的功夫电影，在当时引起轰动。1971 年，李小龙主演的《唐山大兄》横空出世，一炮而红，创下350 万港元票房，一时刷新了当时大多几十万港元票房的数据。紧随其后的武侠电影《精武门》和《猛龙过江》更是突破 400 万元票房大关。随后，整个日本和东南亚陷入功夫电影的狂热状态，国际市场迅速打开。之后上映的《龙争虎斗》在全球范围内引发热烈反响和轰动，李小龙一跃成为世界级功夫巨星，再次令世界刷新了对中国功夫的认知，领略了中国功夫的巨大魅力，"中国功夫热"之风吹遍美国。在美国人眼中，李小龙是"武术之王"；在日本人眼中，他是"武之圣者"；在海外华侨华人眼中，他是华人形象的塑造者。李小龙的功夫电影让国际受众真正感受到中华武术的文化与视觉冲击力，领略中国功夫的独特魅力。

1978 年，成龙凭借电影《醉拳》一举成名。1994 年上映的《醉拳Ⅱ》被美国《时代周刊》评为当年世界十大佳片之一，随后上映的《红番区》（*Rumble in the Bronx*）也在美国市场受到好评。1982 年，由中国武术全能冠军李连杰等主演的功夫片《少林寺》以正宗、真实、高超的中国功夫技艺，在全球范围内掀起"武术热"的狂潮（欧阳友金 2006），轰动了国际影坛，创下全球票房总额超 1 亿元的奇迹。1994 年由王家卫执导的《东邪西毒》（*Ashes of Time*）斩获第 51 届威尼斯国际影展最佳摄影奖、金马奖、金像奖等。1992 年上映的《笑傲江湖之东方不败》（*The Legend of the Swordsman*）在泰国、马来西亚、新加坡等东南亚国家票房居高，入围当年全球票房排行前 50 名。此后，还有《卧虎藏龙》《英雄》等多部优秀功夫影片深受大众喜爱，功夫明星成龙、李连杰、杨紫琼等以自身优秀的演技和"真功夫"获得大众认可，助力武术文化的全球广泛传播。2010 年，中央新闻纪录电影制片厂与加拿大制片公司联合制作的纪录电影《太极》（*TAICHI*）获第 28 届米兰国际体育电影节"最佳体育影片"。这些影视成就彰显了中国武侠影视在世界影坛的地位和传播效果。

4.2.2.3 译介与传播接受

自 20 世纪 20 年代至今，武侠电影始终魅力不减。武侠影视有效宣传了武术文化，激发了世界民众对中华武术运动的关注。2012 年，中国文化国际传播研究院发布的《2011 年度"中国电影国际传播研究"调研分析报告》显示，武侠动作片是外国观众观看中国电影的首选；中国功夫和自然景观是中国电影的代表符号；引起外国观众关注度最高的文化符号是中国功夫，占比 54.5%。

李小龙是世界上武迷最多的武术家，被评为世界七大武术家之一。全球影迷人数超过两亿人，在许多国家设有影迷会、截拳道协会和俱乐部。许多外国人对中国武术心存敬畏，认为截拳道是最厉害的中国功夫（丁红 2010）。在不少外国人心中，李小龙就是中国功夫的化身和代名词。当时，李小龙主演的武侠影片播放后，美国当地武馆的数量翻了两倍（程会娜、沈钢 2013）。李小龙主演的《龙争虎斗》，位列世界十大功夫影片之一，于影片上映同年发行英语、西班牙语、葡萄牙语、希腊语、希伯来语等多语种字幕；Blu-ray 网站显示在巴西地区评分为 8.0，受欢迎程度为 53%，可谓不错的成绩。

《卧虎藏龙》是美国电影史上首部超一亿美元票房的外语片，不仅向全世界展示了中国武侠文化的魅力，满足了西方观众对东方神秘文化的猎奇和崇拜心理，也提升了华语电影的口碑。夺得奥斯卡大奖后，这部带英文字幕的华语片还在美国引发了中文学习热，甚至有学校将《卧虎藏龙》剧本当作教材使用（王小娟、杨建营 2011）。《卧虎藏龙》中西合作的国际化制作模式是其能在中西方均获得广泛传播和良好接受效果的关键原因之一。在 Metacritic 影评网站上，来自国外受众的 32 条权威影评人评论中多次出现"fun（有趣的）""epic（史诗般的）""elegant（优雅的）"等评语；在 630 名国外用户评分中，正面评价 44 条，中性评价 1 条，负面评价 11 条，平均得分 7.5。不过也有一些权威评论家和普通用户表示不喜欢边看字幕边看电影。所以，《卧虎藏龙》等电影要提高接受效果仍需在语言翻译方面下功夫，目标语国家的电影译制配音也有待进一步探索。

由于文化的相近性，金庸武侠影视在东南亚国家的接受度明显更高。比如，越南议员曾使用金庸影视中的人物和典故增加政治辩论的说服力。2017 年泰国的菊花茶饮料广告曾采用郭靖和黄蓉的爱情故事素材，以《射雕英雄传之铁血丹心》（1983）电视剧的主题曲配乐，实现了良好的广告效应（邓笑然 2023）。武侠影视也造就了很多影视明星，如刘德华出演的 1983 版《神雕侠侣》在东南亚热播，时至今日，刘德华演绎的"杨过"形象仍深入人心。

中国武侠影视作品的接受效果还体现在，其他国家积极寻求与中国合拍武侠影视作品或在影视作品中融入中国武侠元素。例如，伊朗武术爱好者和武术推广者之一马苏德·贾法里（Masoud Jafari）先后拍摄了《红龙》（*Red Dragon*）、《少林梦》（*Shaolin Dream*）等功夫主题电影；非洲人艾萨克·纳布瓦纳（Isaac Nabwana）创立雷蒙电影制作公司，专门拍摄功夫电影。以好莱坞为代表的西方电影中越来越多地融入中国功夫元素，如《碟中谍 2》（*Mission Impossible II*）中汤姆·克鲁斯（Tom Cruise）打出地道的中国拳脚；美国好莱坞以中国功夫、美食等传统文化元素打造《功夫熊猫》，融合了中国功夫与好莱坞文化，吸引了全世界的观众，最终获得超 6 亿美元的全球票房。中国武侠影视为国际影视带来的影响可见一斑。

4.2.3　策略与展望——现代多元"信息化"

武侠影视以中华武术文化的深厚底蕴为基础，通过武侠影视的国际传播，吸引国际受众对中国武术文化的兴趣和关注。面向国际的武侠影视可从译介内容、译介质量、传播渠道三个策略维度展望。

4.2.3.1　精选译介内容

译介内容是武侠影视传播的主体部分。在武侠影视领域，学术研究者关注武术传播内容的文化性和技术性偏向，而影视制作者试图在高雅文化与通俗文化之间寻求契合点和平衡点，以"归化"方式靠近受众，实现武术文化传播与影视产业发展的共赢。郭玉成、李守培（2013）曾提出，武术传播内容的选取是关键，它贯穿于每一条传播途径，因而内容的恰当性对于武术传播的质量至关重要。

　　武侠影视作品通常基于武侠文学作品改编而成，但是也出现过内容俗套、审美低级的问题，比如香港早期的电影公司，批量制作模式化、套路化的电影，虚构"英雄＋美女"的俗套爱情故事，主打高效"走量"而不"出新"。市场优胜劣汰的法则和影视制作者对票房、收视率的追求，使情节简单、画面刺激、内容暴力的武侠影视作品大行其道，这样的作品注重视觉技术，内容往往脱离实际，无法真正吸引观众，甚至会对青少年的身心健康造成不良影响。反观 20 世纪 70 年代由李小龙主演的武侠影视作品，在 21 世纪的今天仍然影响深远。中国武侠影视作品首先应注重表达内容的深度，优先译介和传播那些改编自经典武侠文学作品且较为成功的影视作品，同时注重武侠影视作品的精品创作，突出民族文化特色和核心价值观，提高影视作品的文化审美水平。在弘扬东方美学文化特色的基础上，我们要挖掘和发扬武术文化中蕴含的普适性主题，译介传播容易让全球受众接受的优质武侠影视作品，追求"质"而非"量"，以武打形式吸引大众的同时更要展现背后所蕴含的丰富武术文化和深刻思想内涵，让观众在欣赏武侠影视作品时能够体味到中华文化底蕴。

4.2.3.2　追求译介质量

　　武侠影视作品是承载传播中华文化精神、提升中华文化软实力的重要载体。不同国家的语言习惯和文化特殊性给武侠影视的译介传播带来一定的困难，其中语言仍然是武术影视译介传播过程中首先要跨越的障碍。

汉语文学、影视作品的创作往往注重"言外之意"和"弦外之音"，通过运用丰富的抒情、象征、暗示、隐喻等修辞手法（邓笑然2023），增强文学作品或影视作品的意蕴内涵以及对读者或观众的吸引力和意趣，因而具有一定的复杂性和难度。对于低语境的英语国家或以英语为通用语的东南亚国家来说，对汉语文学和影视作品的文化信息转码和接受过程面临语言和文化的双重困难与挑战。

提升武侠影视作品的译介与传播质量，要关注以下几方面内容。一是做好武侠影视作品的多语种翻译，实现武侠影视作品字幕的双语化。在武侠影视译介中，译者需要将中文作品中的情节、人物性格、语言风格等元素准确传达给目标语受众。这需要译者具有较宽广的跨文化视野和处理文化差异以及语言表达的能力。译者应根据武侠影视作品的不同受众，深入了解目标语文化背景，掌握不同受众的思维方式和语言表达习惯，使译作更易被受众接受。二是字幕翻译要简洁。在观看武侠影视作品时，字幕具有瞬时性，停留时间较短，且字幕占据屏幕的面积有限，一般不会超过两行，这就要求译者结合字幕的时间、空间和语言限制，尽可能地精简翻译，使受众在短时间内尽可能掌握更多信息，理解作品意义。三是注重细节。在翻译过程中，相关人名、地名、物名、典故和武术术语等细节的翻译会影响观众的理解和接受度，需要在翻译中准确表达。比如，武术习语和典故负载大量文化信息，较难直接从字面意义理解。翻译不仅是语言、语境的转换，同时也应实现文化的交流。对于影片中的细节信息，译者应注意体会语言特色，传递文化内涵，可以通过添加文本、补充背景知识的方式，让受众在短时间内理解文化背景常识，满足国际受众了解中华武术文化的切实需求，从而促进中华武术文化真正"走出去"并"走进去"。

4.2.3.3 拓展传播渠道

除了精选译介内容和追求翻译质量，拓展武侠影视译介与传播的渠道尤为重要。一是要合理利用海外资源。从《功夫熊猫》到《花木兰》，国外凭借中国经典元素拍摄的武侠影视作品吸引了全球观众的眼球。同时，一些外国影视公司利用自身的制作经验和品牌效应，结合中国的武术文化优势，积极与中国合拍武侠影视作品。如中国与加拿大合作的纪录电影《太极》讲述出生在中国、生长在加拿大的小女孩 Ling 回到中国学习太极的故事，精准对焦加拿大受众传播渠道。中外合拍影视模式为中国武侠影视注入新的元素，通过合作形式拓宽了译介传播渠道，吸引了海外观众，达到事半功倍的宣传效果。二要重视和精准策划各类电影节、电视节活动。一部武侠影视作品的成功需要精良的导演制作，也需要到位的宣传推广。以电视剧《少林寺传奇》的海外发行为例，主创方在各类电视节目展、电影节、电视节等重大场合中精心策划活动，抓住影视文化国际传播的机会，主动出击、借帆出海[1]。三是整合传播渠道。全媒体背景下，中国武侠影视的译介与传播迎来新契机。借助全媒体多元化的特点，可以整合纸媒、电视、影院、网络以及多语种语料库、数据库平台等多种传播渠道，结合文字、图片、视频等多模态表现形式，随时随地传播武术文化。传播渠道的合理选择及应用是顺利传播武术文化的保障。多平台发布、多渠道传播有助于将武侠影视作品介绍给潜在的观众群体，激发国外受众对武术文化的兴趣，促进文化交流和相互理解。

1　引自《光明日报》网络版 https://epaper.gmw.cn/gmrb/html/2011-08/08/nw.D1100
　00gmrb_20110808_4-14.htm（2024 年 6 月 2 日读取）。

4.3　个案三：少林武术

我国《关于实施中华优秀传统文化传承发展工程的意见》明确提出："助推中华优秀传统文化的国际传播。支持中华医药、中华烹饪、中华武术、中华典籍、中国文物、中国园林、中国节日等中华传统文化代表性项目走出去。"在中华文化"走出去"的背景下，少林武术外译实践近年来蓬勃发展。在世界十大武术排行榜上，中国少林武术位居第一，其次是日本空手道、泰拳、日本忍术、中国硬气功、日本合气道、韩国跆拳道、以色列格斗术、塔利棍术、巴西柔术。少林武术作为中国武术三大流派之一，与峨眉派、武当派风格不同，具有一定的国际影响力。

少林武术也被称为少林功夫，有"天下功夫出少林"之说。众所周知，享誉盛名的中原文化以少林功夫文化首屈一指，金庸曾在中原腹地河南留下题字："河南——武术的故乡，武术的心脏。外家武功少林派，刚猛无俦；内家武术陈家沟太极拳，极顶造诣。强身健体，国魂所寄。八方武学，源自中州。"少林武术流传的套路诸多，如拳术、棍术、枪术、刀术、剑术等，"少林拳""少林棍"在我国武术史中占据重要篇章。以少林和太极为代表的功夫文化是中原最具特色的文化。在中华武术文化国际传播进程中，少林和太极文化的翻译质量对其传播效果产生直接影响。本节以少林武术为个案，分析其在国际的译介与传播现状、效果与接受现状以及应对策略与展望。

4.3.1　译介与传播——天下功夫"出少林"

创建于北魏太和十九年（495 年）的少林寺是由北魏孝文帝为天竺高僧跋陀所建，因其地处嵩岳少室山的地势位置而得名少林寺，为了保卫寺院安全，少林寺众僧逐渐习武，少林武术由此形成。唐末年间，禅宗成为中国最兴盛的宗派，少林寺成为禅宗圣地。宋金元时期，僧人对传习佛法的热情远高于习武练拳，金代东林志隆禅师设立"少林药局"，标志少林武术向"禅、医、武"相结合的境界迈进。清朝形成了"天下功夫出少林"的景象。

少林寺方丈释永信大师在《少林功夫》一书中对"少林功夫"作出如下解释："少林功夫是指在嵩山少林寺这一特定佛教文化环境中形成，以佛教神力信仰为基础，以少林寺僧人修习的武术为主要表现形式的历史悠久的传统文化体系（释永信 2007：4）。"少林功夫在中原大地孕育，受到中原文化、嵩山文化、黄河文化的滋润，自产生至今，有序传承，赓续延绵。同时，少林功夫中所表现出来的大智大勇精神，已经成为人类最具价值的文明体系的组成部分之一。少林武术是武术与儒释文化融合的产物，是中国优秀传统文化的缩影。

4.3.1.1　译介与传播主体

少林武术作为中华文化的宝贵遗产，在传播少林文化方面发挥重要作用。1987 年，释永信接任少林寺主持，经过有效管理和运作，少林寺在中国传统文化对外传播中名列前茅，借助过多渠道传播逐渐在海外形成了广泛影响力。1989 年，少林寺武僧团成立，开始在国内外进行少林武术展演。1990 年，少林寺佛教文化访问团应邀访问日本，在日本多个城市表演了十余场少林武术。自此，少林武僧团的武艺表演成为少林武术国际传播的重要方式。1997 年，少林寺创建了官方网站，国内外受众可以从官网上了解到少林寺最新的文化交流活动，网站上除了有关于寺院情况、禅宗知识、少林武术的英文介绍，还有招生信息，为外国人了解少林武术提供了丰富资源。少林寺自 2009 年恢复国际外联处工作以来，开办的中国功夫国际班吸引了大量"洋弟子"到寺院学习，少林寺在功夫训练和课程规划上因人而异，开设不同层次的课程满足学生的差异化需求，体现人性化特征（李向平、杨洋 2022）。

国际传播主体是指国际传播中的信息发出者，现实社会中的各类组织均有这种传播需求（程曼丽 2023）。官方机构和民间团体作为译介主体也越来越重视少林文化的译介与传播。20 世纪 80 年代开始，河南省登封市建立了 60 余所少林武术馆校，相继成立了少林塔沟教育集团、少林鹅坡教育集团、少林寺小龙教育集团、武僧团培训基地武术教育集团四大武术教育集团，培养学生 6 万余人。其中，塔沟武术学校创办人刘宝山和鹅坡武术院创办人梁以全是中国武术九段、中国十大武术名师，他们为少林武术人才培养作出了重要的贡献。

自 2006 年开始，河南省郑州市人民政府开展"简化少林拳进课堂"活动，布局少林拳在郑州市千余所小学全面展开，促进了少林武术在青少年中的普及 [1]。2019 年，河南省人民政府组织的"翻译河南"工程项目出版了《少林功夫》中英文对照图书，作为国家交流外宣资料赠予外国使节和孔子学院，这是官方进行少林武术外宣的重要一步，西班牙语、法语、俄语、日语等多语种的译介也在规划之中。此外，民间武术学校在推广少林文化方面同样具有不可或缺的作用。有些民间团体和专业武术学校在海外表演少林武术，有的走上全球直播的央视春节联欢晚会的舞台，将少林武术推广到全球。2021 年，河南省体育局、中共河南省委外办、河南省发展改

---

1 详见体育非物质文化遗产官网 https://fy.szu.edu.cn/fyxm/xmdq/hns/slgf.htm（2024 年 5 月 30 日读取）。

革委等 13 个厅局委联合出台《河南省武术产业发展规划（2021—2025 年）》，进一步普及和推广武术项目，加快推进武术产业高质量发展。少林书局在少林文化出版方面作出了巨大贡献。总体而言，官方与民间译介主体的协同努力大大提升了少林武术的国际感召力和影响力。

4.3.1.2　译介与传播内容

在少林武术图书出版的译介与传播方面，在中国图书出版数据库以"少林武术／武功"为关键词检索（检索时间为 2024 年 9 月 23 日），显示书目 264 条，包括学术专著、训练读本、学校教材、期刊杂志等类型，内容涉及少林武术基本知识、少林武术发展史、少林拳、少林武术套路等。如 2003 年刘振海、释永旭编《少林拳谱》、2007 年释永信的《大洪拳》、2009 年竺玉明的《少林武术教程》、2012 年吴绍贵的《少林武术》、2019 年李振亮和焦红波的《少林武术发展史》、2022 年德虔和德炎的"少林武术精粹"系列丛书等，既是学术专著，又可以作为在校学生的教材或武术爱好者的训练读本。期刊类有《少林与太极》《中华武术》《武当》等，刊载了武术学术论文、国内外武术交流动态、武术名家访谈等。在当当网以"少林武术"为中心词进行检索查询图书，共显示 7,898 条记录（截至 2024 年 5 月 6 日），内容涉及少林武术发展史等学术专著和少林拳术、棍术、刀法、剑术、枪法等各种套路招式分类教材。

在少林武术图书翻译方面，随着少林武术越来越为世界人民所熟知，许多译者将少林武术相关书籍译介到海外，出版了中英对照版本的少林武术书籍。其中包括：2005 年由中国海洋大学出版社出版、王俊法主编的《武术双语教程》，2007 年由海燕出版社出版、刘海科编著的武术经典系列中国民间《少林六合棍》《少林六合枪》，

2008 年由河南人民出版社出版、释永信主编的《少林寺拳谱·二路柔拳》，2009 年由外文出版社出版、周之华著的《十分钟学会少林拳》，以及 2010 年由成都时代出版社出版、张永红著的《少林小洪拳》等。这些图书为感兴趣的海外受众提供了学习少林武术的媒介，解决了语言基本障碍，促进了少林武术在海外的传播。

2008 年由刘海超主编的英文版《传统少林武术套路集成》（*A Compendium of Shaolin-style Traditional Martial Arts*）问世，成为弘扬少林功夫走向世界的桥梁。该书为国际友人了解中华文化提供了宝贵的资源，也是传承中华武术文化和超越传统的扛鼎之作。主编及英文翻译刘海超被誉为"少林武术名家"，毕生致力于习武和少林武术研究。他凭借扎实的武术功底、渊博的学识和流畅的语言表达能力，为少林武术新的理论体系构建奠定了坚实基础。该书也是我国第一部系统讲解少林武术套路的英文专著，虽非巨著，但在我国少林武术研究和出版领域来看堪称创举。该书所提供的术语翻译对中国武术国际化标准研制与中国武术国际话语体系构建意义非凡。此外，以少林寺为主题的诸多资料文献，如 1997 年出版的叶峰的《少林寺志》、2008 年出版的温玉成的《少林史话》以及少林书局的出版物等 20 余种都被译成英文或发行中英对照版本。

在国外出版的少林武术英文著作也相继问世，如《少林功夫：基础与形式》（*Shaolin Kung Fu: Fundamentals & Forms*，J. Jeon & K. Smith 2010）、《少林罗汉功夫》（*Shaolin Lohan Kung-Fu*，P. C. Khim & D. F. Draeger 2011）、《少林功夫的力量》（*The Power of Shaolin Kung Fu*，Ronald Wheeler 2012）以及讲述了从青铜时代至今中国少林武术发展史的《中国武术：从古代到 21 世纪》（Peter Lorge 2012）等。少林功夫相关英文原著书籍的出版印证了少林武术在西方世界的流行。不过，从以上分析可见，由国外出版社出版的少林武术原著图书数量较少，国内少林武术图书的译介尚未进入繁荣期。

4.3.1.3 译介与传播途径

少林武术对外译介和传播的途径多样，除了以上提到的图书出版途径外，影视媒体和舞台表演等形式也在如火如荼地推动少林文化在海外的影响力。

1）少林武术影视作品。20 世纪 80 年代，电影《少林寺》使少林武术风靡全球，少林功夫通过这部电影进入海内外大众的视野。电影《少林寺》上映后，在中国、日本、欧美等地备受好评，少林武术因其神秘性和文化性吸引了大批国际受众。此后，大批少林武术主题电影发行，如李连杰主演的《少林小子》《南北山林》《新少林五祖》等电影一经推出均好评如潮，电视剧如《新少林五祖》《新少林寺》《少林寺传奇三部曲》等，将侠义精神融入禅宗佛学和少林武学，令人们更容易接受少林禅武文化思想。

2）少林武术纪录片。少林武术纪录片以实景拍摄方式，通过独特的叙事方式向国内外受众讲述中国少林功夫的真实故事。如中央电视台和河南电视台等以少林武僧为主题人物拍摄的纪录片《今风·细语·江湖——德建》（2002）、《少林苦行僧——释德建》（2003）、《少林隐僧》（2006）、《修行——释德建》（2006）等，真实反映了少林僧人释德建[1]的修行生活和内心世界。《少林尤利西斯：武僧在美国》（*Shaolin Ulysses: Kungfu Monks in America*）于2003 年在美国公共电视台播出；2009 年由美国拍摄的国家地理历史人文纪录片《透视内幕：走进少林寺》（*Inside: Kung Fu Secrets*）

---

1 释德建，法名德建，法号合一，俗名丁宏本，少林寺曹洞正宗第三十一代弟子，少林寺永化堂第十九代禅武医传人，少林绝学"心意把"传人，河南嵩山禅武医研究院院长。他对少林禅学、武医和医学都有相当的造诣。

以全英文形式向世界讲述少林武术的故事。2007 年 6 月，《少林武僧到欧洲》（*Shaolin Journey to the West*）由美国 Discovery 探索发现频道拍摄播出，让国际观众有机会了解到真实的少林武僧生活。

3）少林武术舞台剧。少林武术舞台剧是少林武术融合现代舞剧的新兴表现形式，《沙弥走进少林》是少林功夫舞台剧的开山之作，随后多部舞台剧纷纷问世。如《禅宗少林·音乐大典》在河南登封的实景演出吸引了全世界各地的游客前往少林寺游览循迹，为少林武术的国际化传播提供了新模式。但是少林舞台剧大热的背后也隐藏着若干问题，如舞台剧同质化问题突出、过于关注艺术表现形式而缺失少林武术内涵等。

4.3.2　效果与接受——少林文化"走出去"

少林武术即少林功夫，作为中华文化独特的精神标识，具有强大的海外传播力和影响力。少林武术对外译介的核心主要包括少林武术本体技能和哲学思想的翻译介绍（焦丹 2021）。少林功夫以武术为体，以禅为心，达到禅武合一、身心一体的奇妙境界，因其修心健体的功能而为世界人民所推崇。2013 年开始至今的《中国国家形象全球调查报告》显示，中华武术是重要的国家形象代表，其中少林武术名列前茅，海外受众认可度居高不下。

4.3.2.1　译介和传播受众

少林武术风靡世界，热度不减，受众群体广泛。少林武术不仅以其强身健体功能契合大众日益增长的健康需求，其竞技和表演套路动作也给观众带来优美干净的视觉享受，方便观众感知少林武术的独特魅力，吸引国内外武术受众的关注。少林武术传播的主要对象包括来中国求学的留学生、世界各地孔子学院的学生和外国武术爱好者。外国受众通过纸媒、影视、网络等平台媒介了解少林武术这一极具中国特色的武术形式，通过欣赏武术在国外的实地展演以及在中国或外国的实地学习亲身体验少林武术的魅力。随着少林武馆或文化中心以及少林武僧团在全球的巡演增多，越来越多的外国人无须踏出国门便可亲眼欣赏少林功夫的魅力，甚至亲身参与武术训练，很多外国武术爱好者对少林武术着迷，甚至特地前来拜师学艺。众多国外学习者通过少林武术和武术文化媒介深入了解中国文化，促进文化交流。比如成立于 2010 年 9 月 1 日的"欧洲少林联合会"总部设在德国柏林，这里也是德国少林文化中心的所在地，来自英国、法国、意大利、荷兰、奥地利等国的 10 个欧洲少林文化社团为其创始会员。该中心的创办者为"少林俗家洋弟子"戴勒，是德国少林寺股份有限公司总经理，从少林弟子到少林文化传播者，从少林武术受众到少林武术组织者，皆缘于少林武术深入人心的魅力。德国少林文化中心厅堂面积逾 2,000 平方米，可用绿地一万平方米，以其广泛的国际参与度和优越的客观条件，吸引了欧洲大量武术爱好者学习少林武术。少林寺在全球范围的海外文化中心数量十分可观，少林武术在海外影响力逐步增强，国际受众数量持续增长。

4.3.2.2　译介传播效果

中外多元化交流的日益频繁使少林武术越来越受到国际受众的关注与喜爱，译介与传播效果持续凸显。本小节主要以国内外武术赛事及活动、少林武术主题影视作品和舞台剧这些效果最突出、互动最活跃的形式检验少林武术的译介与传播效果。

1）国内武术赛事及活动。国内武术对外交流主要包括国际赛事、国际论坛、国际文旅等形式，其中规模最大、效果最好、参与度最高的是国际赛事。目前，国内最权威、规模最大的少林武术赛事是"中国郑州国际少林武术节"。首届武术节于 1991 开幕，是集武术、旅游、文化交流于一体的大型综合性节会，遵循"以武会友，共同进步"的宗旨，吸引世界各地的武术爱好者，弘扬少林禅武文化，至 2023 年已成功举办十二届。首届武术节吸引了来自 62 个国家和地区的 160 多个团体、共计 2,100 多名武术参赛运动员。在同期举办的招商引资活动中，20 多个投资项目成功签约，投资总额达 40 多亿元。第二届武术节上除了吸引来自 60 多个国家和地区的 2,000 多名运动员参加外，还举行了 4 万多名武术运动员参加的精彩武术表演。在 2018 年的第十二届武术节的开幕式上，8.6 万名武校学生在河南登封 8.2 公里的展演路线上展示旗阵、"千人"组字阵、百态功法展示等十大武术矩阵，来自亚洲、非洲、美洲、欧洲约 65 个国家和地区的近 240 个武术团队参加了武术节。"群众武术表演环节"形成气势磅礴的"武术走廊"，按照"行动中的少林武术博物馆"理念，打造世界规模最大、参加人数最多、距离最长、内容最为丰富的少林功夫大展示。这一国际赛事增加了少林武术的国际知名度，增强了少林武术的国际影响力。

由国际武术联合会、中国武术协会主办的世界传统武术锦标赛被誉为"武术界的奥运会"，对弘扬中华传统武术文化，促进国际武术交流发挥重要作用。此外，如中国·四川国际峨眉武术节、北京国际武术文化节、香港国际武术节、中国·沧州国际武术大赛等活动也为国内外武术运动员提供了交流切磋的平台，扩大了少林武术的国际影响，有效传播了中华武术的风采。

2）国外武术赛事及活动。全球很多国家不仅设立了大量少林功夫文化中心，还通过当地政府、少林文化中心、武馆等共同举办少林武术赛事。2012 年 9 月 10 日，首届欧洲少林文化节在德国首都柏林开幕，来自欧洲 20 多个国家、近 40 支代表队的 400 余名选手参赛。2022 年 9 月 16 日，第二届加拿大三爱国际少林文化节在不列颠哥伦比亚省列治文市高尔夫私人俱乐部和安大略省多伦多市少林文化中心同时举行，活动秉承"平等、结缘、成就"原则，以"功夫海狸"为主题，以弘扬少林文化为目标，推动少林文化在创新中发展，增强少林文化在加拿大的影响力。"功夫海狸"是加拿大国际少林文化节的吉祥物，将加拿大国宝海狸与少林功夫元素完美结合。功夫海狸承担保护其他动物免受伤害和保护自然环境的神圣使命，符合少林文化倡导人人平等、团结一致、尊重自然的文化宗旨。加拿大少林文化中心推出"功夫海狸"邮票、玩偶和纪念品，并在海外发行"功夫海狸"系列的 AI-NFT[1]，演示数字少林和功夫元宇宙相关元素的系列产品，让更多受众尤其是年轻人，在少林文化数字化创新的多场景中沉浸式体验少林文化。

3）少林武术主题影视作品和舞台剧。作为世界武道变革先驱者，李小龙是助推中华武术走向世界的开拓者。在电影《龙争虎斗》中，李小龙以少林寺弟子身份亮相荧屏，带领当代少林走向世界，将"Kung Fu（功夫）"一词记入英语词典，该片曾入围"改变世界的 67 部电影"。功夫巨星李连杰的"少林寺弟子"身份为人熟知，他的作品《南北少林》《少林小子》《功夫之王》以及成龙主演的电影《新少林寺》在海外一经上映，便受到世界武术爱好者的青睐。1989 年，少林武僧表演团成立，不仅在国内受到欢迎，还多次应邀出访美国、英国、法国、德国、日本、瑞士、希腊、肯尼亚等 100 多个国家和地区进行武术交流。嵩山少林武术职业学院推出的"武

1　NFT，全称为 Non-Fungible Token，指非同质化通证，实质是区块链网络里具有唯一性特点的可信数字权益凭证，是一种可在区块链上记录和处理多维、复杂属性的数据对象。

林汉韵"项目，寓中国文化于武术表演中，集武术教学、表演、文化交流为一体，在俄罗斯、意大利、美国、瑞典、新西兰等全球多地巡演，为全球汉语教学机构及武术爱好者开展武术文化交流提供平台，以"文、乐、武"形式为主题展现中国传统文化的源远流长、博大精深和深厚底蕴，演出趣味性、观赏性和情节性较强。在艺术表现形式上，他们主动吸收西方艺术理念，与欧美艺术家合作首创功夫舞台剧。少林舞台剧以少林寺为艺术载体，将武术和舞蹈融为一体，为观众呈现精彩的视听盛宴。舞台剧《生命之轮》从 1999 年起在全球巡回演出长达六年。2000 年，少林寺武僧团与国内顶尖艺术家合作推出的功夫舞台剧《少林雄风》，在国际上赢得广泛好评。2008 年，少林寺武僧团与比利时现代舞蹈家和捷克作曲家合作推出的作品《空间》，可谓中外艺术碰撞的少林舞台剧典范。大型功夫舞台剧《少林武魂·慧光的故事》是中国首部进入百老汇主流演艺市场的原创舞台剧，也是首部在百老汇连续 19 天商演 24 场的功夫舞台艺术作品，是目前唯一获得美国戏剧领域最高奖"托尼奖最佳特别戏剧奖"（Tony Award）[1] 提名的中国舞台剧。2023 年 2 月，由 20 名少林寺武僧组成的演出代表团在瑞士日内瓦演出少林功夫舞台剧《舞经》，以少林传统功夫与西方现代舞相结合的方式，讲述中国故事、少林功夫故事，在瑞士一票难求，座无虚席。由少林武僧团参演的节目《演武》于 2023 年登上央视春节联欢晚会，受到国内外观众的好评，为传承与弘扬少林功夫作出重要贡献。

1　托尼奖（Tony Award）全称安东尼特·佩瑞奖（Anthony Perry Award），由美国戏剧协会于 1947 年设立，以纪念该协会创始人之一安东尼特·佩瑞女士。托尼奖被视为美国话剧和音乐剧的最高奖项。

4.3.2.3 译介传播接受

少林文化"走出去"过程中,译介与传播主体根据少林文化的风格特点以及受众对象的群体特征,策划和设计了大量出版物和对外交流活动,长期以来取得显著效果。译介与传播的过程、方式与效果决定了能否被国际受众接受,这也成为中华武术文化译介与传播的"最后一公里"。少林武术译介与传播的接受不同于文学文本的接受评价,主要可从两个方面分析:一是少林文化的本土传播,久负盛名的嵩山少林寺吸引许多海外功夫迷前来朝圣和学习少林武术;二是少林文化的海外传播,通过有组织地在海外建立少林文化中心为海外武术学习者提供不出国门就能学习武术的机会。

1)嵩山少林寺。少林寺是中国禅宗和中国功夫的发祥地,有"禅宗祖庭,功夫圣地"之称,被誉为"天下第一名刹"。因其历代少林武僧潜心研创和不断发展的少林功夫而名扬天下,素有"天下功夫出少林,少林功夫甲天下"之说。2010 年 8 月,包括少林寺常住院、初祖庵、塔林在内的天地之中历史建筑群被联合国教科文组织列为世界文化遗产。

少林寺最初扬名海外主要通过武术影视剧的传播,以李小龙、李连杰、成龙等为代表的功夫明星对少林文化的海外传播功不可没。2022 年初,嵩山少林寺发起"少林功夫考功网络大赛",吸引了世界五大洲近百个国家和地区 5,000 余位少林功夫习练者参赛,再度彰显少林功夫与文化在全球的影响力。据统计,嵩山少林寺作为国际知名旅游景点、国家 5A 级旅游景区,每年接待游客总数最高时达 400 万人,日接待量最高达 4 万人。少林寺已成为令中国人民自豪的民族文化符号,海外游客接踵而至。不少国家政要都曾到访过少林寺,欣赏少林武术演艺,足见少林寺在国际受众心中的魅力与地位。

2）海外少林文化中心。海外少林文化中心以少林功夫为品牌吸引当地少林武术爱好者，可以体现少林武术在海外的接受情况。目前，分布于世界各地的海外少林文化中心有近200个，遍布全世界50多个国家和地区。比如，由少林弟子释延辉创建的意大利少林拳法联盟坐落于意大利首都罗马，旨在促进少林文化与当地文化之间的沟通交流，联盟定期开展少林文化讲座、少林功夫培训、养生分享和禅修体验等活动。2004年，美国加利福尼亚州立法将3月21日确立为"嵩山少林寺日"，来自不同宗教、种族和文化背景的居民共同欣赏少林武术。2010年，少林寺主办首届少林功夫非洲国家学员班；自2011年始，由中国文化和旅游部主办的少林功夫非洲国家学员班在喀麦隆、刚果（布）、刚果（金）、科特迪瓦、尼日尔、吉布提招生，作为中非友好合作项目之一，吸引了众多非洲国家武术学员。此外，德国柏林和奥地利维也纳曾在2012年举办"欧洲少林文化节"。2017年4月9日，孔子学院首家"中国武术中心"在美国亚利桑那大学孔子学院揭牌。该中心由嵩山少林武术职业学院的汉语国际推广少林武术基地与美国亚利桑那大学孔子学院共同设立。海外孔子学院的少林武术中心结合当地学院的需求设置禅修、禅医、书法等不同层次的课程，借助孔子学院平台传播少林文化。嵩山少林武术职业学院国家汉语推广少林武术基地还设立了"蓄水池"实验项目，探索国际汉语和武术教师联合培养模式，开启了武术教师海外任教项目，积极选派优秀武术教师赴海外任教，宣传少林武术和中国文化。海外少林文化中心的设立对中华武术国际推广具有跨时代意义，推动武术教师"走出去"，进一步扩大武术教学在海外的规模和影响力。

4.3.3 策略与展望——全球传播"建标准"

2018 年，中国外文局首次发布《中国话语海外认知度调研报告》显示，认知度排名前 100 的中国词汇中，文化类词语占比最大，排名靠前的是中国功夫，"少林"一词高居榜首。这与少林功夫近年来在海外的传播发展与形象构建密不可分。少林武术是中华武术的重要组成部分，向世人展示着深厚的中华文明底蕴和神秘的东方色彩，是中华文化宝库乃至世界文化的瑰宝。作为中国功夫的代名词，少林武术作为体育实体，根植于传统社会文化和佛教土壤中，受到了海内外武术爱好者的青睐。诚然，少林武术要在国际社会上深入人心，仍然需要一个漫长的过程。本小节从少林武术人才培养、渠道拓展和标准化构建三方面对少林武术的译介和传播提出策略与展望。

4.3.3.1 提升少林武术专业人才培养质量

在中国文化"走出去"和"一带一路"倡议的背景下，国际文化交流合作日趋频繁，少林武术专业人才数量与质量明显不足，无法满足武术专业发展的需求。既懂武术专业又懂语言传播的高素质复合型人才欠缺，对少林武术的国际传播造成阻力，因此，应从多方面重视武术专业人才的培养。

首先，提升少林武术学校对武术学员的专业化培养质量。我国现代少林武术高手大多出自以教授少林功夫技艺为主的武术学校，少林武术学校是输送武术人才的重要基地，承担培养武术专业人才的育人责任。国内武校如少林塔沟武校、少林鹅坡武术专修学院、嵩山少林武术职业学院、少林小龙武术学校等，充分重视武术技艺教学，但往往对少林禅宗文化知识和基础学科知识关注度不够，开设的文化类课程较少。少林武术根植于中国优秀传统文化之中，若武术学员文化水平过低，那么对于禅宗文化的学习就会感到困难，阻碍少林文化内涵的传播。因此，武术学校作为培养武术人才的主干力量，应以武术为专业特色，在课程设置和人才培养目标方面，除了以武术训练为重点，也需增加文化课比重，传授中国传统文化知识和语言技能，重视禅宗文化知识的传授，使每一个武术学员都成为少林文化、中国文化的传播使者。此外，武校应增加语言课程的比重，便于学员日后在教授海外学员时使用目标语将少林文化背后的文化内涵准确、完整地传播出去。少林武术人才的语言水平直接影响教授国际学生的效率和成果，语言问题往往成为阻碍少林功夫传播的掣肘。因此，武术学校应关注学生外语水平和跨文化交流能力的提升，培养精通武术专业、掌握语言技能、深谙国际传播规律的高素质复合型专业人才，助推少林文化在国际社会的传播与发展。

其次，改善少林武术从业者职业待遇。社会市场经济的大背景下，武术专业学生的就业面相对较窄，职业化道路选择面受限，许多以培养武术专业化人才为目标的武术学校面临毕业生在学成后未选择从事武术行业的困境，造成大批武术人才的流失。武术习练并非一朝一夕能完成，需要多年勤学苦练加上长期的武术专业训练才能掌握。培养武术人才周期长，投入的人力、时间成本较高，武术人才的流失令人遗憾。

少林武术在国内外的发展和传播离不开国家和政府的大力支持，国家和政府的重视和相应举措是吸引大批武术人才投身于少林武术国际传播队伍的基本保障。顶层设计层面可以采取以下举措：进一步加大对少林武术这一文化遗产的扶植力度，出台规范性的政策和文件保护少林功夫遗产，宣传少林武术和文化精神，组织筹划高级别少林武术赛事，促进武术国内外传播和人才交流；借鉴太极拳申遗经验，推动少林功夫申遗，促进少林武术的传承发展与创新；兴建一批少林武术文化建筑或以少林武术为主题的博物馆，展示少林武术文化；加大对少林品牌的保护力度，通过相关法律法规保护知识产权，宣传少林功夫公益化的价值取向，为少林文化的国际传播提供正确导向。此外，少林武术地处河南，是河南文化发展与国际形象构建的经典文化符号，政府应重视武术专业人才，出台一系列可行的武术人才引进办法，从工作条件、福利待遇、生活保障等方面吸引人才、留住人才。同时，鼓励退役武术运动员投身武术产业发展领域，为武术的国内外传播提供动力支持，促进少林功夫文化的可持续健康发展。例如，2019 年，河南大学武术学院成立，是目前全国综合性大学中唯一一所武术学院，同时举行《少林功夫段品制系列教程》首发式，为少林功夫段品制培训的顺利开展奠定了基础。截至目前（2024 年 9 月 23 日），河南大学联合少林寺举行了四期初段位培训班、两期中段位培训班，培训近千人次，为少林功夫段品制在国内外的快速发展奠基。同年，河南大学与少林寺签约了联合培养国际武术师资合作协议，每年从新生中选拔 30 位优秀学生，毕业后输送到少林寺海外文化中心担任武术教练，致力于少林功夫的国际传播，此举标志着河南大学与少林寺在武术国际生培养方面开展实质性合作，依托河南大学的学科专业优势，发挥少林功夫和文化的国际影响力，实现优势互补、合作共赢，为构建人类命运共同体作出贡献。

4.3.3.2 拓宽少林武术国际宣传渠道

少林武术文化内涵丰富、历史悠久，但若缺少国际传播渠道，则很难将这一武术品牌展现给世界。因此，拓展少林武术传播渠道，采用多样化的宣传方式扩大少林文化的国际影响力实有必要。

1) 利用现代媒体和互联网优势，塑造少林功夫的良好国际形象，提升少林功夫的国际知名度。少林功夫宣传多以图书、影视等传统媒介为主要形式，在网络时代，充分调用自媒体是不可或缺的宣传手段。在利用网络平台资源的基础上，还可采用多模态"互联网＋"方式宣传少林武术。比如做好少林寺官方网站的建设和管理工作，可在网站主页展现武术活动、武术比赛视频，配置多语字幕，便于来自不同国家和地区的武术爱好者通过官网便捷地学习武术、了解武术的魅力。此外，要加强武术赛事、武术舞台剧、武术文化节、武术影视剧的宣传和推广，邀请国内外媒体共同见证，提升武术在国际社会的曝光度，形成广泛的社会效应，在海内外塑造少林武术的良好形象。在民间，可以有目标地设计宣传少林武术相关海报，在电视节目中插播有特色的少林功夫公益广告，使少林武术融入人们的生活，也能使人们在潜移默化中增进对少林武术的了解，营造少林武术良好的发展氛围。

少林文化不仅仅是少林功夫，还包括少林禅学、少林医学、少林书画、少林建筑、少林音乐、少林雕塑等，可以最大化利用这些少林文化的载体，借助互联网平台，制作少林音乐专辑，筹划"少林武术短视频大赛"等类似文化竞赛活动提升少林武术的知名度，推动"互联网＋武术"的宣传模式，整合武术赛事、武术商城、武术电竞资源，开展武术大数据服务，推动少林武术文化的产业化发展。

2) 利用孔子学院及海外少林文化中心的平台加大宣传推广。孔子学院是推广汉语和传播中国文化的交流机构，截至 2023 年底，全球 160 个国家（地区），284 家中方合作机构和 1,306 家外方合作机构，共同建设 498 所孔子学院和 773 所孔子课堂，国际影响力巨大（数据来源于中国国际中文教育基金会网站）。中华文化"走出去"背景下，孔子学院承担着推广中华优秀传统文化、提升国家文化软实力的重任。少林寺可充分利用孔子学院的平台资源，持续开展少林武术培训，积极寻求与世界各地孔子学院（课堂）的深度合作，输送优秀的武术专业人才作为武术指导教练，在条件具备的地区支持孔子学院增设少林武术选修课，同时吸收外籍武术专业人士加入教师团队，打造中外共建的高水平少林武术师资队伍，互相取长补短，将蕴含中华民族文化特色的少林功夫传播到世界各地。

3）拓展海外少林文化中心。少林功夫本身是一种利用肢体语言交流的动态活动，相较于其他中华优秀传统文化，更容易打破和超越语言与文化的藩篱，避免意识形态和文化差异的偏见，为外国武术爱好者所接纳。海外少林文化中心是少林功夫文化在海外传播的重要基地，为武术爱好者提供沟通交流平台，在海外的影响逐渐扩大。少林寺在少林海外文化中心招收当地学员，学员学成后成为协助教学、宣传少林武术的"活"媒介，通过亲身经历现身说法，吸引更多武术爱好者前来感受少林文化，学习少林功夫。政府机构应有规划地支持民间少林武术团体在海外建立少林中心，扩大少林文化传播的覆盖面。

4.3.3.3　推进少林武术标准化进程

少林武术是中华武术中体系最庞大的门派，按性质大致可分为内功、外功、硬功、轻功、气功等，按技法又分为拳术、棍术、枪术、刀术、剑术、技击散打、拳械对练等一百多种，内容繁多、种类复杂，很难达到统一的评价标准，因此在传播过程中难免存在少林武术术语和技术动作规范不统一等问题。郭玉成（2015：59）根据标准化的定义，将"武术标准化"界定成"为武术传播与推广，有组织、有计划地开展、制定和实施武术标准以及提高武术标准化水平的活动"。武术标准化是武术国际化的基础、武术规模化的关键以及武术现代化的重要标志。为提升少林武术传播高效性、准确性及完整性，少林武术的标准化进程需加速推进，这是少林武术对外传播过程中应当考量的重要议题。

首先，应当制定少林武术术语、套路、器械、教学评价、竞赛规则的标准。时任国际武术联合会主席于再清曾指出，"先进文化的传播与发展必须有明确、规范、科学的术语，武术术语表达的规范化是武术规范化的重要组成部分，是关乎武术未来发展的重要一环。尤其是在对外交往和翻译工作中，术语表达的规范化是彼此交流的基础，是时代发展对武术提出的更高要求。"术语、技术规范的不一致性阻碍了少林武术对外译介和传播的前行步伐。当前的少林功夫术语在译介传播中基本能够保持一致，但个别术语在不同教材或场合中的使用偶有偏差，民间习武中术语的使用缺乏统一标准。为了统一少林武术术语，地方武术特色高校可加强合作交流，召开术语专题研讨会，组织武术专家学者考察相关少林武术术语，制定少林武术术语标准，并广泛推行实施；武术教练员和裁判员需定期参与少林武术术语考核和培训，在武术教学过程中注意术语使用的规范化，以此逐步统一武术术语表达。

2022 年，郑州市少林武术标准化技术委员会成立，该委员会为具有多重属性的少林武术提供标准化发展的战略依据，对于促进武术文化对外话语传播和国际合作具有重要意义。少林武术的国内标准是制订少林武术国际标准的基础。该委员会的成立是深入贯彻落实《国家标准化发展纲要》的重要体现，标志着少林武术标准化工作踏上新台阶。委员会的主要职责是制定和修订少林武术术语、套路、器械、服装、教学评价、竞赛规则、考评、外译等方面的地方标准，使武术教学、训练和竞赛从定性描述转向定量评定，从无序走向有序，并推动建立统一的少林武术国际规范。对少林武术流派的技术、术语和考试标准进行标准化、规范化统一，既有利于对少林武术大范围的保护和传承，又能够充分保留拳种流派的演练风格，从而保障其广泛传播和传承，促进少林武术的规模化发展和推广应用。少林武术标准化建设，能充分发挥武术的示范、引领和辐射作用，在讲好文化故事、展示文化魅力、传承文化基因、弘扬文化精神方面实现更高水平传承、更高效率传播和更高质量发展。目前，河南省《少林武术海外教学服务标准化》示范项目、少林拳标准等项目已立项建设，为申请少林武术世界级非物质文化遗产和武术入奥运提供了标准支持。

其次，在译介少林武术书籍时应注重术语的统一性。武术书籍译介是海外受众了解中国少林武术的重要途径，目前已有大量少林武术书籍被译成外文出版发行。如2008年出版的《传统少林武术套路集成》（中英文对照版，上下册），作为优秀的译介成果在武术文化的对外推广中起到积极作用，也为少林武术的术语学术研究提供了参考。但是，武术术语的英文翻译尚未形成统一的国际标准，存在一词多译、多词一译、硬译错译等问题，使少林武术在国际上的交流产生障碍和偏差。具体来看，如"马步"译为horse stance/ horse-riding stance/horse-riding step，"洪拳"和"红拳"均被译为Hongquan，仅"武术"一词就有Wushu、martial arts、Chinese martial arts等多种译法。武术术语英译的诸多问题对使用武术翻译书籍研习中国武术的外国学习者提出了挑战。武术术语的中文表述简短明了，但武术文化的翻译则涉及历史文化、哲学宗教等内容，难度较之武术术语更大。国家相关武术主管部门应重视武术专业语言的转换与信息传递，条件允许的情况下可设立专门武术译介组织和研究及审定部门，组织专家学者对少林武术英译进行标准审核，充分考虑武术术语的国际化、信息化需要，深入研究武术术语英译的统一规范工程，出版权威的英译规范标准并广泛宣传和应用。

此外，可以建立少林武术特色翻译语料库。当前国内外尚未有专门的少林武术语料库供教学和科研使用，利用翻译自动化技术以及术语管理技术，基于大量武术双语文本创立翻译语料库、语言记忆库，存储武术术语表和翻译对照，能够方便术语使用者查找和使用，降低术语管理成本，提升少林武术译介质量和效率。武术术语库的建设是推进武术术语标准化和规范化进程的必要举措，能够为少林武术的精准译介提供参照标准。

4.4　个案四：太极文化

太极是中华武术文化独特的代表之一，太极拳是太极文化的典型代表。太极拳是中国传统文化的武化表现，是中国传统文化的缩影。太极和少林是中国武术两大重要流派，二者存在诸多方面的差异。首先，二者的发源地和历史背景不同，太极是一种内家拳，注重内在修养和哲学思考；少林功夫源自河南登封嵩山少林寺，是一种外家拳，强调身体的力量和硬度。其次，两种武术在训练方式、目标、攻击技巧、防御策略、精神修养和哲学理念存在差异。传统太极拳门派极多，有陈氏、杨氏、武氏、孙氏等派别，是中国武术拳种极具生命力的一支。太极拳文化以中国传统文化为核心，将阴阳五行、天人合一、中和中庸、修身克己的思想融为一体，将中国传统医术和养生术化为一炉，以肢体语言准确表现中国传统文化内涵。作为中华武术的重要组成部分，太极拳在国际社会的译介与传播有着重要影响，浸润在东方文化中的太极拳在世界范围内逐渐得到认可。[1]
太极拳文化以文字形式为载体，以文化内涵为主要内容，其译介与传
播得到广泛关注。

4.4.1 译介与传播——阴阳调和，天人合一

太极拳起源于 17 世纪中叶，后来逐渐发展出多个门派。"中国
体育大事记"中有载，1978 年 11 月 16 日，邓小平同志会见日本友
人时亲笔题词"太极拳好"。作为中国优秀传统文化的重要载体，太
极拳的对外译介与传播方兴未艾。2020 年 12 月 17 日，"太极拳"
被列入联合国教科文组织人类非物质文化遗产代表作名录，成为我
国唯一入选的传统武术，加速了太极文化的国际化进程。

4.4.1.1 译介与传播主体

1）以西方汉学家为主的个人译介与传播主体。太极拳最初的
译介始于 17 世纪欧洲的来华传教士，西方汉学家们开始向西方译
介中国文化，包括太极文化。意大利传教士利玛窦（Matteo Ricci）[2]、
金尼阁（Nicolas Trigault）[3] 较早向西方世界译介了有"群经首、大
道之源"的《易经》，使中国传统文化思想在欧洲生根发芽（李伟
荣、宗亚丽 2017）。1876 年，德国汉学家甲柏连孜（Georg von der
Gabelentz）[4] 凭借翻译和研究汉文和满文本《太极图说》获得博士学
位（马祖毅 1998），为西方民众初步了解太极拳打开了大门，奠定

---

1 参考新华网文章《太极拳：世界的遗产，人类的财富》。

2 天主教耶稣会传教士、学者。1582 年（明万历十年）被派往中国传教，1610 年在
  北京逝世，在华 28 年，是天主教最早来华的传教士之一。

3 著名传教士、汉学家，金尼阁和利玛窦开启了以拉丁文为中文注音的先河。

4 德国汉学家，精通多种文字，18 岁开始自学中文。1878 年聘为莱比锡大学东亚语
  言讲座教授。成名作为《中国文言文法》（1887）。

了译介传播的基础。西方世界中，美国是最早推广太极拳的国家之一。据史料记载，最早将太极拳传入美国的是来自得克萨斯州的索菲亚·德尔扎（Sophia Delza）女士。根据美国国民健康访问调查（National Health Interview Survey）结果显示，自 1954 年到 2007 年，约有 250 万人习练太极拳。太极拳在美国的成功传播要归功于早期的传播者，其中不乏很多华人和外国武术爱好者、习练者、研究者和学者。汉学家罗伯特·威廉·史密斯（Robert William Smith）是郑曼青（杨氏太极拳宗师杨澄浦的弟子）的第一位美籍学生，罗伯特对太极拳的传播促进了美国人对太极拳文化的正确理解，在太极拳译介传播进程中发挥了重要作用，但目前国内关于他在武术传播方面贡献的研究甚少。

2）高等院校。在太极拳的国际译介与传播过程中，高等院校在太极拳专业人才和国际传播人才培养方面发挥重要作用。许多高校都设有太极拳学院或太极拳课程，以培养太极拳专业人才为培养目标。如复旦大学开设的太极拳课程，主要教授十六式太极拳套路和陈氏太极拳套路，实施武术段位制教学模式，使学生掌握太极拳基本技术和练习方法，培养学生对太极拳的兴趣。安徽农业大学的太极拳课程主要教授基本功、基本动作、太极八法五步（十三式太极拳）及三十二式太极剑，介绍太极拳技理常识和太极拳文化。焦作大学太极武术学院是我国第一个公立的专业太极拳学院，学院设置武术段位制系列套路、体育教学方法、中医基础理论、中医养生学等课程内容，出版了《中国 26 式陈氏太极拳英汉双语教程》《26 式陈式太极拳》《29 式陈式太极剑》等专业教材，积极拓展"太极拳专业＋英语＋中医养生保健"课程体系，促进太极拳专业建设。在河南省，太极拳已成为焦作市中招考试必考科目，并纳入焦作市温县中小学教育必修课程，其中，高校太极拳专业人才是主要的任课老师。体育类或设有体育专业的高校具备国际传播人才优势，可以外派优秀太极拳教师前往海外交流，组织参与国际性的太极拳比赛等，还可以选派优秀的外语人才作为志愿者到孔子学院或海外文化交流中心，传授太极文化。

3）官方机构。中国政府和官方组织机构作为太极文化译介与传播的顶层设计者，通过制定和采取一系列政策和举措推动太极拳的传播与发展。太极拳是河南焦作的名片，焦作市把文旅和文创深度融合作为增长点，将太极拳打造成文旅建设的强引擎。2022年，焦作市体育局与河南理工大学体育学院（太极拳学院）签署合作协议共建"太极研究院"，在太极拳事业高质量发展和人才培养方面加强合作，组建"国学、国医、国术"专家人才智库，出台《焦作市太极拳人才认定办法》，推动太极拳向标准化和规范化发展。此外，焦作市重点打造"一赛一节"活动品牌，组织开展"太极拳'六进'""太极拳进边疆""'一带一路'太极行"等文化推广活动。2019年，陈氏太极拳入选中国文化和旅游部"国家级非遗代表性项目优秀保护实践案例"；2020年，"太极功夫之旅"品牌入选中国文化和旅游部"非遗与旅游融合发展优秀案例"。2011年，河南省原文化厅认定温县太极文化生态保护实验区为省级文化生态保护实验区，开展整体性保护工作，先后实施了太极拳重要实践场所和纪念地的维护、修缮，包括创始人陈王廷故居、宗师杨露禅故居、和氏太极拳历代宗师纪念馆等。国家对太极拳的重视和保护进一步推动了太极拳的发展，太极拳已在全球产生了重要影响，其对外译介和传播让世界人民了解太极，增强了中华武术和中华文化的传播力和影响力。

4.4.1.2 译介与传播内容

在太极拳图书文献出版方面，1947 年版的《太极拳》被认为是截至目前首部系统英译太极拳拳理、拳技的出版物，该文献既是译介太极拳文化的经典文献，也是近代中西体育文化交流融合的产物（金艳 2019）。1963 年由李小龙编译的《基本中国拳法》出版，这是首部在美国正式出版发行的专门介绍中国武术的著作，至此李小龙将"功夫"一词传向世界。1983 年和 1996 年，汉学家怀尔分别出版了《杨家太极拳秘籍》和《遗失的晚清太极拳经典》。2012 年，剑桥大学出版社出版了龙沛的著作《中国武术：从古代到 21 世纪》。

此外，很多网站和数据库收录了大量太极拳图书的中外文文献。（1）以"太极拳"为关键词在中国图书出版数据库检索，共查询到 2,644 条记录（截至 2024 年 9 月），其中中文文献 2,524 条，图书内容涵盖太极拳发展史、太极拳基本知识、太极拳套路介绍、太极拳研究等，汉英对照图书数量显示 65 条，内容主要涉及太极拳套路招式教学等专业教材。（2）在当当网以"太极拳"为主题词检索图书，显示 42,237 条记录（截至 2024 年 9 月），内容涉及不同门派的太极拳教程，如杨氏太极拳、吴氏太极拳、陈氏太极拳以及太极拳研究专著等。（3）亚马逊官网显示了太极拳书籍在海外的出版情况。如，*Tai Chi–The True History & Principles*（Lars Bo Christensen 2021）、*Taiji Qigong: The Energetic Foundation of Taijiquan*（Dennis Sharp 2019）、*The Theory and Practice of Taiji Qigong*（Chris Jarmey 2023）、*Chen Style Taijiquan First Set as Taught by Grand Master Chen Zhaokui*（B. Liang 2022）等英文版太极拳书籍在海外出版。这些数据显示，国际出版发行量虽然没有国内出版发行量大，但是已经收获了一批海外阅读群体，太极拳译介呈现繁荣发展的景象。（4）以"太极拳"为关键词在中国知网检索（截至 2024 年 9 月），共显示

17,810 条结果，其中学术期刊最多，显示结果 8,974 条；学位论文次之，显示 2,432 条；会议论文有 1,485 条。此处还有报纸文章 476 篇，科研成果汇报等。研究内容丰富、全面、系统，包括太极拳本体研究、太极拳教学、太极拳运动、太极文化、老年人太极锻炼、太极拳国际传播、太极拳翻译等；研究学科主要分布于体育学、外国语言文学、翻译学、新闻与传播学、医学、教育学等，既有单一学科的深入研究，也有跨学科的融合研究。国内学界对太极拳的研究可以作为太极拳向国外译介传播的内容，对太极拳走向国际具有学术研究和参考价值。

4.4.1.3 译介与传播途径

借助多样化的传播途径，太极文化在国际舞台受到越来越广泛的关注，孔子学院、影视作品、舞台表演和纪录片是太极文化国际传播的重要途径。

1）孔子学院在推广和传播太极拳方面发挥着重要作用。太极拳作为中国文化的象征性代表，是孔子学院和孔子课堂的必修课。为推广太极拳，美国、日本、德国、法国、意大利、加拿大、荷兰等 30 多个国家的孔子学院都组建了武术表演团体，以弘扬太极拳文化，促进太极拳的国际传播。例如，泰国的勿洞市孔子学院是泰国勿洞市市政局与我国重庆大学的合作项目，自 2006 年成立后，每年开设太极拳培训班，推广中国太极拳，弘扬中国优秀传统文化，受到泰国当地人民的欢迎和喜爱。2017 年 2 月，孔子学院文化教师郭晓峰、当地第一位本土中文教师巴虹赴塞内加尔体育运动高等教育学院介绍太极拳及气功理论，演示太极拳套路。通过讲解和演示，该学院的研究生对太极拳产生基本认识和浓厚兴趣。2022 年 5 月，意大利都灵大学孔子学院在当地 5 所学校举办太极拳工作坊系列活动，孔子学院教师向学生们讲解中国武术和太极拳文化知识，展示中国武术魅力，5 所学校的学生都对太极拳表现出极大的兴趣和热情。2023 年 3 月，上海中医药大学与希腊西阿提卡大学签约合作建设孔子学院，在此之前，上海中医药大学已于 2018 年在西阿提卡大学挂牌成立了海外首家"太极健康中心"，先后派出 6 位教师教授太极，受到希腊民众的热忱欢迎。此外，孔子学院还通过开设太极拳课程及太极拳班，举办太极拳文化讲座、研讨会、太极拳竞赛及段位制考核等活动教授太极拳，宣传太极文化。可见，孔子学院作为向海外受众介绍中国太极拳的重要平台，在向国外推广太极文化方面起到推动作用。

2）影视作品是在国际社会推广太极拳的高效渠道。1974 年，电影《太极拳》（*The Shadow Boxer*）于香港首映，这是我国首次将太极拳搬上银幕。编剧倪匡改变了人们对太极拳仅用以强身健体的传统观念，将太极拳的威力展现于大众视野。1987 年，由李连杰大师兄王群主演的《神丐》（*The Magic Beggar*）作为一部太极拳主题电影，自上映以来受到国内外观众欢迎，因偶像效应使太极拳迅速迈进国际视野，掀起了一股习练太极拳的热潮。由冯德伦执导的《太极》三部曲《太极 1：从零开始》（*Tai Chi Zero*，2012）、《太极 2：英雄崛起》（*Tai Chi Hero*，2012）、《太极 3：巅峰在望》（*Taichi 3*，2017）由华谊兄弟出品，其中第一部影片在河南温县陈家沟取景，进入第 69 届威尼斯电影节非竞赛单元首映和第 37 届多伦多电影节"特别展映"单元。因此，武侠题材的影视作品推动太极拳进入大众视野，是向世界传播与推广太极拳的重要途径。

3）舞台演艺是太极拳走向世界的有效路径。2008 年北京奥运会开幕式上，由 2008 名太极拳爱好者表演的《和谐中华迎奥运》节目，气势磅礴恢宏，让世界从一个宏大叙事的视角了解中国古老的太极拳武艺。2021 年河南春节晚会的太极表演《天地之中》将太极元素融入现代化景象，实现太极表演和航天科技从形式到内容的完美对接，诠释了太极拳所蕴含的阴阳哲学和中和理念，为观众呈现别具一格的视觉盛宴。此外由张艺谋担任艺术顾问的室内沉浸式演艺项目《印象·太极》于 2021 年在河南温县陈家沟推出，演出采用实景与多媒体结合的方式，以乐章式的结构诠释太极拳所蕴含的文化美感，在动静之间感受"阴阳、方圆、融合、平衡"的身体与心灵，领略行云流水、刚柔并济、包容万物的太极文化，增进观众对太极文化内蕴的解读与心灵互动。2022 年，太极拳表演《行云流水》登上了央视虎年春节晚会，表演突破了时空限制，向海内外观众展示了太极拳刚柔并济的文化特色。

4）太极拳以纪录片形式真实呈现其历史、现状与意蕴。太极文化是中华道家哲学的体现及延伸。《太极武当》是根据博大精深的太极文化而创作的大型电视纪录片。2010 年 10 月，CCTV《走遍中国》栏目开播，聚焦武当山太极文化，邀请金庸、成龙等嘉宾解读老子《道德经》，展现武当太极功夫文化，探讨太极养生之道，推动太极拳国际传播。

4.4.2　效果与接受——名扬四海，妇孺皆宜

太极文化已融入中国人的健康文明生活方式。"太极拳健康工程"等国家项目以及《世界太极拳蓝皮书：世界太极拳发展报告（2019）》[1] 等相关文件的发布，进一步体现了太极拳的社会价值。近

1　《世界太极拳蓝皮书：世界太极拳发展报告（2019）》主要阐述和分析太极拳历史、国内外发展现状及未来发展趋势，以及太极文化的现代化、科学化、产业化和国际化，重点挖掘太极拳历史、文化、学术等深刻内涵、外在表现，并对太极拳在修养学、人类健康与社会进步方面的积极作用进行分析和预测。

年来，太极拳的国际影响力提升，成为中国传统文化对外交流的重要名片。要想太极拳真正走入世界，还需要厘清其传播效果与接受现状。

4.4.2.1　译介与传播受众

太极拳作为一种适合男女老幼、各类体质的运动，以其简单流畅的招式和轻松自然的风格，能够活络筋骨、强身健体，因其健身性和技击性获得世界各地民众的认可。太极拳对于习练者的性别、年龄、体质、职业、民族没有严格要求，各个年龄层的群体都能够从中受益，其中蕴含的太极文化更值得品味研读。截至 2021 年，太极拳已在全球至少 150 余个国家传播，全世界超过 4 亿人练习太极拳，在世界范围有广泛的受众（贾文山等 2021）。太极拳的海外受众主要集中于太极研究者和太极文化爱好者。太极文化已从某些侧面深入到海外民众的日常生活，例如，国外某高速公路的广告牌上赫然写着"Tai chi is best medicine"的标语；在哈佛大学医学院直属机构哈佛健康出版社官网中以 Tai chi 为关键词搜索，共发现相关记录 67 条，主要集中于太极有益人类健康的话题（统计时间为2024 年 10 月 17 日）；美国卫生与公共服务部门（U.S. Department of Health and Human Services）官网中有太极拳的详细专题介绍；美国学者凯瑟琳·阿尔巴尼斯（Catherine L. Albanese）对《太极拳刀剑杆散手合编》[1] 中阐释的太极拳文化内涵不断进行追问和学习，并在其编著的《美国精神读本》（*American Spiritualities: A Reader*）中融入了"论气"的内容（金艳 2019）。无论是官方还是个人层面，

1　《太极拳刀剑杆散手合编》是太极拳技理的综合性著作，作者陈炎林。该书集太极拳、刀、剑、杆、散手对打于一体，多方面展示其技术体系，配图 296 幅，并辅以文字详解，是广受推崇的学习范本。

太极文化都在不同程度上影响着世界各国人民的健康生活，拥有广泛的海外受众群体。

4.4.2.2 译介与传播效果

太极拳在海外的广泛流行以太极拳武术赛事为突出体现。国内外太极拳爱好者和运动员在国际赛事中积极参与、交流切磋，推动了太极拳的国际化发展进程。许多世界级大型运动会设有太极拳项目，如青奥会、亚运会和世锦赛等。世界太极拳健康大会、焦作国际太极拳交流大赛以及邯郸国际太极拳运动大会这三大赛事，吸引了国内外大量太极拳爱好者。从历届焦作国际太极拳交流大赛的比赛状况来看，我国的太极拳技术水平在全世界范围内处于绝对领先地位。国际武术赛事汇聚全球的太极拳爱好者同台竞技，在交流中提升自身的竞技水平。而在国外举办的太极拳比赛大大促进了太极拳的海外传播。2023 年 4 月，白俄罗斯在明斯克举办了国际武术锦标赛，包括套路和散打，来自白俄罗斯、俄罗斯和中国的 300 余名武术爱好者参赛；白俄罗斯国立体育大学孔子学院教师在比赛开幕式上的精彩表演展示了太极拳的舞台艺术魅力。至 2022 年，全球太极拳网络大赛已成功举办两届，相比较而言，第二届赛事的覆盖面更广、参赛人数更多，共收到来自 47 个国家和地区的视频投稿 23,619 个，参赛视频 18,125 个，参赛人数达 21,083 人，其中个人参赛 10,688 人，团体参赛 10,395 人。赛事获得全球武术爱好者的广泛关注，累计投票量达 6,523 万，总访问量超过 2.07 亿次，通过线上比赛的形式扩大了太极拳的全球影响力 [1]。2022 年的北京市武术太极锦标赛设有个人拳、械两个项目，执行中国武术协会审定的

---

1 参见国家体育总局网站 https://www.sport.gov.cn/n20001280/n20001265/n20067533/c24431342/content.html（2024 年 5 月 30 日读取）。

2012 年版《传统武术套路竞赛规则》及相关补充规定。国内外太极拳赛事的举办大大提高了太极拳这一传统运动的知名度，增加了太极拳在国际上的曝光度，而参赛人数也从侧面印证了太极拳在海内外受众中的受欢迎程度。2020 年，国际奥委会执委会会议通过将武术列入在塞内加尔共和国首都达喀尔举行的第四届青奥会正式比赛项目，届时 48 名运动员将参加武术项目，包括男女长拳全能和男女太极拳全能 4 个小项。武术列为青奥会项目对太极拳在全球的推广产生了深远影响。

4.4.2.3　译介与传播接受

太极拳在西方的传播和接受起源于 20 世纪初期，此前，太极拳的传承与传播主要在国内，极少数外国人有机会接触和学习太极拳。随着中外经济文化等领域的交流愈发频繁，太极拳逐渐引起西方人的关注和兴趣，成为中国传统文化在西方传播的代表之一。20 世纪初，中国传统武术家杨露禅前往美国，在纽约教授太极拳，成为在西方传播太极拳的开创者之一。此后，越来越多的武术家与西方进行交流，加速了太极拳在西方的传播与接受。

2020 年 10 月出版的《世界太极拳蓝皮书——世界太极拳发展报告（2019）》中表述："太极文化在人与天地之间追求生态和谐的自然观，可以转化为追求社会和谐的人文观，即人与人之间应建立一种友好亲善、和平共处、互帮互助的平等关系。""天地与我同元"是太极的重要思想，即人类与自然、人与人之间都应和谐相处。中国政府就人类未来发展提出的"中国方略"蕴含了人类命运共同体这一全球价值观所包含的相互依存的国际权力观、共同利益观、可持续发展观和全球治理观。因此，从全球意义上，太极文化的国际传播有利于全球政治、社会、文化和经济生态的和谐共生。

被誉为"太极之乡"的河南始终重视太极拳和太极文化的国际传播，深挖太极文化资源，打造"两拳"（少林功夫、太极拳）国内外品牌。中国功夫联盟会议、中国功夫之旅品牌推广协作体年会以及十余届焦作国际太极拳交流大赛等活动，大大提升了太极拳在全球的知名度。2015 年，以"共享太极·共享健康"为主题的"世界百万太极拳爱好者共同演练活动"在国内外 63 个城市同步举行，打破吉尼斯世界纪录。2017 年的"世界百城千万人太极拳集中展演活动"吸引了海外 26 个国家和地区 50 多个城市参与，全世界参与人数超 1,000 万。2019 年的"第十届国际太极拳交流大赛""'一带一路'太极行活动"以及 2023 年的"第 11 届中国·焦作国际太极拳大赛"等，吸引了很多海外太极爱好者参与。21 世纪以来，太极拳在世界范围内发展迅速，以中国为核心，以韩国、美国、澳大利亚、日本、英国、法国等国家和地区为中心，逐渐向非洲、南美洲辐射，太极文化在全球得以快速传播和接受。[1] 中国太极功夫文化在不同文化间搭起交流互鉴的平台，扩大了"一带一路"朋友圈，为中国传统文化的国际传播发挥了重要的媒介作用。

4.4.3 策略与展望——润物无声，网络勃兴

4.4.3.1 培育太极文化国际化传播者

太极文化在海外的传播需要具有国际视野的传播者承担使命。具体来看，可以以高校和机构两个主体为核心力量来培养太极拳专业人才。

首先，高等院校是培育太极拳人才的主要阵地。武术特色高

1　参考《太极拳文化：融入现代生活 走向世界文明》，https://www.workercn.cn/34059
/202012/18/201218090653945.shtml（2024 年 4 月 30 日读取）。

校或高校的武术学院在太极拳课程设置上，应以教授太极拳标准动作、传授太极拳技能为核心目标，同时培养学生的外语交际能力，注重外语听、说、读、写技能水平的综合提升。此外，还应开设太极拳文化通识课程，传授太极拳所蕴含的中国传统文化知识，培养精通太极拳技能，熟悉中国传统文化，具备"家国情怀、国际视野"，精通外语的国际化人才。同时，高校也应积极与海外的太极拳文化中心开展合作，外派优秀太极拳教师赴海外教学，培训选拔热爱中华文化的志愿者到国外交流，举办太极拳学术研究与交流讲座，组织学生参加国际太极拳比赛和演出等。

其次，设立专门传播太极拳的组织机构。目前，太极拳在国内外已具有广泛稳定的群众基础，为进一步促进太极拳的海外传播，官方或民间团体可因地制宜地设立太极拳文化中心、太极拳协会，引进国内优秀的太极拳专业师资，既能传授拳理技法，也能教授太极文化内涵知识；同时，开设太极拳课程，举办太极拳知识讲座，开展太极拳团体表演和太极拳比赛。这些多元化形式有助于吸引海外群体主动感知太极拳的魅力，宣传中国优秀传统文化，促进太极拳和太极文化的国际传播。

4.4.3.2 利用网络平台传播太极文化

信息化时代背景下，太极文化和太极拳的国际传播离不开互联网的强大支持。相比于传统媒介，互联网具有覆盖面广、传播速度快的优势，应该积极开发。

首先，建立太极拳体育项目国际化传播的网络平台。国内外太极拳爱好者可通过网络平台进行太极拳文化的信息交流。比如世界太极网络学院是全球性的太极拳在线教育平台，平台以太极拳为核心，在线视频教授融合中国传统养生方法与武术学习的教学内容，汇集众多优秀太极拳名家、研究专家、文化学者的课程与文章，以提升全球太极拳爱好者的习练水平为宗旨，涵盖太极拳基础、理论、技术、内功等具体内容，以网络视频方式与参与者互动答疑，并定期进行网络直播教学，提升了太极拳在国内外的影响力。此外太极拳相关机构可设立官方网站，宣传太极拳知识和太极文化。现有网站有太极网、世界太极拳网、由温县武术协会和陈家沟太极拳研究院共创的太极拳中国网等。网站可以推出相关太极拳流派、太极拳理论、太极拳赛事等专题，增进大众对太极文化的了解。许多太极拳相关赛事由于推广渠道少、曝光度小，限制了海外受众对赛事的了解。为解决此问题，可拍摄太极拳赛事广告宣传片，上传至互联网平台，并借助自媒体扩大体育赛事的影响力，用现代化传播方式，讲好中国故事，推广太极拳运动，让太极拳在世界各地开花结果。

其次，利用太极拳线上教学模式增强国际影响力。武术专业类高校可在慕课平台、视频网站上传太极拳课程录制视频，供海内外爱好者学习。例如，安徽医科大学的《24式太极拳》网络课程上线孔子学院官网，以特辑形式在"文化视窗"专栏内定期更新，为世界各地汉语学习者和中国文化爱好者提供太极拳学习资源。2019年以来，河南省援外培训中心充分发挥少林和太极两张武术名片优势，在格林纳达、拉脱维亚、玻利维亚、波黑等地成功举办多期线上武术培训活动，突破了时空局限，创新武术远程教学模式，助力中华武术对外传播与发展。

4.4.3.3　加速太极拳典籍外译步伐

中华武术是中华文化的典型代表及文化符号，体现着中华民族的思维模式、行为方式及情感形式，是独具特色的中国传统文化典范，被学者赞誉为人文版的四大发明之一（郭玉成 2015）。太极典籍是中华太极文化的历史结晶，是中华传统文化典籍外译的组成部分，也是太极文化对外传播的重要载体。太极拳作为中华武术的重要代表，需要加快其典籍外译进程，以推动其在海外的传播。

首先，太极拳典籍外译应坚持文化本位。太极拳是中国优秀传统文化由内而外的形体表达，太极文化以道家阴阳学说为主体，汲取儒家中庸之道和佛家心性学说，尤其是武术术语和武术谚语所附属的文化性和民族性较强，这是区别于西方体育运动的精神内核。但是太极拳种类繁多，术语专业性强，中外文化差异、思维方式及语言表达形式的不同，导致太极拳经典外译容易出现误译、错译现象。在外译太极拳典籍过程中，要注重对文本的文化阐释，将独特的中华文化内涵以解释和阐释的方式介绍给受众，达到文化传播与交流的目的。例如，"手挥琵琶"在《英汉汉英武术常用词汇》（解守德、李文英 1989）中被译为 Hand Strums the Lute，英国哈珀出版社出版的教材《太极入门》（*T'ai Chi for Beginners*）（Paul Crompton 2003）中将其译为 play the guitar，这样的翻译既失去了中华传统乐器"琵琶"的文化内涵，又完全混淆了"吉他"与"琵琶"，也就完全忽略了太极拳所蕴含的文化意涵。事实上，"手挥琵琶"拳式仿形如左手怀抱琵琶、右手弹奏琵琶的姿势动作；要求重心渐渐移至右腿，随着重心后移，使右脚踏实，坐实右腿。对于这类太极招式，译者可根据适当场合加以解释性翻译。再如，太极二十四式第十式"云手"是太极拳的经典招式。云手演练虽然在各家太极拳势中的风格多样，但均称云手为"母式"。洪均生（1989：286）在《陈式太极拳实用拳法》的考证中提出，云手"式名也是象形的。中国画云习惯以螺旋状表示云之随风旋转。因此式两手交互旋转有似画云笔法，故取以为名"。"云手"常被译为 Cloud 和 Cloudy

Hands，也可音译为 Yun Shou，为减少文化信息的流失，可辅以解释性注释，使外国读者理解该动作的文化含义，增加翻译的可接受性。同时译者也要在掌握翻译技巧的同时，熟谙中国传统文化背景知识，如医学、哲学、儒释道等，提高文化素养，在外译过程中充分传达太极拳的文化底蕴，提高译介作品的针对性，考虑不同受众的实际需求。

其次，官方机构应科学规划太极典籍译介。太极拳书目各色各样，典籍译本众多，但是许多翻译质量难以保障，造成太极拳海外推广与传播的困境。官方机构可组织邀请武术、外语、体育领域的专家学者合作翻译，编制太极拳双语词典，共同制定太极拳外译标准，规范太极拳的外译表达。同时，内容上要选择知名度高、传播度广、权威性强且利于传播与接受的书籍，由权威机构编译，为太极术语表达制定统一规范，从而传播中华文化经典之作。

4.5 小结

中华武术历史悠久，底蕴深厚，是中国优秀传统文化的重要组成部分，在中华文化"走出去"背景下，应承担起传播中华文化的重任。本章以武侠文学、武侠影视、少林武术、太极文化作为个案，研究其译介与传播情况，分析其传播效果及接受现状，并展望其发展和传播策略。

从"翻译世界"到"翻译中国"，中国优秀文学文化的代表始终是对外译介传播的主要对象，应将译介传播置于不同民族的文化和社会背景之下，而非仅仅语言文字层面的转换，要充分关切到"译入"与"译出"的差异，重视文化的"主体性"和"文化间性"

等影响因素。

以金庸武侠小说为代表的武侠文学虽然已被译为多种语言，但由于东西方巨大的文化差异，中国武侠小说在英语世界的传播情况并不乐观，传播的地域和文化区域呈现不平衡性。就接受情况来看，以金庸的《射雕英雄传》为代表的武侠小说译介到海外，受到了读者的广泛关注和好评。为了进一步提高武侠文学在海外的影响力和知名度，仍需要进一步将经典武侠文学作品多渠道、策略性地译介到国外，从精选译介内容、提高译介质量、拓宽译介渠道三个角度对武侠文学的译介与传播进行策略上的科学规划。

武侠影视作为武术文化多模态传播的动态表现形式之一，更容易直接有效地被国际受众感知和接受，武侠影视发展进程足见功夫电影在海外的受欢迎程度。在新的时代背景下，如何迭代更新信息技术在电影中的应用，如何迎合受众对象国的叙事话语体系和风格，如何将中国武术文化通过影视作品"润物细无声"地渗透到外国受众的内心世界，这些现实问题需要科学、客观地规划、研究和持续探索。

少林武术已有部分出版物被译成多种语言在国内外出版，但数量和质量依然有限，国外出版社出版的少林武术原著图书较少，其国际传播力度需进一步加强。从国内外少林武术赛事、影视作品、教学交流和赛事活动等方面分析少林武术在海外的接受情况，发现少林武术在海外的影响力正逐步扩大。根据少林武术的海外实践现状，加大少林武术专业人才培养力度、拓宽少林武术国际宣传渠道、推进少林武术标准化进程等措施能够更进一步促进少林武术的译介与传播。

以太极拳为代表的太极文化在海外有一定群众基础，从武术竞赛、影视媒介和孔子学院角度分析太极拳在海外的接受状况，显示太极拳已在海外产生广泛影响，据此提出培育太极拳国际化传播者、利用网络平台传播太极拳、加速太极拳典籍外译步伐等策略来推动太极拳的国际传播。

第五章 中华武术文化译介与传播：反思与对策

　　中华武术蕴含着中华文明的智慧，是中华文化的杰出代表。在深化文化交流、促进文明互鉴的新时代背景下，着力构建中国特色对外话语体系，讲好中国故事、传播好中国声音，让东方文化大国的形象更加深入人心，已成为学界、业界关注和研究的焦点议题。译介是中国特色政治、经济、文化、外交等话语跨文化交流与传播的必要途径，中华优秀传统文化的对外译介与传播有助于推动其自身的创造性转化与发展，丰富世界多元文化，促进世界文化多样性。作为中华优秀传统文化的重要组成部分，中华武术文化的对外译介与传播必然经历异质文化间的碰撞、交互与融合，其传播的本质是文明的交流与互鉴，是东方思想和价值观念的跨际流动，从而让世界更好地认识中国、了解中国。

　　目前，国内有关对外话语体系建设、政治话语对外译介与传播、文学与文化经典对外译介与传播的学术讨论层出不穷，为了讲好中国故事、传播好中国声音、阐释好中国特色，不同研究领域的学者们进行了各种理论建构与实践探索。中华武术文化译介与传播与这些研究既有共性特征，又有其个性化特征。前四章分别从中华武术文化的概念与意义、译介研究、传播研究和个案研究几个方面分析和论述。那么，中华武术文化译介与传播未来究竟应如何做、做什么呢？我们需要通过对现状与问题的深入反思，进一步厘清理论框架、思想脉络与实践规划，并在此基础上提出应对策略。

5.1 中华武术文化译介与传播反思

中华武术文化译介与传播是一个系统工程，是中国文化"走出去"的具体实施策略与实现路径。中华武术文化译介与传播虽然取得了一定成果，但反思其实践路径与实际效果，仍然任重道远，机遇与挑战共存。基于前四章的论述，本小节主要从四个方面阐释：以译介学为理论根基，以传播学为理论支撑，以构建学科融合的研究格局，形成融通中外的话语体系。

5.1.1 以译介学为理论根基

不同于传统的翻译研究，译介学认为翻译不仅仅是单纯的语言文字转换，更是文化间的碰撞与融合。它超越了语言表层的翻译方法问题，探讨不同文化背景下语言文字转换过程中所产生的信息失落与变形，考察译介作品在目标语国家的传播、接受和影响，倾向于文化层面的沟通与交流功能。而传统翻译学研究更侧重于多样化的翻译策略或方法，关注源语文本语言转换层面的问题，容易忽略译介在语言层面之外的传播与交流功能。谢天振（2014）认为中国文化外译是一种"逆势"行为，要取得成功，必须从译介学规律入手，全面审时度势并对之进行合理的调整，绝不能仅停留在交出一份"合格的译文"就万事大吉。从译介学角度探寻中华武术文化"走出去"，能够超越翻译的语言表层，实现文化层面的互通和互鉴。具体而言，译介作为文化传播行为主要包括五个要素，分别是：译

217

介主体、译介内容、译介途径、译介受众和译介效果。

关于译介主体，中华武术文化译介主体类型多样，有官方机构主导、海外华人武术专家独译、武术专业人士与双语人员合作，也有武术领域汉学家自主翻译和中外合作翻译模式等。如第二章所述，不同的译者模式体现出各类译介主体在中华武术文化译介传播过程中的角色与作用、探索与尝试。然而，无论是国内本土译者还是海外译者作为译介主体，其译介过程都存在一定程度的局限与不足：海外译者往往对中国文学、文化作品诠释不足或过度诠释，本土译者则缺乏对目标语读者需求的关照等。从译介作品的效果来看，中外合译在当下是较为理想的模式，然而，目前尚难以大规模普及推广。另外，武术文化译介主体存在缺乏统一组织规划、规模和体系不够完善以及专业译介人才匮乏等问题。

在译介内容上，中华武术文化译介内容已形成较为完整的内容体系，包括影视、文学、学术专著和专业教材等。然而，囿于武术的专业性突出和传播力度不足等原因，武术文化的译介内容仍不够丰富，缺乏系统性，呈现零散状态。中华武术文化特色鲜明，其文化产品在海外拥有广大的消费市场和前景。武术文化对外译介的出版物数量较多，但译介内容多以拳种套路、技术训练为主。此类译介内容可以为海外受众习练武术提供帮助，但却无法真正满足受众对武术文化的情感需求和价值需求，也不能展现武术文化的深刻思想内涵与整体面貌。从目前搜集到的数据信息来看，自1947年英文版《太极拳》出版以来，中国武术及其对外译介方面的出版物涉及译著、教材、词典、文件等多种类型，在一定程度上满足了海内外爱好者和读者的需求。此后，1963年李小龙编译的《基本中国拳法》在美国出版，2018年金庸武侠小说《射雕英雄传》首卷英译本问世。上述三种出版物可以说是中华武术文化对外译介的三个里程碑式的重要标志。中华武术文化内涵丰富，选取何种内容译介才最能展现中华武术文化的真实面貌，这一问题值得学界深度思考。中华武术文化的译介多是以主观角度唱"独角戏"，对武术文化哲学思想的译介与传播还很欠缺，武术文化的核心要义有待进一步传播出去（焦丹 2021）。

在译介途径上，中华武术文化译介途径目前还较为有限，覆盖范围不广。虽然中华武术文化对外译介途径现已呈现出多元化发展态势，有图书、纸质媒体、影视、网络等多种方式，但译介途径尚不全面，传播速度和广度不够，各类媒介所承载信息的真伪不能完全保证，译介渠道的覆盖范围有限。另外，国内出版发行的外文出版物数量有限，大多是中外双语对照版式，且主要应用于双语教学和科研用途，译介传播效果大打折扣，无法满足向海外传播中华优秀传统文化的现实需求。影视方面虽有一些经典功夫影片获取了海外受众的关注，但观众数量和收视率仍低于国内。海外一些知名媒体制作播出了武术纪录片，但观众的接受度和认知度尚无准确的量化调研数据，国外受众对中国功夫原有的"妖魔化""愚昧化""玄学化"等误解是否依然存在、存在的程度如何，还不得而知。此外，武术文化的网络传播途径尚未充分进入国际媒体的传播视野和国际网络传播体系，国外主流媒体的关注度不高，对中华武术文化的关注仍限于小众范围。

在译介受众上，中华武术文化的海外受众群体日趋庞大且根基稳固，这得益于李小龙、李连杰、成龙等功夫明星的国际影响力，"武侠世界"等网络武侠小说平台的推广，各大高校为海外留学生开设的武术研修班，以及全球武术协会组织的运营与维护，中国政府的武术对外援助等。然而美中不足的是，中华武术文化的海外受众绝大部分局限于华裔人群，难以辐射更多的海外受众，其原因在于中华武术文化译介的内容和文化不完全适应海外受众的需求，一定程度上削弱了海外民众对中华武术的认同感和喜爱度。中华武术文化译介受众有着不同的社会和历史文化背景，个体兴趣爱好、教育经历、心理素质、年龄等千差万别，这些因素从不同程度上影响了受众对中华武术的接受效果。虽然中华武术在海外知名度高，但无差别的中华武术文化对外译介难以满足海外受众的个性化、差异化和层级化诉求，从而造成中华武术文化的海外受众规模受限，理解深度不够，难以形成长期持续且有效的影响力。

在译介效果上，中国武术文化译介当前面临语言、文化、传播与认同四个方面的障碍。译介效果受到目标语国家社会因素、道德观念、文化价值观、市场营销模式等多维度因素的影响。总体而言，在中华武术文化对外译介过程中，受限于译介主体、内容、途径和受众等要素之间的协同发力，中华武术文化的译介效果仍有较大提升空间。

5.1.2　以传播学为理论支撑

传播学是研究人类一切传播行为和传播过程的发生、发展规律的专门学问（董璐 2010）。从这一视角研究中华武术文化的对外传播问题，一直是体育学界和传播学界关注的焦点，目前已有不少成果。邱丕相、郭玉成在 2002 年提出"武术传播学"概念，继而从传播学角度划分中国不同历史时期的武术国际化传播进程，展望中国武术未来的发展走向，包括竞技武术入奥、传统武术与武术理论的国际传播等。郭玉成、邱丕相（2002）在《武术国际传播基本模式的构建》一文中，从中国武术国际传播的内容、传播者、传播方式、效果和手段等方面进行深入论述。郭玉成还出版了《武术传播引论》（2006）、《中国武术传播论》（2008）等专著，进一步探索武术传播问题。这些努力和尝试对中华武术国际传播学术话语体系理论框架的构建起到了积极推动作用。

全球化背景下，国际传播能力建设面临新时代的现实语境，信息技术引领国际传播新秩序，中华武术文化的国际传播研究主要聚焦于当前的困境和应对策略。中华武术文化国际化传播依然面临着诸多困难，集中表现为其自我传播体系不强，外部传播环境不利。

首先，中华武术文化国际传播的自我传播体系不强主要体现在官方组织传播主体、民间传播主体和武术文化传播内容三个方面。(1) 官方组织传播主体占据中华武术文化国际传播的主导地位，传播效果仍然有限。自 1982 年 12 月第一次全国武术工作会议明确提出要积极稳步地把武术推向世界开始，中华武术文化对外推广与传播已经开展了四十余年。在这四十多年间，从武术文化传播政策的制定，到国际武术联合会等组织机构的成立，再到各类国际性武术文化赛事的举办，官方组织在武术文化国际传播中始终扮演着重要的引领角色。凭借其强大的组织能力与推广力度，中华武术文化在全球落地生根，然而令人遗憾的是中华武术迟迟未列入夏季奥运会正式比赛项目中，中华武术的国际化传播效果始终未达到人们的期待。(2) 民间武术传播主体缺乏规范与管理，形成合力仍有难度。民间武术传播者是武术文化国际传播过程中的重要组成部分，中华武术历经千年积淀，形成了丰富的拳种及武术流派，各民间武术传播主体在传播过程中呈现出自发性、营利性和自营性的特点。民间武术传播的优势在于，可以避免官方外宣可能给海外受众造成的抵触性心理。民间武术传播更注重趣味性、大众性、技术性和门派差异性，更容易被国际受众所接受。而这也带来其更偏重武术技术传播，无形中忽视了文化传播的问题。不同民间武术传播主体所擅长的武术门派或技术不同，因而在传播过程中更侧重于其所擅长的，即便是相同的武术内容，也会因传播主体自身的能力与水平不同而产生不同的传播效果，这一现象为中华武术文化的国际传播制造了隐形障碍。另外，民间武术传播主体的特点决定了其传播行为是出于个人利益、经济、目标设定等因素，在武术文化国际传播中存在同行竞争的现象，较难形成有效合力。（3）武术文化传播内容的输出精准度不够，创新性不足，难以满足海外受众的需求。无论是官方组织的各类武术国际交流活动，还是民间开展的武术文化表演、培训等项目，依托外在的运动形式、"点到为止"式的技艺展示以及传统武术与现代艺术相结合的演绎方式，使得中华武术文化传播活动往往陷入表面繁华、内核不足的境地，中华武术文化所承载的内外兼修的核心内容及其蕴含的天人合一、止戈为武的独特文化理念并未得到真正有效的阐释与表达（郭桂村、李臣 2021）。从整体来看，中华武术文化的国际传播仍然位于浅层次的国际传播阶段，现有受众更多是海外华人，并没有突破圈层桎梏，无法吸引更多外国受众，产生更深刻的影响。

其次，中华武术文化国际传播的外部传播环境不利，主要体现为西方国家的强势体育文化、强烈经济利益驱动和强大传播媒介话语三方面。（1）西方国家的强势体育文化冲击和阻碍了中华武术文化的国际传播进程。西方文化的国际传播以富有大众性和娱乐性特征的体育为有力载体和媒介（郭腾杰、甘颂甜 2022）。西方国家长期在众多竞技体育项目中占据优势地位，拥有一大批体育运动人才与教练员，这些人员的对外输出加速了西方体育文化的对外扩张，向全世界宣扬西方体育文化价值理念的同时，也在体育文化国际传播中占据优势地位。（2）西方国家的高额经济利益与回报驱使其花大力气培植本国体育文化并推动国际传播。事实上，不仅是西方国家的体育文化，如泰国的泰拳文化、韩国的跆拳道文化、日本的柔道文化和空手道文化等，这些外来的体育文化在我国也产生了强大的吸引力和影响力，散见于中国各大城市的泰拳馆、跆拳道馆或训练班经常人满为患。与之相比，虽然中华武术文化类型多样，但真正被开发和利用的武术文化种类过少，且难以产生足够的经济利益与回报，也难以形成与其他体育文化相抗衡的竞争力。(3) 西方国家对传播媒介的把控力远强于中国，中西方话语权争夺日益焦灼。在西方国家多轮技术革命和工业升级过程中，各类传播技术和手段也随着不断迭代升级，从书籍、报纸、广播、无线电，到电视、电影，再到新时代的互联网以及各类新兴媒体平台，西方国家搭建起庞大的传媒帝国，并不断加强信息技术领域的布局，因而在国际话语传播领域占据着较大的主动权和主导权，其所推崇的体育文化与价值观也随之传播至世界各地。综上，西方国家本土强势的体育文化、强烈的利益驱动以及强大的媒体话语权，都对中华武术文化的国际传播造成了实质性的冲击与阻碍，需引起有关部门、学界足够的重视与关注。

5.1.3　构建学科融合的研究格局

学科交叉融合，已成为当今世界高等教育发展的主流范式之一。目前，在世界范围内，许多研究成果并不局限于某一单个学科之内，而是关涉多个不同学科。2020 年，国家自然科学基金委员会成立交叉科学部，资助交叉学科研究，支持学科交叉融合。学科交叉融合，又可称为多学科交叉融合或跨学科融合，是指在承认不同学科之间存在差异的基础上，打破传统学科间的壁垒和边界，取各学科之长处，通过多元手段的融合，促进学科间相互交叉、渗透、融合的活动（顾志勇等 2019）。2021 年，习近平总书记在清华大学考察时指出，重大原始创新成果往往萌发于深厚的基础研究，产生于学科交叉领域，大学在这两方面具有天然优势。[1] 在此背景下，学科交叉融合的意义更为深远。无论是初级阶段综合运用两个及以上学科的知识来分析研究问题，还是高级阶段综合利用多学科知识创造一系列新理论、新概念、新方法和新技巧，学科交叉融合日益成为促进学科发展的强大动力，蕴含着改革、创新、合作、交流等价值理念。

虽然各学科有其边界与定义，但在现实世界这个复杂的体系中，中华武术文化译介与传播的研究实则是多个学科共同作用的结果。这些学科相互交织在一起，产生了新的知识体系，为人们呈现出一个多维互动的网络知识结构，涉及体育学、文化学、社会学、翻译学、历史学、语言学、哲学、传播学和文学等。作为体育学科的重要内容，武术研究在体育学领域一直保有持续性热度。目前，与武术相关的研究主要集中在传统武术技术、武术文化、武术课程、武术院校、武术教学、武术人才培养、武术与国家形象等方面。在文化学领域，研究热点包括武术文化的概念与特征、武术文化的传承、武术的跨文化传播以及武侠文化研究。在社会学视角下，武术形成、发展和传播过程以及武术文化传承是热门研究主题。从翻译学角度出发的研究主要集中于武术文学、术语、谚语、文本的翻译过程，武术翻译原则、方法、策略的探讨，以及武术翻译目的、意义、价值等研究。在历史学层面，研究主要集中于武术史、武术思想史及武术演变与发展研究。在语言学领域，研究主要关注武术动作、术语、谚语、文化中的语言符号。哲学研究关注武术精神、武术哲学思想以及武术的文化和传承等主题。传播学探讨武术国际传播理论和实践、武术传播的问题和效果、武侠电影中的

1　参考中国教育新闻网文章《服务国家战略 勇攀科技高峰》。

形象以及武术传播媒介等研究。此外，近些年来，随着金庸武侠小说英文译本的问世，武侠文学研究日益增多，文学领域出现了金庸武侠小说和武侠网络文学研究的热潮。这些学科领域的武术研究普遍存在一定维度的交叉，但交叉融合的深度和力度有所不足，学科间的纵横交织有待进一步深化。

　　构建跨学科融合的研究格局是新的学术话语体系下各研究领域共同面临的态势。中华武术文化译介与传播不能仅停留在某一个学科基础上，需要多学科、多维度、多方位地参与，才能产出更科学、全面、系统的知识体系。为了让武术更好地走向世界，跨学科融合研究的必要性显而易见。中华武术文化译介与传播这一研究主题本身具有跨学科交叉属性，包含了多学科内容。构建综合的理论体系和研究路径需要融合多学科视角，这就需要以翻译学和传播学为理论基础，以体育学和文化学等学科为支撑。然而，目前的研究成果总是以二元论视角将武术的翻译和传播一分为二，造成研究问题和研究对象分散、研究成果碎片化的局面，尚未形成跨学科的综合研究视角和整体性的知识体系。究其原因，是由于各学科的研究视角和侧重点不同，各学科领域的专业性强且知识点多，研究者的研究视野和跨学科融合理念较为局限，单一学科团队难以实现多学科综合研究。中华武术文化的译介与传播研究是一项复杂动态的研究，若仅从单个学科视角和研究路径出发，会导致对研究问题阐释的单一性、知识概念梳理的偏狭性，研究结论也不够完整、系统、全面。

　　中华武术文化译介与传播主要包含两方面内容：一是武术的译介，是以译介学为理论根基，对应体育学、翻译学、语言学、文化学、哲学、文学等学科内容；二是武术的传播，是以传播学为理论支撑，对应历史学、社会学、语言学等学科内容。梳理这些学科之间的主要关系尤为重要，特别是以下两种关系：（1）译介学与传播学的关系。中华武术文化的译介与传播，不仅要依靠外语翻译讲好中国故事，也需要借助传播学的理论和力量，展示真实、全面、立体的中国武术，通过新闻传播学传出中国声音。武术的对外传播涉及新闻传播学中国际传播领域的知识。在单一学科的研究背景和传统的人才培养模式下，受到专业课程设置和学习时间的限制，现有研究人员的知识结构有限，难以达到多学科知识融通的要求。随着研究的发展和信息传播的全球化，仅靠单一学科已无法满足新时代武术译介与传播的需求。（2）翻译学与体育学的关系。除了要依靠翻译学和传播学的助力，体育学的本体研究仍是根本。翻译学和体育学二者的融合成果已有显现，许多体育类院校在体育学学科下开设了体育翻译专业，追求体育和翻译的协同发展，为体育翻译和国际传播培养专门人才。从"文明其精神，野蛮其体魄"到"发展体育运动，增强人民体质"，再到建设体育强国，其本质内涵一脉相承。从党的十九大明确提出"广泛开展全民健身活动，加快推进体育强国建设"的目标，到 2019 年 9 月《体育强国建设纲要》出台，再到"十四五"规划和 2035 年远景目标纲要提出到 2035 年"建成体育强国"，体育已成为中华民族伟大复兴的标志性事业。[1] 群众体育事业发展势头蓬勃，国际体育赛事承办多样化，体育学和翻译学结合的未来发展有更广阔的空间。

在新时代背景下，中华武术文化的译介与传播事业需构建跨学科融合的研究格局，做到多学科交叉融合，以翻译学、传播学和体育学的交叉融合为开端，探索适合学科进步、适应国家发展前景的新模式、新路径。在传播过程中，通过文化学、历史学、社会学等

1　参考国家体育总局文章《"人民爱健身"科学健身指导服务平台启动》。

相关学科知识，向世界阐明武术文化与中华文化、世界文明之间的关系，阐述武术文化的历史脉络与生动的历史故事，阐释武术文化对社会发展、人类进步产生的影响等。利用多学科的融合优势，协同培育新时代复合型创新人才，助力中华武术文化的译介与传播，让世界更好地了解中国。

5.1.4 形成融通中外的话语体系

话语是人类交往行为的重要中介。在国际或人际交往交流中，主体间通过语言符号构建多重认知关系，如表达与接受、解释与理解、评价与认同等。话语体系是一个国家的文化密码和国家软实力的重要组成部分，它蕴含着特定的思想文化、价值观念和意识形态（杨鲜兰 2015）。话语体系具有鲜明的民族特色和时代特征，每一领域的话语体系都体现着该领域的价值取向。武术是中国四大国粹之一，2018 年《中国话语海外认知度调研报告》中，"武术"成为英语国家主流英文媒体和民众认知的高频关键词，可见中国武术在中国传统文化国际传播中的地位与贡献。中华武术文化话语译介与传播是中国特色对外话语体系构建过程中的具体话语实践，构建融通中外的武术文化译介与传播话语体系既是目标，也是必不可少的环节。首先，它顺应了中国对外话语体系建设的必然要求，能够丰富其内容体系，带动其整体发展。其次，它能够助力化解因中西方历史文化差异和西方媒体长期主导所造成的"武术是巫术"等偏见和刻板印象。建构武术文化译介与传播话语体系，对我国在新的历史条件下积极引领国际武术发展，更好地掌握武术国际领域话语权，具有现实意义。此外，融通中外的话语体系能够促进中华武术文化的健康有序发展，彰显中华民族文化软实力，提升文化自信和话语主动权。

当前，中华武术文化译介与传播话语实践仍显薄弱，中国对外话语实践整体上仍处于弱势局面。胡安江（2020）认为，通过译介与传播中国对外话语体系提升国家形象和国际话语权已经成为学界的共识。然而新时期我国对外话语体系建设仍存在着各种不足，包括理论研究多于实证研究，碎片化研究多于系统性研究，描述性研究缺失，同质化研究较多，创新性不足等问题。在日益多元的国际传播语境下，对外话语体系依然"失语""失踪""失态"，在具体话语实践过程中面临立场、内容、表达和渠道等多重话语困境。顾忆青、吴赟（2021）指出，一方面，在民粹主义和逆全球化思潮日渐抬头的国际格局下，国外精心构筑的话语陷阱和国际舆论热点斗争弱化了中国对外话语实践的效果。另一方面，目前国内的话语研究成果更多体现在理论、方法、实践等层面的描写或概述，缺乏全局性、前瞻性、创新性、实证性和问题导向的研究。

新时代背景下，译介与传播是中华武术文化对外话语体系构建的重要途径，然而受西方体育话语主导权的影响，部分武术文化译本倾向于使用西方体育话语阐释中国武术文化，武术文化话语自身内涵阐释不够，武术文化自信不够、创新性不强。从中华武术的对外翻译角度来看，武术文化译介在考虑目标语读者的期待与阅读习惯方面还不够充分，加之翻译策略不够灵活、翻译标准不够统一，未能形成强有力的发声体系（那彩霞 2022）。此外，中华武术文化话语的翻译往往由不同地域的部门或机构完成，如河南的武术文化翻译多是在河南省委外办的指导下完成，武当武术、峨眉武术等武术文化亦有当地有关政府部门的介入和参与；受限于各种因素，不同地域间的沟通协调不充分，常常导致武术文化核心概念的翻译出现不同版本，甚至不同门派、不同套路之间的翻译存在矛盾，影响中华武术文化话语思想对外翻译的规范性和一致性，不利于海外受众的有效理解与接受。"融通中外"要求武术文化对外译介与传播进行话语创新，既要立足中国国情，将富有中国特色武术文化内涵和体现中国优秀传统文化价值观的内容传播出去，又要与世界人民的知识生产与文化认知接轨，使国际受众真正了解和认同中华武术文化。

5.2 中华武术文化译介与传播对策

5.2.1 译介学视角——创立合作机制，提升文化认知

新形势下的中华武术文化译介与传播，不仅是语言间的文字转换，更多的是信息话语的跨文化传播与接受。从译介学视角出发分析中华武术文化的译介与传播，归纳出以下实践策略。

1）探寻有效合作机制，加强武术文化翻译人才队伍建设。一方面，通过建立国际合作交流平台，保持与国外武术文化组织和专家的联系，搭建彼此沟通合作的桥梁，加强区域间的文化交流。另一方面，增加武术文化翻译人才培训机会，提高译者自身翻译能力和武术专业知识水平。同时，鼓励武术、体育、外语、国际传播、话语研究等学科领域的专业人才参加国内外武术文化交流活动，从而了解国际研究动态，拓宽跨学科研究视野，提升武术研究的学术能力。通过政府指引、市场导向相结合的协调模式，充分发挥本土译者、海外译者各自的优势，加强双方沟通与协作，探索中外译者合作的最佳模式，妥善解决本土译者在目标语翻译与表达方面的问题，以及海外译者对中华武术文化本体认知不足的问题。

2）深化武术文化内涵的国际认知，推动武术文化系统化、体系化译介与传播。武术文化译介内容往往存在片面性、非系统性等

问题，海外读者难以真正认知武术文化全貌及其深层内涵。中华武术文化是一种包含哲学、文化、体育、艺术等多方面内容的集合体，而非仅仅是武技本身。因此，在对外译介中，译者应深入研究和学习武术领域专业知识，关注术语指称意义和联想意义，从而正确认识武术文化的内涵和外延，同时要避免内容浅显、虚假或夸大的情况，有时无意识的翻译行为可能会损害中华武术文化形象。中华武术文化无论从表现形式、武术技能还是文化理念等方面看，都具有很多可发掘和利用的空间；推动武术文化系统化译介与传播，有利于彰显中华武术文化的全貌及其深层文化内涵，促进海外受众更好地达成对武术文化的价值认同，从而为中华武术文化在更大范围内的传播奠定基础。

3）构建多元化译介渠道，打造多元翻译出版平台。首先，通过海外孔子学院及专业武术机构等平台的建设，帮助更多海外受众接触和了解武术，从而推动中华武术文化在海外落地。其次，借助现代化手段推介和传播，包括武术图书出版物（文学作品、宣传手册等）、融媒体（武术专门网站、网络小说等）、影视（动漫、电影、娱乐节目等）以及其他多模态途径对中华武术文化进行多渠道宣传推广，增加中华武术文化影响的覆盖面。最后，加强中外媒体、出版机构合作，可依托国外的代理公司和出版集团出版发行中国武术文化译介成果，或在海外建立出版机构，打造多语种翻译出版平台，解决中华武术文化译介成果难以大规模发行的难题。

4）精准定位受众群体，推行差异化、个性化译介。中华武术文化的对外译介与传播不是单向的自说自话，而是需要与目标受众双向互动，在当地营造有利于双方文化沟通、交流和合作的话语环境。推行差异化、个性化传播模式有助于满足国际受众群体的个性化需求。一方面，在中华武术对外译介与传播时，要尊重和理解目标语国家的文化习俗等异质性差异，充分发挥译介传播主体的主观能动性，灵活选择和阐释武术文化译介内容，优先挑选易被目标语读者接受的作品与核心内容。另一方面，要深入调查和研究目标语受众群体的文化偏好，及时掌握受众对武术文化的认知变化和关注趋势。通过对受众群体进行分类、分层分析，合理划分不同的受众群体，设置多元化的译介内容与主题，制定差异化、个性化的翻译策略和推广方案，最大程度增强译介内容的针对性。只有站在受众群体的角度去思考武术文化的译介与传播，武术文化译介内容才能更容易被接受和认可。

5）加强顶层设计，架构武术文化译介效果反馈机制。一方面，应加强各部门与各地域间的协作，定期召开武术文化交流活动，分享武术文化译介与传播经验、凝聚共识并及时整理发布信息，形成统一思想。另一方面，应充分利用国内外各种武术文化交流活动进行实地、量化的实证研究，针对海外留学生、专家学者、机构政要、普通民众等开展田野调查，获取海外民众对武术文化译介效果的真实反馈，并及时对实践作出相应调整，使得武术文化外译在不断更新的当代语境下更具针对性和实用性。此外，也可以开展面向受众的舆情调查与分析，围绕武术文化关注点设计问卷或开展访谈，实地调查武术文化的译介效果，同时借助大数据分析工具关注互联网虚拟空间受众对中国武术文化元素的情感与态度，并在数据分析的基础上，合理架构武术文化译介效果反馈机制，以便更科学地指导未来武术文化译介与传播实践。

5.2.2　传播学视角——创建文化品牌，精准分层传播

西方体育文化深深影响了我国大众的体育文化价值观，也对我国武术文化的国内外传播造成阻碍。新时代下，我们肩负着文化传

承的使命以及建设文化强国的目标；中华武术源于中国，特色鲜明，理应肩负起推动中国文化"走出去"的历史重任。从传播学的理论视角出发，中华武术文化的国际传播需要明晰以下四个方面。

1）以市场化运作思维推进中华武术文化品牌化。中华武术文化的传播主体是武术传播内容的"审核者"和"把关人"。长期以来，中华武术文化传播主体推动开展大规模海外中华武术文化展演等活动，迎合了海外民众对异域文化的好奇与幻想，但却难以满足他们对中华武术文化的真实情感需求和价值需求。而民间武术文化传播主体的传播力量过于分散，且各自为营，缺乏管理，难以有效发挥其在武术文化国际传播中的作用。

鉴于此，中华武术文化传播主体应主动强化市场化运作思维，推进中华武术文化品牌化管理，实现中华武术从文化资源向文化品牌的创造性转化，并以武术文化品牌带动中华文化传播跃升新台阶。以目前国内较为成熟的少林武术品牌为例，少林武术作为中华武术文化的知名品牌，也是许多外国人眼中"中国功夫"的代名词，具有文化代表性和广泛的海外影响力。这主要归因于两方面的努力：一方面，嵩山少林寺在全球广设少林分寺，在弘扬佛法的同时先后派出数百名优秀武僧到海外传授少林功夫，广泛传播中国武术文化；另一方面，嵩山少林武术馆表演和海内外培训、嵩山少林寺文旅开发等已逐步形成以少林武术为核心的武术文化品牌产业链。由政府部门组织承办的国际少林武术节进一步提升和强化了少林武术文化品牌效应，助力少林武术文化走向世界（张小林等 2008）。太极、武当等其他大众熟知的武术文化品牌也应探索走出国门的路径，扩大宣传，提升国际影响力。

2）以海外受众为目标实现精准化、差异化传播。中华武术文化译介传播的最终目标群体是海外受众，应充分考察受众群体的多样性，针对不同的文化背景、价值取向和生活习惯策划不同的传播策略与内容。这一过程首先要摆脱语言的束缚，积极寻求文化的靠近，以等同或类似的文化符号降低理解难度，减少文化信息的流失。中华武术文化蕴含的深刻哲理与美学追求对于西方受众来说较难理解。武术文化蕴含浓重的哲学化话语表达，文化特征鲜明，具有"不可译性"。若想在武术文化的国际传播中形成便于海外受众理解、认同和接受的话语表达，需经过现代文化话语的转译和阐释，实现等效话语转换。其次，精准化、差异化传播有助于国际受众形成对中华武术的独立思维意识，提高对武术文化内涵的审美水平，从而提升对中国武术知识性和技术性的信息辨识能力，建构中国武术正面、积极的国际形象，最大程度降低受众对中华武术文化的"误读"，从根本上形成与中华武术文化相统一的文化感知和思想立场。

3）创新中华武术文化内容，增强武术文化国际传播竞争力。文化创新是文化的生命之源，是先进文化的特质（王京生 2021），要推动中华武术文化创造性转化、创新性发展，不断提高武术文化国际传播竞争力，需要在传播内容上下足功夫。中华武术文化的内涵从表层的器物层次到最深的思想价值层次，呈现出一个立体的文化系统。以直观感性形象为主的技术传播属于武术文化的表层传播，以"高、难、美、新"等特点示人的武术技术传播虽能吸引无数人的好奇和崇拜，但当外国人对武术技术的掌握达到一定水平以后，便会产生探求武术文化真谛的内心需求。这种由表及里的武术文化认知过程提示我们，中华武术文化国际传播的内容绝不能止步于武术技术，而要拓展到思想价值层次。因此，要使受众从整体上准确理解和把握武术文化内涵，需要做到武术技术传播和文化传播并行推进；同时根据国外受众的实际情况，设计不同的武术技术内容，赋予其特定的文化内涵，使习练者在学习武术技术的过程中领悟武术文化，达到技艺性与文化性的统一，从而增强武术文化国际传播的整体竞争力。

4）拓展和整合武术文化传播渠道，提升传播有效性。当前，有很多国内外武术组织和协会建立了网络宣传平台，但点击量和大众关注度远远不够，应努力吸引更多的群体参与。个体在"互联网+"时代也可以成为武术文化的传播者。另外，宣传平台不能仅局限于官方网站，还要加入自媒体如快手、抖音等大众喜闻乐见的传播渠道，利用多渠道、多形式、多方位、多层次的传播渠道向国际受众推广"读得懂，听得懂，看得懂"的中华武术。例如，在现有国际传播的基础上，持续举办全球武术赛事、增扩国际武术节的全球覆盖面，提升国内外武术培训规模和质量，选派国内优秀武术展演团在国内外巡回演出，派遣国内优秀双语教练员在国际知名武术论坛和民间团体宣讲中国武学，指导海外武学理论和习武实践等传播行为。通过图书、杂志、广播、影视等传播媒介，以国外受众乐于接受、易于接受的内容和形式宣传、推广武术文化，这些均是目前行之有效的武术文化传播手段。总之，中华武术文化国际传播方式需与时俱进，以治愈武术"失语症"，完善科学的顶层设计，结合国际传播现状，因地制宜、有的放矢、循序渐进地在国际舞台发出更响亮的声音。

5.2.3 跨学科视角——创新学科融合，培养复合人才

如何做到跨学科交叉融合是新时代武术文化译介与传播研究的新议题。跨学科交叉融合不是学科的简单叠加，而是在厘清学科之间内在关联的基础上，通过合理的途径科学地将不同学科的知识融会贯通，用多学科的思维和方法解决现实问题。本小节从学科发展、学术研究和人才培养三个层面探讨中华武术译介与传播的跨学

科理论与实践的融合。

1）学科发展层面。学科既表现为静态的知识体系，也表现为动态的知识生产和传承过程，通过引入、吸收和整合其他学科的理论、方法及技术促进本学科的创新和延续发展。学科交叉融合是为社会发展和知识创新提供源泉的必然趋势。当前中华武术文化译介与传播研究涉及体育学、翻译学和传播学等学科，需要不断寻求各学科间的交叉共通之处，形成完善融合的学科体系，满足高等教育和社会需求，扩大国际学术影响力。该研究将武术、文化、译介与传播四个维度相结合，调动了各学科的内生动力和外在张力，有助于创新学科交叉融合发展，产出更为丰富的成果。

2）学术研究层面。应当鼓励跨学科融合的国内外学术交流，营造学科交叉融合的国际学术氛围。在国内外学术论坛和学术沙龙等学术平台中，不同专业背景、文化背景的学者和研究人员解放思想，各抒己见，碰撞出新知识的火花。翻译学学者可跨界参与体育学界的学术研讨，深入了解中华武术与中国体育之间的内在关系、武术在体育学科和领域中的地位、传统武术的传承与发展等体育学知识，甚至武术套路招式的内涵等，有利于武术翻译研究。同时，国内外的学者应加强联系、深化交流，如此方能做到融合和协同合作，推动中华武术文化的全球发展与进步。

3）人才培养层面。高校作为人才培养阵地应注重建立多学科交叉发展的教学和人才培养体系。目前，中华武术文化译介与传播领域存在的问题是，高校武术专业学生了解武术技能，但缺乏对中国传统文化和武术文化内蕴的理解，更缺乏翻译和传播的系统知识体系；外语专业或翻译专业的学生具有扎实的外语基础，却只是浅显地了解武术文化和传播学理论与实践规律，在翻译时难以领会武术技艺和文化的精髓，对传播方式的把握不够精准；传播学专业的学生深谙传播学知识和国际传播规律，却缺乏对武术本体和武术文化的体会以及丰富的翻译经验。同时，在武术文化国际传播专业人才的培养过程中，仍缺乏系统的"体育＋翻译＋传播"的国际化人才培养规划。目前，国内外高校一致追求培养学科交叉复合型专业人才，这既是教育发展的趋势，也是培养拔尖创新人才的必要途径。就武术文化译介与传播的跨学科人才培养方式而言，首先，可通过"体育＋翻译""体育＋外语""体育＋国际传播""国际传播＋翻译"等人才培养和专业设置模式，糅合具有互通性和相关性的学科知识；根据跨学科人才培养设计理念，结合"新文科"跨学科学习活动与案例，研究开设符合跨学科需求的课程，壮大专业人才队伍。其次，因传播学、外国语言文学和翻译学存在共通的学科基础和培养目标，同属于文科范畴。在新形势下，国际传播、外语和翻译领域之间应当互通有无，在传播内容、媒介、主体、受众和效果等几个重要方面加强理论和实践研究，深刻把握新时代国际传播规律，培育新时代复合型人才。

总体而言，中华武术文化要以服务中华优秀传统文化的传承与创新、推进中国式现代化为行动指南。武术文化的译介与传播应与社会发展同步，遵循社会发展的本质与规律，符合新时代发展的需求。在跨学科融合发展的背景下，中华武术文化译介和传播的跨学科研究要有机融合，创造出更具研究价值和历史意义的成果，推动中华武术文化以蓬勃向上的姿态走向世界。

5.2.4 翻译学视角——创新话语体系，译出特色文化

对外话语体系承载并体现着国家的思想价值观念，是国家文化软实力的重要组成部分（胡安江 2020）。中国特色对外话语体系内容丰富，包含官方、民间、学术、政治、军事、外交、科学、媒

体、教育、文化等话语体系。中华武术文化话语是中国特色对外话语体系不可或缺的一部分。武术文化话语，根据自身的特色内容，独树一帜，其体系建设是中国特色对外话语体系中的重要环节。黄友义（2014）在中国外文局和《求是》杂志社共同主办的"中国政治话语传播研讨会"上呼吁，有关各方应高度重视党政文献的对外翻译，加强对外话语体系建设，从国际需求、机制建设、顶层设计、人才培养等方面提出未来对外译介与传播政治话语的发展方向。武术文化话语作为中国特色对外话语体系不可或缺的元素，同样需要借鉴政治话语的体系建设与发展模式，为中国特色对外话语体系构建贡献力量。武术文化话语优势在于，它易于被国际大众所广泛接受，是一种与日常身心健康紧密相关的中国文化话语表达形式。

传统的武术翻译研究多关注语言转换层面的翻译研究，将话语分析与翻译结合有助于"翻译研究从文本层面提升到话语层面和社会实践层面"（张立庆 2021：149）。本研究的武术文化译介与传播即是这一方向的尝试，在翻译学视角下构建武术文化对外译介与传播的话语体系。本小节主要从译者主体性的文化意识、语料库翻译学的研究方法、文化话语翻译策略三方面论述。

第一，译者主体性的文化意识。译者主体性是指作为翻译主体的译者在尊重翻译对象的前提下，为实现翻译目的而在翻译活动中表现出的主观能动性，其基本特征是翻译主体自觉的文化意识、人文品格和文化、审美创造性（查明建、田雨 2003），还包括翻译主体的能动性、受动性和为我性。文化意识作为译者主体性的重要方面，是译者文化翻译能力的基础和前提。译者是翻译的主体，也是民族文化建构的重要参与者。在中华武术文化译介与传播的过程中，翻译呈现出跨文化传播的表征。译介与传播效果的提升与高质量的翻译密切相关，而提高翻译质量，则需从翻译主体即译者入手。武术文化蕴含了丰富的中国特色文化元素，因而其对外译介与传播对译者提出了文化层面的意识、理解、翻译和传播等能力的特别要求。译者需要充分关注文化信息载体的意义与内涵，包括文化词汇（或称文化负载词）、文化场域、文化事件、文化气氛和情态、文化中的人物特征、文化作品原作者的叙事行文风格，在整体型的信息整合中把握文化特征或典型性，使其具有某种富于文化气质的意象或意境（刘宓庆 2019）。

从译者主体性分析，武术外译话语是实践的客体，译者是实践的主体，也是话语传播者。译者首先应具有扎实的语言功底，同时具备强烈的文化意识与文化信息的感应和处理能力。人类不具备生而有之的文化经验，经验始于实践又得之于初步的认识。文化信息感应属于文化的解码，以译者的文化意识为前提。面对博大精深的武术文化译本，译者若非武术专业人员，往往很难直接翻译，必须基于对武术文化信息的整体性把握和深刻理解，选择适当的翻译模式、策略与方法，才能产出准确的译文。

译者只有具备文化背景知识，才能理解意义。以武术招式中的"心意把"英译为例，一般来讲，"把"在武术中是指"枪"或"棍"的技巧，"心意把"是习武者在用"耙"耕作时形成的武术招式，是农禅合一的产物。后续习武者在学习和练习时，并没有用到这些器械。因此，如若跳跃文化信息的解码分析，而直接翻译成"心意""把"，则没有领悟其中的文化内涵。又如，"紧那罗王"如何理解？是"紧那罗"王还是"紧那""罗王"？文化信息的解码告诉我们，"紧那罗"是梵文 Kinnara 的音译，指的是佛教中的天神，有男女之分（焦丹 2020）。若译者不了解其中的文化因素，以中文习惯将其两两拆分翻译，则完全曲解了其中的文化内涵。对文化信息理解不到位，囫囵吞枣，或分析不到位，排斥文化因素，便会使语义—形式分析产生谬误，使句中的语势顿失。此外，现代译者，尤其是文化外译译者，更需要一种与时俱进的战略使命感。在翻译时，不能轻易将自己定位为一名"翻译匠"，而应是具有文化传播使命、传递文化价值观的话语施动者。有了这样的意识，译者可能会更主动地脱离语言外壳的束缚，从极其微观的词义、文本翻译任务上升至宏观的社会乃至时代价值与精神的传承使命，从而对翻译行为本身形成一种责任感和敬畏感。纵观中国对外翻译史，无论是严复的《天演论》和还是陈望道的《共产党宣言》，正是译者对时代使命的担当和倾心投入，才使他们的译著千古留存。

第二，语料库翻译学的研究方法。中华武术文化译介与传播研究不仅仅是过程与策略的研究，更需要运用科学的研究方法。在武术话语体系构建过程中，武术文化语料库是话语形成的基础，武术术语是武术文化话语中的最小单位，语料库是分析话语生成、形成话语体系的有效手段。通过语料库翻译学的研究方法探索中华武术译介与传播的问题与对策，形成整体性和系统性的研究成果实有必要。

文化与术语如影随形，术语是文化交流与传播的语言媒介，也是体现文化概念的最小语言单位（汪升、朱奇志 2018）。作为 2014 年启动的"中华思想文化术语传播工程"的核心成果，《中华思想文化术语》以词或短语的形式凝练了大量中国特色文化术语。截至 2024 年 6 月，"术语工程"共整理、出版了 12 辑中英对照"中华思想文化术语"系列图书，衍生了若干系列产品，对外授权 40 个语种，在国内外出版图书 200 余种，获得中外学界与广大读者的好评。在"中华思想文化术语传播网"上，中外读者能够获取中华思想文化术语的中英释义和引例，网站设有中华思想文化术语库、术语当代应用库、文化关键词库、典籍译本库、典籍译名库和博雅双语库等术语库，网络用户遍布美国、英国、加拿大、澳大利亚、日本、韩国、德国、巴西、印度等30多个国家和地区。此外，"中国特色话语对外翻译标准化术语库"于2018年正式发布，旨在以术语为枢纽汇集中华民族独特的语言、知识与文化记忆，并借助翻译媒介推动"中国知识"走向世界。魏向清、杨平（2019）认为，"中国特色话语对外翻译标准化术语库"相关标准的研制能够确保"中国知识"话语资源输出的规范统一，能够提升中国特色话语的国际影响力，助力中国话语权的构建。上面提到的"中华思想文化术语"语料库中收录了"止戈为武""以武为植，以文为种""文武之道，一张一弛"等体现中华武德思想的术语。中华武术文化对外译介与传播话语体系的构建需要选用恰当的中外文术语，以便于不同文化背景受众的阅读和理解。建立中华武术文化术语库将极大地方便译者和其他使用者选取合适的中外文术语，并提供规范参考。通过收集武术文化相关语料，可以逐步建立武术文化话语术语库和语料库。此外，建议成立权威专业委员会评定武术术语，统一译名标准，助力武术术语标准化，以适应时代所需。

第三，文化话语翻译策略。王刚毅（2014）认为，对外话语翻译策略的选择要尊重国际受众的思维和阅读习惯，通过灵活的翻译风格贴近目标语表达方式，在确保文字流畅和观点准确的前提下，不过度追求逐字对应。外交话语中也包含文化话语的传播，其相关原则可以作为借鉴。杨明星、齐静静（2018）提出，外交翻译应准确传达源语和说话者的政治意图、内涵和倾向，兼顾"音、形、意"三美原则，达到译语与原文本的政治等效和审美再现。中华武术文化对外译介与传播话语体系的构建需要运用恰当的翻译策略、原则和方法，以产生准确、生动的翻译产品。武术文化早期的译文多采用西方体育话语阐释中国武术文化，随着中国国际地位的提升，音译和直译等"以我为主"的翻译方法愈发占据主导，凸显中国武术文化的民族特色。例如，boxing这一译法便是偏向西方话语的案例，boxing在西方体育世界中是指拳击，而非中国太极拳或少林拳中"拳"的对等表意，音译为quan更能凸显中国文化话语的含义与地位。因此，历史上不同阶段的武术文化译本随社会因素的变化而变化，以不同的叙事方式呈现和塑造武术文化话语形象。新时代译者在加强自身文化修养的基础上，无论是采取何种翻译策略或方法，应首先坚持顺畅、简洁、符合标准化等翻译原则，主动了解受众语言形式和文化特色，采用灵活变通的翻译策略，在最大程度上缩小文化差异，传达武术中的文化信息和文化特色，吸纳不同层次的国际受众。受众能够接受的、反映中华武术文化原貌和内涵的译本，就是成功的译介与传播产品。其次，合理利用武术文化语料库或术语库，结合数字人文创新技术，统一术语规范，总结前人的翻译策略、原则、方法和技巧，提炼出顺应时代发展的新策略和新方法。

总之，中华武术文化对外译介与传播需要灵活运用各类翻译策略与方法，不能完全拘泥于某一种原则或技巧，要以一种包容、融合的态度构建武术文化对外译介与传播话语体系，促进中华武术文化走向世界，增强国际影响力。

5.3 小结

翻译在武术文化传播中发挥着不可小觑的作用，能够助力中国武术文化的全球传播，提高其在国际上的知名度和影响力，有利于提升中国文化的全球传播力和软实力。因此，武术翻译行为对武术文化的对外传播及国际化具有举足轻重的作用，有助于建设体育强国和文化强国，进而推进中华民族伟大复兴和人类命运共同体的构建。王宁（2018）认为，近代中国对世界文学和文化作出巨大贡献。从这个意义上说，翻译在向世界传播中国文化和思想方面具有不可替代的作用。

习近平（2021）在中央政治局第三十次集体学习时强调："要更好推动中华文化走出去，以文载道、以文传声、以文化人，向世界阐释推介更多具有中国特色、体现中国精神、蕴藏中国智慧的优秀文化。"中华武术文化始终是中华优秀传统文化的重要组成部分，是中华文明核心精神的象征，传承着中华文化与文明的基因。中华武术文化的译介与传播是构建中国特色对外话语体系的具体实践，中国特色对外话语所蕴含的中国独有价值观念和思想文化在中华武术文化话语的跨语际、跨文化构建过程中得以深刻诠释，借由多元国际传播渠道，展示了中国国家形象和文化软实力，让世界更好地了解和理解中国。

中华武术文化译介与传播研究是中国特色对外话语体系研究的补充、继承与弘扬，需要挖掘中华武术文化新名词、术语和范畴，即新话语体系，传递武术特有文化内涵、民族价值观念与武术哲学。通过多维视角反思中华武术文化译介与传播的历程，我们可以发现，其过程依然面临诸多现实问题，中华武术跨文化传播尚未在国际上真正生根发芽。新时代的翻译从业者面临新的文化使命，中华武术文化译介与传播要求译介传播主体"坚定文化自信、担当使命、奋发有为，共同努力创造属于我们这个时代的新文化"（习近平 2023），同时把握当下时代机遇与政策红利，以译介学和传播学为理论根基和支撑，构建跨学科融合的研究格局和融通中外的译介与传播话语体系，通过多元化、多维度的方式提高武术文化国际传播竞争力。与此同时，加强理论建构与实践策略的探索，加大复合型武术人才的培养力度，为武术文化译介和传播储备专业化、复合型人才。

中华武术文化的译介与传播是一项系统工程，具有体系性和科学性等特征，并非一蹴而就、轻而易举。在加快建设社会主义文化强国的新时代背景下，如何使中华武术文化在国际环境中被真正理解、接受和认可，需要更多跨学科研究者和实践者参与其中，齐心协力、砥砺前行。

参考文献

Bowman, P. 2013. *Beyond Bruce Lee: Chasing the Dragon Through Film, Philosophy, and Popular Culture*. London & New York: Wallflower Press.

Bowman, P. 2016. *Mythologies of Martial Arts*. Washington, DC: Rowman & Littlefield Publishers.

Bowman, P. 2017. The definition of martial arts studies. *Martial Arts Studies 3* (1):6-23.

Bowman, P. 2021. *The Invention of Martial Arts: Popular Culture Between Asia and America*. London: Oxford University Press.

Bowman, P. & B. N. Judkins. 2020. Five years and twelve months that changed the study of martial arts forever. *Martial Arts Studies 10*: 1-8.

Bowman, P., I. Aziz & X. Ma. 2023. Translating Tai Chi and transforming Qigong in British media culture. *East Asian Journal of Popular Culture 9* (2): 173-190.

Chard, R. 1996. Review: *Fox Volant of the Snowy Mountain*. (Translated by Olivia Mok.). *Bulletin of the School of Oriental and African Studies* 59 (3): 606-607.

Crompton, P. 2023. *T'ai Chi for Beginners*. New York: Harper Paperbacks.

Deng, Y. H. 2020. Analysis of martial arts education thought under the guidance of core competence. *International Journal of Physical Education, Sports and Health 7* (6): 298-301.

Ding, C. 2024. Research on the innovative path of precise communication of Chinese martial arts under the background of "One Belt and One Road". *Social Science and Humanities Journal 8* (3):34576-34655.

Earnshaw G. 2005. *The Book and the Sword*. Oxford: Oxford University Press.

Esteban, M. 2015. *China en América Latina: Repercusiones para España*. Madrid: Real Instituto Elcano.

García, T. J. P. & O. A. S. Tello. 2019. Soft power y nueva diplomacia china en el siglo XXI con países del sur global: el caso latinoamericano. *Revista Mundo Asia Pacífico 8* (14): 28-44.

Han, Q., M. Theeboom & D. Zhu. 2021. Chinese martial arts and the olympics: Analysing the policy of the International Wushu Federation. *International Review for the Sociology of Sport 56* (5): 603-624.

Henning, S. E. 1981. The Chinese martial arts in historical perspective. *Military Affairs 45* (4): 173-179.

Jakobson, R. 1959. "On Linguistic Aspects of Translation". In R. A. Brower (ed.). *On Translation*. Cambridge, MA: Harvard University Press. 232-239.

Jarmey, C. 2023. *The Theory and Practice of Taiji Qigong (4th edition)*. Champaign: Human Kinetics.

Jeon, J. & K. Smith. 2010. *Shaolin Kung Fu: Fundamentals & Forms*. O Books.

Jiao, D., D. Li, L. Meng & Y. Peng (eds.). 2023. *Understanding and Translating Chinese Martial Arts*. Singapore: Springer Press.

Khim, P. C. & D. F. Draeger. 2011. *Shaolin Lohan Kung-Fu*. Vermont: Tuttle Publishing.

Lars, B. C. 2021. *Tai Chi: The True History & Principles*. Scotts Valley, CA: CreateSpace Independent Publishing Platform.

Liang, B. 2022. *Chen Style Taijiquan First Set as Taught by Grand Master Chen Zhaokui: The Ultimate Guide to Unlocking the Secrets of Taijiquan*. Independently published.

Lorge, P. A. 2012. *Chinese Martial Arts: From Antiquity to the Twenty-first Century*. Cambridge: Cambridge University Press.

Lu, C. 2008. Modern wushu: When Chinese martial arts meet Western sports. *Archives of Budo 4* (1): 37-39.

Lu, Q. & M. Su. 2017. The reproduction of wushu culture in Chinese-English subtitling: A case study of *The Grandmaster*. Paper presented at the Sixth International Conference on Applied Social Science, Singapore, May 2017.

Menéndez, Y. G. E. 2015. Barrios chinos de América Latina y El Caribe. *América Latina y el Caribe y China, Historia Cultura y Aprendizaje del Chino* 63-78.

Ni, X. & L. Tang. 2022. An analysis of cultural adaptation in the translation of names of characters and martial arts moves in Jin Yong's martial arts. *Studies in Linguistics and Literature 6* (3):1-11.

Nord, C. 2001. *Translating as a Purposeful Activity: Functionalist Approaches Explained*. Shanghai: Shanghai Foreign Language Education Press.

Ryan, A. 2008. Globalization and the "Internal Alchemy" in Chinese martial arts: The transmission of Taijiquan to Britain. *East Asian Science, Technology and Society: An International Journal 2*: 525-543.

Sharp, D. 2019. *Taiji Qigong: The Energetic Foundation of Taijiquan*. Independently published.

Theeboom M., D. Zhu & J. Vertonghen. 2015. "Wushu belongs to the world". But the gold goes to China…: The international development of the Chinese martial arts. *International review for the sociology of sport 52* (1): 3-23.

Wang, J. & W. Wu. 2006. *Sword Imperatives Mastering the Kung Fu and Tai Chi Sword*. Scotts Valley, CA: CreateSpace Independent Publishing Platform.

Wheeler, R. 2012. *The Power of Shaolin Kung Fu: Harness the Speed and Devastating Force of Southern Shaolin Jow Ga Kung Fu*. Vermont: Tuttle Publishing.

Ya-Meng, S. 2024. Corpus-based discourse analysis of Chinese Kung Fu in the media along the southern line of the "Belt and Road". *English Language Teaching and Linguistics Studies 6* (1): 15-26.

Zhang, J. 2019. A cultural discourse analysis to Chinese martial arts movie in the context of glocalization: Taking *Crouching Tiger, Hidden Dragon* and *Hero* as cases. *Advances in Language and Literary Studies 10* (3): 32-41.

爱德华·泰勒，1988，《原始文化》，蔡江浓编译，杭州：浙江人民出版社。

白蓝，2018，困境与出路：中国民族体育文化对外译介传播研究，《成都体育学院学报》（3）：65-69。

鲍晓英，2013，中国文化"走出去"之译介模式探索——中国外文局副局长兼总编辑黄友义访谈录，《中国翻译》（5）：62-65。

鲍晓英，2014，"中学西传"之译介模式研究——以寒山诗在美国的成功译介为例，《外国语》（1）：65-71。

鲍晓英，2015，译介学视野下的中国文化外译观——谢天振教授中国文化外译观研究，《外语研究》（5）：78-83。

蔡丹丹，2014，尊文重译——"非主流"英语文学暨中国文化走出去的翻译视角专题研讨会召开，《中国比较文学》（1）：218-220。

蔡平，2008，文化翻译研究。博士学位论文。长沙：湖南师范大学。

曹双飞，2023，中国武术文本对外翻译策略探析——基于跨文化传播与杂合理论的内在契合性，《牡丹江大学学报》（7）：72-78。

曹正文，2009，把握武侠影视的关键点，《新闻爱好者》（19）：65。

陈来，2017，中华文化的当代价值与意义，http://cpc.people.com.cn/n1/2017/0321/c64387-29159325.html（2023 年 5 月 10 日读取）。

陈鹏，2014，中国武术在埃及的有效传播研究。博士学位论文。兰州：西北师范大学。

陈平原，2018，《千古众侠客梦》。北京：北京大学出版社。

陈中雨，2021，武术在秘鲁的传播历史及当代发展研究。博士学位论文。石家庄：河北师范大学。

程大力，2011，论武术文化的内涵与外延，《搏击（武术科学）》（1）：49-50。

程会娜、沈钢，2013，武打电影对传统文化的影响，《芒种》（10）：193-194。

程晶，2017，试析巴西华侨华人与中国武术的传播，《八桂侨刊》（2）：40-48。

程曼丽，2023，《国际传播学教程（第二版）》。北京：北京大学出版社。

戴国斌，2011，不同历史时期武术影视明星发展特征研究——以李小龙、成龙、李连杰为例，《北京体育大学学报》（6）：37-40。

戴薇，2021，不可忽视的力量：当代海外华人译者群体研究，《华文文学》（5）：100-104。

邓笑然，2023，"文化中国"视域下的金庸影视东南亚传播研究。博士学位论文。西安：西北大学。

丁红，2010，武侠影视的现代嬗变，《艺术广角》（1）：35-38。

丁立、王永亮，2016，网站本地化中的简化现象及其影响——基于语料库的翻译共性研究，《英语研究》（1）：83-91。

丁省伟、储志东，2022，武术国际传播研究综述（2011 年～2021 年），《湖北体育科技》（9）：796-801。

丁婷婷，2015，媒介融合的背景之下传统电视媒体的发展道路，《新闻研究导刊》（19）：121。

董璐，2010，《传播学核心理论与概念》。北京：北京大学出版社。

窦广峻，2022，文化翻译视角下中华武术外译的困境及策略。硕士学位论文。成都：成都体育学院。

范东方，2022，从边缘到中心：传统武术国际化的传播路径探析，《中华武术》（7）：80-82。

方梦之，2019，建设中国译学话语：认知与方法，《上海翻译》（4）：3-7。

高亮、朱瑞琪，2007，武术及其相关概念梳理，《体育文化导刊》（2）：48-50。

高亮、殷优娜、孙刚，2020，国际化视野下中国武术文本的跨文化英译研究，《体育学刊》（2）：37-43。

高羽，2018，中国影视作品在西班牙语国家的译介现状，《海外英语》（20）：20-21。

耿强，2010，文学译介与中国文学"走出去"，《解放军外国语学院学报》（3）：82-87。

顾忆青、吴赟，2021，国家对外话语体系的译介与传播研究：评述与展望，《同济大学学报（社会科学版）》（1）：113-124。

顾志勇、和天旭，2019，学科交叉融合：高等教育质量提升的新路径，《湖北社会科学》（3）：169-173。

郭桂村、李臣，2021，中国武术对外文化交流中的困境审思与策略转向——基于新中国成立以来的考察，《沈阳体育学院学报》（6）：129-135。

郭庆光，2011，《传播学教程》。北京：中国人民大学出版社。

郭腾杰、甘颂甜，2022，西方体育文化对外传播及我国应对策略，《冰雪体育创新研究》（13）：61-64。

郭艳，2021，中华武术在孔子学院武术课程中传播的实践与思考——以博茨瓦纳大学孔子学院为例。硕士学位论文。上海：上海师范大学。

郭义轩、闫亚平，2022，中华武术美国推广现状与发展对策研究，《武术研究》（6）：17-21。

郭玉成，2006，《武术传播引论》。北京：北京体育大学出版社。

郭玉成，2008，《中国武术传播论》。上海：复旦大学出版社。

郭玉成，2009，论武术文化的涵义及基本特征，《搏击（武术科学）》（3）：1-2。

郭玉成，2015，武术标准化研究的概念、方法和体系——基于标准化学科视域的基础理论构建，《上海体育学院学报》（1）：56-61。

郭玉成，2020，《武术谚语辞典》。北京：人民体育出版社。

郭玉成、李守培，2013，武术传播研究历程与进展述评，《首都体育学院学报》（4）：301-304。

郭玉成、邱丕相，2002，武术国际传播基本模式的构建，《上海体育学院学报》（4）：24-26。

韩晓明，2016，冰岛、挪威、喀麦隆三国孔院武术教学现状的比较研究。硕士学位论文。北京：北京体育大学。

何迪，2014，中国武术文化在非洲传播模式的研究。硕士学位论文。北京：首都体育学院。

何明星，2012，莫言作品的世界影响地图——基于全球图书馆收藏数据的视角，《中国出版》（6）：11-16。

何启君、胡晓风，1989，《中国近代体育史》。北京：北京体育学院出版社。

何绍斌，2022，试论译介学与比较文学和翻译学之关系，《中国比较文学》（4）：151-165。

贺培育，1991，论制度传播，《探索》（2）：50-53。

洪捷，2020，文类视角下的武侠小说英译研究，《中国翻译》（2）：116-124。

洪均生，1989，《陈式太极拳实用拳法》。山东：山东科学技术出版社。

胡安江，2010，中国文学"走出去"之译者模式及翻译策略研究——以美国汉学家葛浩文为例，《中国翻译》（6）：10-16。

胡安江，2020，中国特色对外话语体系的研究现状述评与研究路径探索，《北京第二外国语学院学报》（5）：3-17。

胡安江，2022，知识考古、话语重构与中华文化的国际传播——美国汉学家华兹生的中国典籍英译研究，《当代外语研究》（5）：12-21。

胡安江、胡晨飞，2012，再论中国文学"走出去"之译者模式及翻译策略——以寒山诗在英语世界的传播为例，《外语教学理论与实践》（4）：55-61。

胡庚申，2008，从术语看译论——翻译适应选择论概观，《上海翻译》（2）：23-27。

胡正荣、李继东、姬德强，2014，《国际传播蓝皮书：中国国际传播发展报告（2014）》。北京：社会科学文献出版社。

黄友义，2014，重视党政文献对外翻译，加强对外话语体系建设，《中国翻译》（3）：5-7。

贾文山、马菲、王羿欢，2021，如何让太极拳引领中国文化的全球传播，《对外传播》（4）：45-47。

贾影，2002，"零翻译"还是"不可译"——试与邱懋如教授商榷，《中国翻译》（4）：77-79。

焦丹，2017，论"一带一路"背景下的中华武术文化翻译及国际传播，《翻译界》（2）：72-81。

焦丹，2020，中国武术外译的策略与方法，《中国翻译》（6）：130-137。

焦丹，2021，中国武术外译话语体系构建探蹊：概念、范畴、表达，《上海翻译》（4）：30-35。

焦丹，2022，国家翻译实践地方化初探，《上海翻译》（2）：66-71。

焦丹、苏铭，2022，黄河文化国际传播话语体系构建与实践路径探索，《新闻爱好者》（1）：42-44。

焦丹、王雨薇，2021，中国武术文化对外传播话语体系构建——以中国武术对外援助任务为视角，《对外传播》（4）：56-58。

焦丹、赵志男，2020，全媒体语境下武术跨文化多模态传播构式研究，《武术研究》（3）：19-23。

焦丹、赵志男，2021，少林功夫译介翻译传播实践研究：价值、问题与对策，《中州大学学报》（2）：81-86。

金艳，2019，1947 年版《太极拳》英文本考论，《成都体育学院学报》（6）：
　　74-81。

金艳，2022，论 1947 年版《太极拳》英文本的经典性。第十二届全国体育
　　科学大会论文摘要汇编——专题报告（武术与民族传统体育分会），四川
　　成都，2022 年 3 月。

居延安，1986，关于文化传播学的几个问题，《复旦学报（社会科学版）》（3）：
　　49-55。

卡特福德，1991，《翻译的语言学理论》，穆雷译。北京：旅游教育出版社。

孔德扬，2022，后疫情时代武术文化国际化传播研究现状与路径探析。2022
　　年东盟体育科学大会论文摘要集，广西桂林，2022 年 5 月。

旷文楠、胡小明、郝勤等，1990，《中国武术文化概论》。成都：四川教育出
　　版社。

拉斯韦尔，2013，《社会传播的结构与功能》，何道宽译。北京：中国传媒大
　　学出版社。

雷春斌，2002，中华武术在东南亚的传播，《八桂侨刊》（1）：62-64。

李琛，2021，"他者"视阈下中国武术在加拿大温哥华地区的传播研究。硕
　　士学位论文。上海：上海师范大学。

李晖，2014，论《汉英英汉武术词典》的微观结构，《广州体育学院学报》
　　（1）：56-60。

李金莉、苑博洋、胡志华等，2019，基于传统武术图书的出版新实践看其对
　　传统文化价值推广的启示，《科技与出版》（5）：99-103。

李慎明、李闽榕、宫松奇等，2020，《世界太极拳蓝皮书：世界太极拳发展
　　报告（2019）》。北京：社会科学文献出版社。

李伟荣、宗亚丽，2017，《易经》欧洲早期传播史述，《湖南工业大学学报（社
　　会科学版）》（3）：1-7。

李向平、杨洋，宗教文化"走出去"的创新机制——以河南少林寺"少林文化"的国际传播为例，《世界宗教研究》（1）：12-21。

李小慧，2016，中华武术推向坦桑尼亚国的方案设计。硕士学位论文。开封：河南大学。

李晓鹏、李春木、汪如锋，2021，中国武术在马来西亚的传播现状及策略研究，《武术研究》（10）：80-82。

李信厚，2022，中华武术跨文化传播中"文化折扣"现象省思，《体育学刊》（2）：26-31。

李秀，2011，百年精武体育在马来西亚的发展及影响研究，《黄山学院学报》（5）：96-100。

李印东，2006，《武术释义：武术本质及功能价值体系阐释》。北京：北京体育大学出版社。

栗胜夫，2003，《中国武术发展战略研究》。北京：人民体育出版社。

梁林歆，2020，合作翻译的存在与表现——以《浮生六记》三译本为例，《外语与翻译》（2）：18-24。

梁林歆、孙迎宾，2022，国内外金庸武侠小说英译研究现状、流变与展望，《外语与翻译》（1）：8-14。

林卫国，2019，荣获巴西国家南十字星勋章的山西拳师武朝相，《文史月刊》（9）：45-48。

刘伯根，2021，中国出版企业走出去与创"世界一流"的六重维度，《出版发行研究》（3）：7-12。

刘宓庆，2019，《文化翻译论纲》。北京：中译出版社。

刘韬光、郭玉成，2016，武术术语标准化命名研究，《体育科学》（10）：26-31。

刘同为，2004，影响中国武术在非洲传播的主要因素，《武术科学（搏击·学术版）》（1）：4-6。

刘卫华，2020，中国武术文化域外译介与传播，《武术研究》（7）：22-24。

刘文武、金龙、朱娜娜，2015，"武术文化"的剖析与评价，《体育科学》（6）：83-89。

刘勇，2021，新加坡武术的创新发展及其启示，《当代体育科技》（9）：185-187。

龙国强，2007，中国武术在欧洲的发展现状及国际化发展研究，《中国体育科技》（6）：27-30。

卢安、陈威，2013，中华武术在外宣中的英译现状与研究趋势，《淮北师范大学学报（哲学社会科学版)》（3）：114-117。

陆继阔，2019，关于互联网中武术文化传播问题的探究，《中华武术（研究)》（5）：52-54。

罗永洲，2008，中国武术英译现状与对策，《外语教学理论与实践》（4）：58-63。

罗永洲，2011，金庸小说英译研究——兼论中国文学走出去，《中国翻译》（3）：51-55。

罗永洲，2012，体育文本的类型与翻译探析，《中国翻译》（4）：104-107。

吕俊，1997，翻译学——传播学的一个特殊领域，《外国语》（2）：40-45。

吕敏宏，2011，中国现当代小说在英语世界传播的背景、现状及译介模式，《小说评论》（5）：4-12。

马抱抱、You Huang，2017，海外传播中国武术研究——以玻利维亚中国文化交流协会为例，《中华武术（研究)》（6）：10-14。

马宁（Emmanuel Dablemont），2012，从中西文化的视角论中国武术传播。硕士学位论文。长沙：中南大学。

马秀杰，2020，中国武术文化软实力综合指数的构建。博士学位论文。上海：上海体育学院。

马祖毅，1998，《中国翻译简史：五四以前部分》。北京：中国对外翻译出版公司。

毛秀珠，1997，武术文学的由来与发展，《武汉教育学院学报》（1）：29-33。

孟涛，2013，跨文化背景下中华武术在美国传播的研究。硕士学位论文。上海：上海体育学院。

孟涛、蔡仲林，2013，传播境况与因素解析：中国武术在美国传播的动力与阻碍，《天津体育学院学报》（4）：297-303。

孟童欣、尹继林，2022，中华传统武术文化在东盟地区的传播，《体育科技》（1）：100-102。

孟夏韵，2019，"一带一路"倡议下中国文化在拉美的传播路径及其改善，《江苏大学学报（社会科学版）》（6）：27-35。

苗菊、徐鑫涛，2023，中华武术文化"走出去"的术语翻译原则及传播策略研究，《中国翻译》（3）：142-147。

那彩霞，2019，"一带一路"背景下中国武术文化译介研究。第十一届全国体育科学大会论文摘要汇编，江苏南京，2019年11月。

那彩霞，2022，译介学理论视域下武术文化对外话语体系构建研究。第十二届全国体育科学大会论文摘要汇编，山东日照，2022年3月。

欧阳友金，2006，武侠影视对武术国际化的影响，《电影评介》（13）：43-44。

潘文国，2004，译入与译出——谈中国译者从事汉籍英译的意义，《中国翻译》（2）：42-45。

庞明慧、吴云，2023，抖音短视频平台的少林武术文化传播研究。第十三届全国体育科学大会论文摘要集——专题报告（体育新闻传播分会），北京，2023年2月。

彭石玉、张慧英，2018，中国网络文学外译与文化走出去战略——以"武侠世界"为例，《外国语言与文化》（4）：98-107。

彭伟文，2021，武侠影视作品人物形象嬗变背后的"江湖"逻辑，《民俗研究》（5）：58-72。

邱丕相、郭玉成，2002，武术在国际传播的历史、现状与未来，《体育学刊》（6）：59-62。

冉学东、王岗，2012，对中国武术文化"走出去"战略的重新思考，《体育科学》（1）：71-87。

任东升、高玉霞，2015，国家翻译实践初探，《中国外语》（3）：92-97。

阮竹荃，2016，中国武侠小说在越南的翻译与传播，《汉风》（1）：151-162。

萨姆瓦、波特、简恩，1988，《跨文化传通》，陈南、龚光明译。北京：三联书店。

申丹丹、王洪潇，2021，文化强国视阈下武术外译发展战略研究。2021年全国武术教育与健康大会暨民族传统体育进校园研讨会论文摘要汇编，黑龙江哈尔滨，2021年11月。

沈苏儒，2004，《对外传播的理论与实践》。北京：五洲传播出版社。

释永信，2007，《少林功夫》。北京：华龄出版社。

释永信，2008，《少林寺拳谱·二路柔拳》。郑州：河南人民出版社。

宋广生、蒙华、王继生、李小萌，2018，对外文化传播意识的构建：武术人才培养的问题与对策，《运动》（7）：7-8。

苏静、韩云波，2019，金庸小说"走出去"与英汉交流语境中的接受与反思，《外国语文》（3）：73-79。

孙艺风，2012，翻译与跨文化交际策略，《中国翻译》（1）：16-23。

汤哲声，2011，边缘耀眼：中国通俗小说60年，《文艺争鸣》（9）：59-83。

唐明欢、李乃琼、尹继林，2019，中华武术在马来西亚的传播历程、特征、经验，《四川体育科学》（1）：23-25。

唐卫华，2004，论翻译过程的传播本质，《外语研究》（2）：48-50。

陶坤、张智、成百千，2015，韩国高校在校大学生学习中国武术现状调查——以韩国龙仁大学为例，《搏击（武术科学）》（2）：8-9。

万金，2017，网络武侠小说在英语世界的传播——以翻译网站 Wuxiaworld 为例，《东方翻译》（5）：27-33。

汪升、朱奇志，2018，中国武术文化对外译介的内容、原则与方略，《西安体育学院学报》（2）：198-205。

汪世蓉，2018，离散视角下中国武侠文学的英译及传播路径，《文化与传播》（1）：68-74。

王刚毅，2014，政治文件翻译的几点思考和建议，《中国翻译》（3）：1-2。

王岗、郭海洲，2006，传统武术文化在武术现代化中的价值取向，《广州体育学院学报》（3）：75-78。

王广虎，2013，体育文化建设的认识误区与内涵挖掘，《成都体育学院学报》（12）：1-4。

王浩、尹继林、李乃琼，2016，东盟武术文化研究，《体育文化导刊》（7）：82-85。

王京生，2021，促进文化流动，聚焦文化创新——文化强国之路的深圳探索，https://www.gov.cn/xinwen/2021-04/13/content_5599355.htm（2023 年 6 月 8 日读取）。

王林，2011，《武术传播论纲》。武汉：湖北人民出版社。

王宁，2018，全球化进程中的中国文化与文学发展走向，《清华大学学报（哲学社会科学版）》（2）：36-47。

王晓东，2022，逆全球化背景下中国武术文化国际传播的挑战、机遇与应对，《体育学刊》（4）：20-24。

王小娟、杨建营，2011，国家形象视角下武术影视作品的定位及发展，《武汉体育学院学报》（8）：91-95。

王晓军，2020，《换一种语言读金庸》。北京：外文出版社。

王旭东，2014，对非洲五国孔子学院武术课堂开设情况的调查与研究，《当代体育科技》（28）：145-146。

王志勤、谢天振，2013，中国文学文化走出去：问题与反思，《学术月刊》（2）：21-27。

魏泓，2020，中国典籍如何"走出去""走进去""走'深'进去"？——以《史记》英译为例，《语言与翻译》（1）：58-63。

魏莱、刘韬光，2022，人类命运共同体视域下中国武术外译的价值意蕴与践行方略。第十二届全国体育科学大会论文摘要汇编——墙报交流（武术与民族传统体育分会），山东日照，2022年3月。

魏向清、杨平，2019，中国特色话语对外传播与术语翻译标准化，《中国翻译》（1）：91-97。

温搏、袁金宝，2010，论中国传统武术文化发展中的非理性因素，《搏击（武术科学）》（7）：17-19。

温力，2009，《武术与武术文化》。北京：人民体育出版社。

吴建杰、张银萍，2023，使命、困境、方略：人类命运共同体视野下的中国武术翻译，《广州体育学院学报》（1）：112-118。

吴双，2016，审美与消费：金庸武侠小说在日本的接受，《当代文坛》（6）：48-52。

吴文峰，2007，中国体育图书出版现状及发展战略研究。博士学位论文。北京：北京体育大学。

习近平，2021，习近平在清华大学考察时强调坚持中国特色世界一流大学建设目标方向，为服务国家富强民族复兴人民幸福贡献力量，http://www.qstheory.cn/yaowen/2021-04/19/c_1127348969.htm（2023年5月28日读取）。

习近平，2021，习近平在中共中央政治局第三十次集体学习时强调：加强和改进国际传播工作，展示真实立体全面的中国，《人民日报》，2021-6-2。

习近平，2023，习近平在文化传承发展座谈会上强调担负起新的文化使命，努力建设中华民族现代文明，http://www.news.cn/politics/leaders/2023-06/02/c_1129666321.htm（2023年6月2日读取）。

肖海东，2018，武术在印度尼西亚的发展研究，《武术研究》（9）：9-11。

肖开容，2013，知识系统与中国侠文化语际传播——从框架理论看金庸武侠小说英译，《西南大学学报（社会科学版）》（4）：94-101。

肖强，2011，中国武侠小说英译及其研究现状，《内江师范学院学报》（3）：3-45。

谢洁秀，2018，文献学视域下武术百年变迁研究。博士学位论文。武汉：武汉体育学院。

谢柯、廖雪汝，2016，"翻译传播学"的名与实，《上海翻译》（1）：14-18。

谢沛东，2021，"一带一路"背景下塞拉利昂大学孔子学院武术文化传播研究。硕士学位论文。赣州：赣南师范大学。

解守德、李文英，1989，《英汉汉英武术常用词汇》。北京：人民体育出版社。

谢天振，2014，中国文学走出去：问题与实质，《中国比较文学》（1）：1-10。

谢天振，2015，现行翻译定义已落后于时代的发展——对重新定位和定义翻译的几点反思，《中国翻译》（3）：14-15。

谢天振，2018，《译介学导论》。北京：北京大学出版社。

谢应喜，2007，武术的文化内涵与翻译，《中国科技翻译》（1）：4-7。

谢应喜，2008，武术翻译初探，《中国翻译》（1）：61-64。

徐秀杰，2023，古装剧《楚乔传》在拉美西语国家的传播及文化影响。硕士学位论文。绵阳：西南科技大学。

许钧，2014，《翻译论》。南京：译林出版社。

薛宏波、程宇飞，2018，新时代我国优秀传统体育文化译介缺失及破解路径，《体育文化导刊》（10）：21-25。

严志钢，2011，加拿大武术传播方式论绎，《搏击（武术科学）》（2）：6-8。

杨海庆，2008，跨文化交流与武术术语的英译，《搏击（武术科学）》（10）：10-12。

杨明星、齐静静，2018，外交修辞的复合性翻译标准："政治等效＋审美再现"——以国家领导人外交演讲古诗文为例，《中国外语》（6）：89-96。

杨鲜兰，2015，构建当代中国话语体系的难点与对策，《马克思主义研究》（2）：59-65。

杨贤玉，武当武术词语英语翻译方法初探，1996，《武当学刊》（4）：26-30。

叶铖铖、邓高胜，2019，《射雕英雄传》在英语世界的译介研究，《外国语言与文化》（1）：115-124。

叶丰收，2008，以金庸小说为开端，翻译更多中国武侠小说——冈崎由美谈金庸小说日文版的尝试，《嘉兴日报》，2008-9-19。

叶颖、米雄辉，2023，"一带一路"背景下武术术语翻译推广及策略研究，《武术研究》（5）：39-43。

尹飞舟、余承法，2020，翻译传播学论纲，《湘潭大学学报（哲学社会科学版）》（5）：170-176。

于海滨，2012a，闽南武术在东南亚的会馆化传播，《搏击（武术科学）》（4）：6-8。

于海滨，2012b，侨乡武术东南亚会馆化传播方式研究，《体育科学研究》（4）：25-27。

于善，2012，少林武术文化的国际传播发展——以欧洲东部国家为例，《少林与太极（中州体育）》（12）：22-25。

余秋雨，2020，《中国文化课》。北京：中国青年出版社。

余秀芝，2019，简析武侠文化对武术发展的影响，《中华武术（研究）》（8）：20-23。

虞定海、郭玉成、李守培，2011，武术国际传播研究综述，《体育文化导刊》（2）：82-85。

袁金宝、王柏利、刘雪琳，2023，武术国际传播话语体系构建研究，《天津体育学院学报》（2）：234-240。

袁一平、李蕾、孟飞，2017，中华武术术语的外译初探，《中国科技语》（1）：53-55。

曾杨，2015，武侠影视对武术传播的影响，《新闻界》（10）：42-46。

查明建、田雨，2003，论译者主体性——从译者文化地位的边缘化谈起，《中国翻译》（1）：21-26。

张朝霞、黄昭文，2019，《文化传播学》。北京：中国人民大学出版社。

张德让，1999，合译，"合一"，《中国翻译》（4）：26-29。

张晶、曹雪莹，2013，体育影像传播：武术纪录片，《体育文化导刊》（7）：112-126。

张莉莉，2023，论术语语义的"不可译性"——以描述性香氛术语的法汉翻译为例，《中国科技语》（1）：57-63。

张立庆，2021，2020 年国内批评话语分析研究述评，《话语研究论丛》（1）：128-142。

张露馨、支川，2022，"大数据"时代中国武术文化传播话语体系构建研究，《武术研究》（3）：26-30。

张瑞青，2021，东亚武学视域中跆拳道的生成研究。博士学位论文。上海：上海体育学院。

张生祥，2013，翻译传播学：理论建构与学科空间，《湛江师范学院学报》（1）：116-120。

张顺军、熊亚兵，2022，新时代中国武术文化国际化传播研究。2022 年东盟体育科学大会论文摘要集，广西桂林，2022 年 5 月。

张文慧、康雷鸣，2023，中国武术的多模态翻译及国际化传播，《武汉体育学院学报》（10）：55-61。

张小林、孙玮、龙佩林，2008，少林武术文化资源开发与品牌营销研究，《西安体育学院学报》（2）：59-62。

张莺凡，2014，武术英译的历史回顾与研究，《成都体育学院学报》(7)：17-26。

张园园，2017，欧洲孔子学院武术的传播现状及策略研究。硕士学位论文。北京：北京体育大学。

张越，2018，武术在美国的发展现状分析，《武术研究》(5)：10-13。

张长念、孟涛，2021，对我国高校关于武术国际传播人才培养的探析，《首都体育学院学报》(4)：456-464。

赵歆，2021，新媒介时代中国武术文化传播：困境、机遇、路径，《武汉体育学院学报》(5)：66-72。

郑惠丹，2022，体认翻译模式下提升中国武术外译话语传播效度的路径探析。2022年第十四届全国体育信息科技学术大会论文摘要汇编，湖北武汉，2022年11月。

《中国武术百科全书》委员会（编），1998，《中国武术百科全书》。北京：中国大百科全书出版社。

仲伟合、冯曼，2014，翻译社会学视角下文化外译研究体系的建构，《外语研究》(3)：57-62。

周领顺，2023，求真于过程：译者行为理论的翻译实践解读，《中国翻译》(5)：176-180。

周庆杰，2014，中国与东南亚国家武术交流的现状与发展对策研究，《中华武术（研究）》(3)：47-52。

周伟良，2010，武术概念新论，《南京体育学院学报（社会科学版）》(1)：10-13。

朱广收、朱东、周广瑞等，2010，武术国际化研究综述，《搏击（武术科学）》7(2)：15-16。

朱益兰、吴松，2016，感知生活：中国武术艺术认知功能诠释，《武术研究》(1)：28-32。